霊性の日本思想

霊性の日本思想

境界を越えて結びあう

末木文美士
Fumihiko Sueki

岩波書店

目　次

序章　日本の思想をどう捉えるか

一　日本思想史を捉え直す

日本の思想史を考える場合の大きな困難は、仏教・儒教・神道などの思想がそれぞれ異なる思想系譜と用語体系を持ち、それぞれの枠の中で思想が展開していることである。それ故、同時代でも相互の交流は必ずしも積極的に行われず、それらの諸潮流をまとめて論ずることは容易ではない。そこから、通史を試みようとするならば、津田左右吉の『文学に現はれたる我が国民思想の研究』全四巻（一九一六―二一）のように、文学を素材とするなどの工夫が必要となる。思想史の枠の中に文学を取り込むことは和辻哲郎も試みており、日本思想史においては有力な方法である。しかし、そうなると理論的な著作が置き去られることになる。日本思想史の方法がなかなか確立しない所以である。

私は、もともと仏教学から出発して、日本の古代から中世へかけての仏教思想を中心に研究を進めてきた。しかし、仏教だけを取り出してその範囲で研究することに限界を感じ、視野を広げて日本思想史の枠の中に仏教を含めて捉えることが必要と考えるようになった。そのような折に、『岩波講座日本の思想』全八巻(岩波書店、二〇一三―一四)、『日本思想史講座』全五巻(ぺりかん社、二〇一二―一五)の二つの講座に編集委員として加わったことは、大きな刺激となった。とりわけ、岩波講座では通史的な叙述を避け、「内と外」「儀礼と創造」「自然と人為」など、テーマによって巻立てする方法を採った。これはある特定の問題に対してさまざまな思想的立場でどのように見ているかを比較することができ、思想史の一つの有力な方法を提供するものと考えられた。

このような経験から、岩波講座への寄稿を一つの軸として、日本思想史に関する最初の著作『日本思想史の射程』(敬文舎、二〇一七)を上梓した。同書は、世界観・自然観・災害観・身心観・儀礼観・歴史観など、テーマごとに古代中世から近世近代へと、それらがどのように扱われてきたかを検討することで、異なる系譜に属する思想を含めて、思想史の流れを捉えることを試みて、一定の成果を上げることができた。ただ、それではそれらさまざまな問題を含む総体としての思想史の流れを捉えることは困難であり、次の課題として残された。

岩波新書の『日本思想史』(二〇二〇)では、このような反省に立って、どのように日本思想史を通史として描きうるかという問題に挑戦した。これまで通史を書こうとすると、中世は仏教、近世は儒教・国学が中心に置かれ、さらに近代になると西洋系の思想一辺倒となって、それらの間に断絶があり、うまくつながらなかった。そこで、従来の同種の著作のように個別の思想を羅列するのではなく、思想が展開する根底にある枠組み構造を考え、その通時的な変遷という点から思想史の流れを読もうとした。その基本的な枠組みとして注目されたのが、王権と神仏の拮抗という構図であった。

この基本的な枠組みは、古代末期から近世まで通用するもので、それを大伝統と呼んだ。その具体的な関係の持ち方によって時代の変遷が捉えられる。近代になると、両者の対抗構造が解体して、天皇を中心とする一元論に集約される。これを中伝統と呼ぶ。さらにその中伝統も壊された第二次世界大戦後を小伝統と呼ぶ。このような、王権と神仏の関係を中心として、その枠の中にさまざまな思想が展開することになる。このようなアイディアで思想史を一貫した構図で描くことができると考えた。ただ、新書という限られた頁数の中で基本的な枠組みの提示を急いだために、十分に議論を深めて論じきれないところが残った。

二　「霊性」という問題圏

本書『霊性の日本思想』は、『日本思想史』を準備する時期から書き始められ、同書に書ききれなかった問題をさらに追求していくことを目指した。即ち、対抗構造の両極である王権と神仏のそれぞれがその内部に思想史的な問題を孕んでいるのであり、それを取り上げて論じていくことにした。それぞれの問題に関する研究史を振り返り、その問題点を探りながら、新しい方向へ向けて資料を解釈していくという方法を採った。

とは言え、前近代から近代に至るまでのさまざまな問題を取り上げようとしたために、個別的な問題に深く立ち入ることはできず、また、各章は必ずしも一貫した筋でつながっているわけではない。ある程度時代の順を追いながら、飛び飛びにポイントとなる問題を論じていった。その際、学術書としての客観的な叙述ではなく、むしろ自由なエッセーとして、今日の問題に結びつけていくような書き方をした。

こうして、中世から近世、そして近代へと進んだが、近代の問題を扱う中で、「神仏」とか「宗教」という概念では捉えきれない問題があることが次第に分かってきた。そこで、ひとまず第五章までで、大伝統から中伝統に至るまでの一応の見通しをつけた上で、第六―九章で、改めて近代の裏にある「もう一つの近代」の可能性を取り上げた。それは必ずしも「宗教」という固定された用語で捉えきれないものであり、新たに「霊性」という用語を用いるようになった。

「霊性」への着目は、座談会『死者と霊性――近代を問い直す』(岩波新書、二〇二一)の中でヒントを与えられ、その後単著『死者と霊性の哲学――ポスト近代を生き抜く仏教と神智学の智慧』(朝日新書、二〇二二)を経て、神智学の問題に次第に関心を深めるようになってきたことと関係している。「霊性」の定義は厳密にはせずに、いささか漠然と用いている。「宗教」というと、教団組織を形成して、教団としての思想や儀礼が確定していて、成員は明確な帰属意識を持つ。それに対して、明確な帰属意識は持たないながらも、現世的・世俗的な枠組みの中に入らない思想や活動が今日次第に重要な意味を持つようになってきている。それをとりあえず「霊性」と呼ぶことにする。スピリチュアリティーに対応する訳語である。

じつは、私は長く「霊性」という語を用いることを躊躇していた。それは、仏教、特に禅の流れで、「霊性」(仏教では「れいしょう」と読む)を立てる立場とそれを批判する立場があり、扱いが難しい概念だからである。肯定的に用いたのは華厳と禅の融合で知られる唐の宗密であり、それを批判したのは道元であった。道元の批判の論点は、「霊性」が仏教で否定される永遠的な実体的霊魂に陥るということであった（『弁道話』）。道元の批判はまっとうなものであり、それだけに「霊性」の語を用いる際には慎重を要する。近代の仏教哲学者鈴木大拙は、『日本的霊性』（一九四四）など、一時期盛んに「霊性」の語を用いる（第八章参照）。それは注目されることではあるが、他方、誤解されやすい面もある。近年の「スピリチュアル」なるもののもつ一種のいかがわしさも念頭に置く必要がある。そうしたことを十分に領解した上で、「霊性」なる語を用いることとしたい。

近代の霊性論の典型として、神智学の活動をあげることができる。神智学協会は世界的な組織を持ち、宗教・科学・哲学の統合を目指すが、宗教教団のような閉鎖性を持たない。神智学に限らず、今日、このように従来の宗教教団の枠にとらわれないさまざまな新しい活動が生まれている。アメリカの仏教者の活動も、狭い意味での宗教教団というよりはスピリチュアルな流れに位置する。鈴木大拙の場合も、同様である。そのような動向は、近代のグローバリズムの中で形成されたハイブリッドな性格を持つもので、前近代の宗教と一線を画するところがある。

本書は書名として「霊性」ということを掲げたが、このような動向は近代になって顕著になったものので、前近代にまで広げて適用できるかどうかはなお検討を要する。しかし、第一〇章で示したように、前近代の仏教や神道の思想も、今日の霊性的な問題に深くかかわっている。第二章で取り上げる「儀礼」の問題も、従来の枠組の中ではきわめて位置づけにくい。たとえ世俗的な「儀礼」であっても、必ず手順通り行わなければならない。その点で一種の呪術性を帯びているとも言える。それをも「霊性」と呼ぶことができるかどうかは一概に決定できないが、今後検討すべきところである。今後へ向けての問題提起として、あえて「霊性」を拡大解釈して、前近代まで覆うものとして考えることも不可能ではないように思われる。

三 「思想」か「哲学」か

本書の原稿整理に当たっている時期に、納富信留氏の『世界哲学のすすめ』(ちくま新書、二〇二四)が出版され、そこでは、「日本思想」に代えて「日本哲学」と呼び、「世界哲学」の枠組みに組み込むことが提言されている。納富氏は「日本思想(史)」の立場をとる私の説を批判的に取り上げているが、私としても「日本哲学(史)」の可能性を否定するものではない。例えば、井上哲次郎らの監修のもとに、三枝博音が編集した『日本哲学全書』全一二巻(第一書房、一九三六―三七)という金字塔的な成果がある。

ただ、将来的に「哲学(史)」が「思想(史)」を吸収することがあるかもしれないが、現状では「思想(史)」は「哲学(史)」とややニュアンスが異なるものとして、併存可能と考える。「哲学(史)」という場合には、体系化された個人の著作の内的な構造を論ずるのが中心になり、それに対して、「思想(史)」はそのような個人の著作に包括しきれない周縁的な問題を含みこむものとして理解される。いわば「哲学」として体系化される以前の不定形の精神的エネルギーの脈動を汲み上げることが「思想史」の課題だと言える。詳細は、拙稿「世界哲学/日本哲学/未来哲学」(『未来哲学』第八号、二〇二四)を参照されたい。

もちろんこのような思想史をもとに哲学として体系化してゆくことは可能であり、私自身、『冥顕の哲学』1・2(ぷねうま社、二〇一八、一九)、『死者と霊性の哲学』などで、ささやかな試みをしているのでご参照頂きたい。

なお、私のもともとの専門の関係で、どうしても宗教／霊性を考える際に仏教が中心になり、神道には多少言及したものの、キリスト教には十分に論じ及ばなかった。また、植民地やジェンダーの問題など、本来大きく論じられなければならない問題が取り上げられていない。今後の課題とせざるを得ない。

I

王権と神仏

——日本思想史を再考する

第一章

日本王権論序説
――世俗的存在か宗教的存在か

一　今なぜ王権論か

「王権」という言葉が日本史において広く使われるようになったのは、おそらくは一九八〇年代頃であり、文化人類学の用語を導入したことによるのではないかと思われる。それは、日本の権力構造を広い視座に引き出すという意味を持っていて、新鮮な響きで一時期かなり流行した。網野善彦・上野千鶴子・宮田登による鼎談『日本王権論』（春秋社、一九八八）には、その頃のもっとも高揚した議論が反映されている。

今日ではその点の新鮮さは薄れていささか流行遅れになっているが、「王権」は着実な歴史研究の用語として定着している。古代史に関して言えば、天皇号成立以前の大王時代まで含めて考えると、その全体を天皇制として論ずることはできないので、「王権」として論ずるのは適切である。また、中世、とりわけ中世前期に関して、権力が朝廷（京）と幕府（鎌倉）に二分化して、必ずしも一元化できないことから、両者を統合する用語として「王権」という言葉を使うこともほぼ定着している。ここでも、そのような用法を踏襲し、前近代全体にわたる用語として用いることにしたい。

私は先に日本思想史の捉え直しの必要を論じ、その際、きわめて大雑把に日本の思想・文化の伝統を、大伝統・中伝統・小伝統の三つに分けた（『日本思想史』岩波新書、二〇二〇）。大伝統は、近世までの前近代の伝統を広くひとまとめにしたもので、それに対して中伝統は明治から昭和前期の第二次世界大戦終了まで、小伝統は第二次大戦後、ほぼ二〇世紀の終わり頃までである。今日は、小伝統が終焉して脱近代の時代に入っていると見ている。

このうち、大伝統においては、神仏と王権を両極に置いて、その緊張と相補関係の中に思想・文化が展開するという構造を仮説的に提示した。さらに、神仏の側も王権の側も単純ではなく、その内部構造を持つと考えられる。神仏に関しては神と仏の関係が問題になり、王権も天皇と院・摂関、あるいは将軍などとの関係という複雑な内部構造を持つ。このような内部の関係は時代によってさまざまな変遷はあるものの、前近代の大伝統においては、基本的には持続すると考えてよい。それが中伝統に至ると、天皇中心の一元構造に転換することになる。このように見るならば、前近代に関しては天皇制だけに限るのでなく、国家の政治権力をまとめて王権として捉えるのが適切と考えられる。

以下、本章では、大伝統の王権に関して、いささか研究史的に検討し、今日の課題を明確にした上で、このような著者の見方の大まかなスケッチを提示することにしたい。大伝統の王権は、実質的にはその間を通して持続する天皇を中核として見ることになるので、天皇論、あるいは天皇制論の問題を中心的に扱うことになる。今日、小伝統も崩壊に瀕し、これまで経験したことのない不確定な脱近代の時代へと突入している。それだけに、もう一度歴史をさかのぼり、日本の神仏と王権のあり方を問い直すことは不可欠となっている。

二　戦後天皇制研究の端緒

第二次世界大戦後における天皇制研究は、三つの段階に分けることができるであろう。即ち、第一期は一九七〇年代頃までであり、天皇制は過去の遺物とされ、否定的に見られる傾向が主流であった。それが転換して、天皇制に対するさまざまな新しい視点が形成されるのが第二期で、一九八〇年代から一九九〇年代までと見ることができる。その後、第三期は一九九〇年代に先駆を持ちつつ、二一世紀に入って今日に続く時代である。第二期を受けながら、堅実な研究が進められるようになって、新しい天皇制論へと向かう時代である。これらの時期は明確に線引きできるわけではなく、重複しながら進んできたと考えられる。

戦前においては、天皇や天皇制に関する研究はタブー視された。津田左右吉の実証的な古代史研究までもが弾圧の対象となった。もちろん帝国学士院による『帝室制度史』全六巻（一九三七―四五）などの史料的な整理は進められていたし、平泉澄《きよし》らの皇国史観に立つ研究も、少なからぬ成果を生んでいる。また、折口信夫の大嘗祭論のように、戦後までしばしば用いられた研究もある。しかし、それはきわめて限られた範囲のことである。

戦後、言論の制限が外され、天皇制に関しても自由な議論が可能となった。しかし、その頃の議論は、基本的に天皇制は前近代の遺物であり、遠からず消滅するものということが前提にされていた。山口昌男が、「一九五〇年代の前半に学生時代を過した者ならよく知っているはずですが、この頃天皇制はまったく飾りで過去のものであるという楽天的な考え方が私達若者の間に支配的でした」(『天皇制の文化人類学』立風書房、一九八九。岩波現代文庫、二〇〇〇、四頁)と述べるような状況が展開することになった。戦前に弾圧を蒙った津田左右吉が天皇制を擁護すると、津田も所詮は旧時代の保守派に過ぎないというような落胆を招いた。

その背景には、一つにはコミンテルンで承認された三二年テーゼで、近代天皇制を絶対主義王政と位置づけたことがある。近代天皇制は、封建制からブルジョア民主主義に至る過渡的なものとされた。そこでプロレタリア革命の前に、まずフランス革命のようなブルジョア革命の必然性が要請され、その段階で王政は打倒されると考えられた。この理論は戦前の日本共産党の主流派である講座派の理論的な支柱となり、戦後にまで影響力を及ぼすことになった。労農派を継承する反共産党系の左翼勢力は三二年テーゼに否定的であったが、近代天皇制の位置づけに関して否定的な立場を取り、打倒を目指す点では一致していた。戦後憲法が冒頭のもっとも重要な規定として、第一条から第八条までを天皇に関する規定に宛てているにもかかわらず、それに関する議論は深められず、それらの条項を飛び越して第九条の戦争放棄がクローズアップされてきたのは、天皇条項が前近代の天皇に固執する頑迷な保守派との一時的な妥協と認識され、問題にするに値しないと考えられたからであった。第九条に関する護憲派は、じつは天皇条項に関しては改憲派であった。

こうした中で論じられる天皇制論にはおのずから大きな限界があった。第一に、近代の中伝統における天皇制のみに焦点が当てられ、大伝統のなかでの天皇の位置づけが十分に問題にされることがなかった。第二に、政治史的、制度史的な観点が中心であり、宗教史などの多様な観点から天皇制を検討することがなされなかった。なお、この時代の主要な天皇制論は、久野収・神島二郎編『「天皇制」論集』(三一書房、一九七四)、三一書房編集部編『『天皇制』論集』第二輯(同、一九七六)にまとめられていて、便利である。

戦後進歩派の大衆動員による政治運動は一九六〇年の安保反対運動で敗北し、その後、公式的なマルクス主義を否定する新左翼が取って代わり、それも一九七〇年前後の全共闘運動の挫折によって、後退を余儀なくされた。その中で、従来の単純な歴史発展段階説に基づく政治的天皇制論の成り立たないことが明らかになり、同時に楽観的な天皇制消滅論もまた無理であることがはっきりしてきた。こうして、戦後の天皇制論は大きな転換を余儀なくされた。

三　天皇制論の転換

このように、一九七〇年代の終わりから八〇年代へかけて、天皇制論への新たな視点が必要とされるようになった。とりわけ一九八九年の昭和天皇の死去に伴う大喪の礼や新天皇の即位の儀礼などは、天皇と天皇制に対する関心を高め、研究の機運を盛り上げた。この時期に新たな天皇制論への道筋を作って大きな影響を与えた研究者として、網野善彦、山口昌男、安丸良夫などの名を挙げることができる。彼らは基本的に従来の左翼的な天皇制否定論から出発し、あるいはその立場を維持しながらも、前代の単純で楽観的な天皇制論では解明できない天皇制の複合的な性格をどう捉えるかという新たな方向を模索するようになった。

網野善彦は『日本中世の非農業民と天皇』(岩波書店、一九八四。岩波文庫、二〇二四)、『異形の王権』(平凡社、一九八六。平凡社ライブラリー、一九九三)などによって、中世天皇制に関して斬新な視点を提示し、大きな影響を与えた。前者は、従来の研究が定住した農民を中世社会の中核として捉えてきていたのに対して、狩猟や漁労に従事する民衆や、商業者、職人、芸能者など、多様な職業従事者を非農業民として捉え、民俗学などを援用しながら、彼らと天皇の関係を解明して、天皇制が一元的な見方では捉えきれないことを明らかにした。

同書が専門の研究書としての性格を強く持つのに対して、『異形の王権』は論文集であるが、一般向けを意識して、中世の多様性を鮮烈な形で取り上げ、衝撃を与えた。後醍醐天皇を扱った論文「異形の王権」は、同書に収められた長編であるが、「異類の僧正」文観などとの交渉から、後醍醐を「天皇史上、特異な位置を占める」(同、二四五頁)「異形の王権」として論じた。「後醍醐は、非人を動員し、セックスそのものの力を王権強化に用いることを通して、日本の社会の深部に天皇を突き刺した」(同、二四四頁)というのである。

今日、文観の研究が進み、決して異端の立川流の怪しげな僧ではなく、当時の密教の流れの中に適切に位置づけられることが明らかになり、それとともに後醍醐の異形性の強調には疑問が持たれるようになっている。また、後醍醐という特殊例だけでは、中世の天皇の問題全体は理解できない。こうした問題点はあるものの、従来、制度史、政治史的な面ばかりに目が向けられてきた天皇制研究に対して、天皇の個性という面に目を向けるとともに、表面的な理解で捉えきれない天皇の裏面に注目した点で衝撃的であった。

網野の論が中世史という場から具体例によって天皇の両義性を明らかにしたのに対し、山口昌男の『天皇制の文化人類学』は文化人類学の立場から天皇制を広く王権論という視点で論じ、その後の研究に大きな影響を与えた。山口は、「天皇制を単に政治の次元だけで捉えていたのでは間違う。……権力として外在するばかりでなく、われわれの精神の内側にも根を持っている」（岩波現代文庫、二〇〇〇、五頁）として、従来の単純な政治的レベルでの天皇制論を批判し、「天皇制の深層構造」にまで立ち入ろうとする。その議論は、謡曲『蟬丸』や『源氏物語』を手掛かりとしながら、天皇制の両義性を明らかにした点は大きい。

山口は、素戔嗚尊《すさのおのみこと》（天照大神の弟）や日本武尊《やまとたけるのみこと》（景行天皇の子）を例に、王と王子という観点から、王権の役割である日常的な秩序の維持が、王子の果たす非日常的な破壊や混沌によって補完されると見る。即ち、「王権そのものが、根底に秘める反秩序的性格」（同、九一頁）を併せ持ち、「この両極を包括するところに天皇制は宇宙論的充足を完成させる」（同、八六頁）というのである。これは、王権の重層性を的確に指摘したものであり、そこから、「天皇制は日本的精神空間の光と闇を抱えることによって、反日常的心意を自らの軌跡の上に絶えず搦め取る構造を持っている」（同、一二七頁）という結論に至っている。

網野が後醍醐という特殊例に「異形の王権」の両義性を見たのに対して、山口の論は王権論によって一般化して理論的に基礎づけたものと言える。天皇制そのものに王権の両義性が内在化していて、そこに支配構造としての天皇制の強靱さを見ることになる。それまでの単純な政治的天皇制論と楽観的な天皇制解体論に対して、それほど簡単にはいかないことを明らかにした点で、大きな意味を持つ。しかし、神話や物語・謡曲などを手掛かりとしたその分析は、きわめて魅力的ではあるものの、いざ具体的な歴史の実態に適用しようとしてもはなはだ困難であり、現実の分析にはあまり有効でない点に、その限界を露呈することになった。

網野や山口の論は、タブー視されていた天皇問題を自由な観点から論ずる道を開いたという点で画期的であったが、必ずしも十分に実証に耐えうるものではなかった。それに対して、安丸良夫の『近代天皇像の形成』(岩波書店、一九九二。岩波現代文庫、二〇〇七)は、近世から近代へという時代に限定しながらも、多数の史料を駆使して、比較的公平で多面的な天皇像を明らかにしている。そこでは、近世の幕藩体制下での朝廷観からはじめて、その後の危機意識の中で、宣長以後の幕末の尊王論の系譜から、維新を経て近代の天皇制の形成受容に至るまでの展開を論じている。とりわけ近代の民衆における天皇制受容に関して、「生活者としての民衆」がそれを受け流すことで「自前の生き方を図太く守りぬいてきた」(同、二八九頁)としながらも、「天皇に権威中枢をおいて国民国家としての統合と発展をはかるという至上の課題に、近代日本は全体として組みこまれていた」(同)と見るのは適切であろう。

このように、安丸の著書は近世から近代へかけての天皇観の多様性をかなり的確に取り上げることができた。しかし、興味深いことに、そこには「天皇観」はあるが、「天皇」自身は姿を現わさない。これは、網野のような例外を除くと、戦後からこの時期までの天皇制論に一貫した傾向であり、いわば天皇制が外から見られていて、「天皇抜きの天皇制論」となっている。これは、天皇制否定論の流れに立つために、知識人や民衆がどのように天皇制を見るかという点に主眼が置かれ、天皇の側の主体性が問題にされなかったためと考えられる。

安丸の論でもう一つ注意されるのは、中世までの天皇制の問題には触れず、近世以後に問題を限っている点である。このことは自覚的になされたことで、安丸はそれを連続論か、断絶論かという問題として提起している。安丸は、天皇制を「古い時代からの持続性においてとらえる見解」(同、一一頁)を「連続論」と呼び、「天皇制擁護派は必ず連続説をとり、現代では、その根拠はとりわけ不執政(不親政)論と祭祀論に求められている」(同)と、それに対して批判的である。それに対して、「天皇制を批判する歴史学者たちは、多くのばあい、天皇制が歴史のなかで大きく変容し断絶していることを強調している」(同、一二頁)として、自らのその断絶論に立つことを表明している。

確かに、「我々がごく通念的に天皇制の内実として思い浮べることのできるものは、実質的には明治維新を境とする近代化過程において作りだされたもの」(同)という見方は適切であるが、たとえ内容的に断絶があっても、それ以前から天皇制はあったのであり、どのように断絶するかが問われなければならない。即ち、大伝統から中伝統への転換の問題であり、安丸の視点ではその点が欠落してしまう。それは、天皇制肯定か否定かという政治的立場の問題がいまだに尾を引いているからであり、その点が超えられない限界となってしまった。

以上のように、一九八〇―九〇年代には、従来の一面的な天皇制論に対して、新しい多様な天皇制論が展開されるようになった。しかし、いまだに過渡的であって、その多様な視点をどのように各時代の現実に生かしつつ、総合的に見ることができるかというところまでは至っていなかった。また、政治的な天皇制否定論の残滓がそれ以上の発展を妨げる結果となった。この時期の成果の集大成は、二一世紀に入ってからの『岩波講座　天皇と王権を考える』全一〇巻（岩波書店、二〇〇二―〇三）であり、その編集委員には、網野善彦・樺山紘一・宮田登・安丸良夫・山本幸司の諸氏が名を連ね、学際性が意図されている。確かにそこには多様なアプローチが示されて、個別的には力作の論文が多いが、タイトルが「天皇と王権」と二分化されていることからも分かるように、一方に実証的な歴史学の天皇研究があり、他方に西洋の王制論や人類学の王権論が含まれるという具合に議論がばらばらになって、それらを統合する見地は示されていない。過渡期の混乱がそのまま反映されることになった。

四　新たな王権研究へ

二一世紀になると、従来の政治優先的な天皇制論が衰退し、また、衝撃的な理論を持ち出すということでもなく、歴史に即した着実な天皇制論、あるいは王権論が進められるようになってきた。その先蹤は一九九〇年代にはじまっていた。例えば、今谷明『室町の王権――足利義満の王権簒奪計画』（中公新書、一九九〇）は、副題通り、義満に天皇位簒奪の意図があったとする議論であり、網野の「異形の王権」論を受け継ぐような衝撃的なところを狙った面も見えるが、天皇と将軍という二重王権の緊張関係を具体的、実証的に扱った点で、後の王権論につながるものと言える。

こうして、天皇制という抽象的な制度を問うよりも、個々の天皇に即して歴史的展開を解明する研究が積み重ねられるようになった。近世末に関しても、従来の尊王攘夷の動きだけでなく、藤田覚『幕末の天皇』（講談社選書メチエ、一九九四。講談社学術文庫、二〇一三）のように、天皇自身に焦点を当てた研究が現われるようになった。この時期の王権論の議論は、史学会のシンポジウムを基にした大津透編『王権を考える』（山川出版社、二〇〇六）にまとめられており、さらに集大成的な通史として、『天皇の歴史』全一〇巻（講談社、二〇一〇―一一。講談社学術文庫、二〇一七―一八）が刊行された。

このように、歴史の中の天皇のあり方が具体的に明らかになってきたが、今度はかえって時代を通しての天皇、あるいは王権のあり方が全体として見通しにくくなってきた。その中で、個人による通史として、吉田孝『歴史のなかの天皇』（岩波新書、二〇〇六）がある。個人による天皇制の通史としては、かつて石井良助『天皇――天皇の生成および不親政の伝統』（山川出版社、一九八二。講談社学術文庫、二〇一二）が名著として名高い。本書は、安丸のいう「連続論」の代表的な著作とも言うべきもので、戦後の象徴天皇の由来を天皇不親政の伝統の中に求めるという実践的な意図が籠められている。その為に保守的と見られて不当な扱いをされた面もあったが、一貫した筋で天皇の歴史を通史として描き出した点で、画期的であった。吉田の著書は、石井の著書を意識しながらも、そのような一貫した筋書きが困難となった状況を踏まえ、東アジア的な視座の中で、天皇の多様な変貌という方向から描き出そうとしている。

それでは、天皇制の理論的な探究はもはや無理であろうか。前代からの天皇制理論の系譜を受け継ぎながら、新たな展開を示したものとして、水林彪の『天皇制史論――本質・起源・展開』（岩波書店、二〇〇六）が挙げられる。水林の論は、「正当な暴力……が分散している状態」（人的身分制的統合秩序）から「正当な暴力を独占する国家が形成された状態」(制度的領域国家体制)(同、二三三頁)へという全体的な流れを想定する。これは、封建から中央集権へという捉え方を再編したもので、前近代から近代への転換についての大まかな把握としてはひとまず認めうる。

その見方によると、律令天皇制の展開として近世までを含め、その枠の中での変化を考え、それを近代の中央集権的な天皇制と対比することになる。これはかなり大雑把な見方のようであるが、律令はたとえかなり形骸化したとしても、近世末まで官制や国制の点で生きていたのであり、その点で、近世末まで律令制の変化形態として理解するのは必ずしも不適切ではない。私もまた、律令期から近世までの前近代の時代を大伝統として一括しうると考えるので、その点では同意できる。この点は、安丸の提起した連続論と断絶論の問題に関わるので、後ほどさらに考えてみたい。

次に注目されるのは、水林が日本の特徴をなす神から人へと連続する天皇制の王統譜より先立つものとして超越神的な形態があったと想定し、後者を「超越者の感覚をともなう普遍主義的思惟」(同、三一八頁)として、そこに天皇制を乗り越える可能性を見いだそうとしている。これはいささか無理のところもあるが、日本において超越神的な権威がありえたかという問題は、確かに問うに値する。それは、中世におけるキリシタンや「天道」の可能性を問うことになる。このことはさらには、水林は取り上げていないが、近世儒学における「理」の有効性を問うことにもなろう。ただし、この点を考えるためには、その前提として、伝統的な神仏の要因が王権とどのように関係するかということを明らかにした上でないと、唐突で一面的になるであろう。後述のように、大伝統においては神仏の要素が王権とセットになっているので、その中で天皇制だけを孤立させて理解すると、全体構造が見えてこない。

これと関連して注目されるのは、水林はこのような前近代の天皇を、宗教的呪術的権威として見ることを徹底的に否定し、「天皇制の本質は終始一貫、権力秩序を法的に正当化する装置という意味での政治性にあったのではなかろうか」(同、二八三頁)と、天皇制の本質を政治性に見ていることが挙げられる。天皇制が宗教性を持つものか、純粋に世俗的なものかは、しばしば議論のテーマとなる。水林は、古代の天皇制まで含めて、天皇が宗教的権威であったことはないとする。「まずは、堅固な支配関係の構築ということが、俗的な支配層において、最重要の政治的課題として提起され、ついで、そのための手段として神話・祭祀の体系が創造された」(同、二八四頁)というのであり、政治的支配関係が根底にあると見ている。これも後述のように、ある意味では正しい。王権は神仏とセットになっていて、その世俗的な権限を代表する。その限りにおいて王権はそれ自体としては世俗的であり、宗教的とは言えない。

しかし、水林の論はこの場合も神仏との緊張関係を考慮せずに、天皇制だけで自己完結的に理解しようとするために、いささか議論がおかしくなっている。即ち、「政治的法的支配関係が宗教的関係として現象してくる」(同、二八五頁)と見るのを正しいとして、それが逆転して、宗教的関係のほうが本質的であるかのように見えてしまうところに誤解が生ずるというのである。このような議論の立て方はほとんど教条的な俗流唯物史観と変わりないことになってしまう。また、古代神話の形成の問題だけ取り上げて、かなり強引な論法でその後の時代へと繋げているので、無理が大きくなっているように思われる。

水林はこの関係を「現代官僚制における椅子」(同、二八四頁)の譬喩で説明するが、これは興味深いところがある。つまり、「官吏が着座する椅子の形状を見るだけで、その官吏が官僚制機構全体の中において、どのような地位にあるものであるかをたちどころに理解できる」(同)ようなものだというのである。それと同様に、神話や祭祀は、一族(ヤカラ、ウヂ)が「国家的に編成」(同、二八五頁)され、その位置づけを明確化するところにその意味があり、そこに世俗的な権力構造が反映されると見るのである。

この椅子の譬喩は、おそらくは水林自身も意図していなかった点で、意外に本質を突いたところがあるように思われる。即位の礼の時に用いられる高御座《たかみくら》の場合を考えれば分かるように、単なる譬喩に留まらず、実際にどのような椅子に坐るかは、決定的に大きな問題である。なぜ椅子一つがそれほど大きな問題になるのであろうか。結論的に言えば、それは秩序の問題であり、礼の問題である。もちろんそこには政治的序列も反映するが、それがすべてではなく、それをも含んだ日常・非日常の儀礼の総合的なシステムの問題であり、それを完璧に運行させるところに、天皇個人だけでなく、その周囲を含めた大伝統における天皇制の役割があったと考えられる。その秩序を保つところにはじめて野蛮な無秩序状態に対する文化、文明が形成されるのである。そのような構造は、古代よりも中世に典型が見られる。その点を以下に考えてみたい。

五　日本王権論のためのスケッチ

1　神仏と王権

以上、水林の論を少し詳しく取り上げて検討してみた。その論は必ずしも全体として直ちに従えるものではないが、今日、日本の王権を考えるために重要なポイントをいくつか提示している。その一つは、安丸の提起した連続か断絶かという問題をどう受け止めるかということである。もう一つは、天皇制は徹底的に政治的なものか、それとも宗教的な力を持つものか、という宗教と政治の問題である。こうして提起された問題を手掛かりに、日本の王権の問題へといささか切り込んでみたい。

基本的に言えば、私の見方の根本は、前近代(大伝統)における王権の問題は常に神仏とセットとして考えなければならないというところにある。それを、王権、あるいは天皇制だけを孤立させて見るところに、これまでの王権論、天皇制論の限界があったと考えられる。しかし、神仏と王権というセットで考えるならば、宗教と政治の問題は具体的かつ明瞭に見通すことができる。また、連続か断絶かという問題も明快になる。前近代の大伝統においては、神仏と王権が緊張しつつ相補的な関係に立つという構造が継続すると見ることができ、その限りでは連続している。しかし、それが近代の中伝統に移る時に、万世一系で神聖不可侵なる天皇を中心とする一元構造を構築して、その中に宗教的要素をも含めてしまうので、大伝統との間に大きな断絶があると考えられる。それが戦後の小伝統に転換すると、その中伝統の構造も壊されるので、そこにも断絶が見られる。

本章では大伝統を中心として見るが、その構造は図1-1に示される。即ち、神仏と王権が両極にありつつも無関係ではなく、中央の線で結ばれている。神仏と言っても、大陸の先進的な文明を担い、理論的にも整備された仏教が主導権を持ち、その中から日本の神が自覚されていく。仏教(仏法)と王

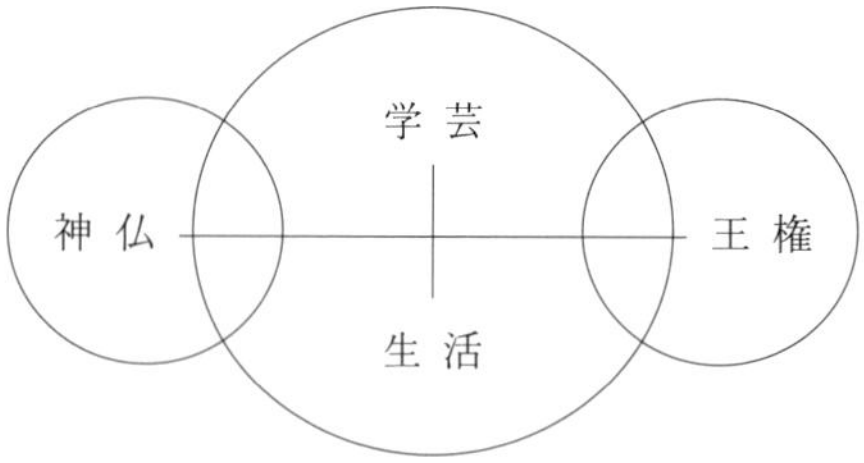

図1-1　大伝統の構造

権の関係は、さまざまに屈折しながらも大伝統の中で持続している。しばしば古代においては国家仏教と言われ、仏教が国家に従属するかのように見られるが、それは一面的である。大陸に由来する仏教の持つ文明の力と強力な呪力は国家権力にとっても恐るべきものであり、単純に国家のほうが仏教を支配したと見ることはできない。その力は最澄や空海によってさらに強力なものとされる。

最も安定した形で仏教と王権の相補構造が作られるのが中世である。そこでは、王法仏法相依論と言われ、両者が車の両輪に譬えられるように、対等の形で役割を異にするものと考えられていた。栄西の『日本仏法中興願文』では、「王法は仏法の主なり、仏法は王法の実なり」と説かれるが、そこでは、王法が世俗的に仏法を護る主であるとともに、世俗の王法は仏法によって根底が基礎づけられなければならないという両者の相互関係が示されている。このように見られるならば、王法は仏法と明瞭に分けられていて、王法自体が仏法と混乱することはない。

近世になると、世俗権力の伸張により、仏教の力が衰えるかのように考えられるが、これは、いわゆる近世仏教堕落論に基づく誤解である。宗門改めのために寺檀制度は強化され、幕府と仏教との関係は深められた。徳川家康は天台系の山王一実神道によって祀られ、寛永寺や増上寺は大きな権力を振るう。朝廷と仏教界との関係は、さまざまな儀礼や門跡寺院などを通じて継続される。

他方、神のあり方はどうであったかというと、日本の神々は仏教を媒介としながら、それに従属し、あるいは反発する中で次第に自己認識が形成された。その関係の最も安定した形態は中世に普及した本地垂迹説で、仏が根源とされ、その表れとして日本の神を考えるものである。それは近世まで持続し、寺院が神社を支配する構造が確立した。もちろん、だからと言って両者の関係は単純に上下関係をなすものではない。本来仏と神は性格を異にしている。普遍的な性格を持つ仏に対して、神は土着的な存在であり、それ故、王権とも直接に結びついている。

記紀神話は天皇家のみならず、主要な豪族の祖先神についても語っている。即ち、天皇だけでなく、臣下もまた神に連なるという点では、同質である。慈円の『愚管抄』巻三には、天皇家の祖先であるアマテラスと藤原家の祖先であるアマノコヤネの間の「一諾」によって現世での君臣関係が定められたとされており、天皇家だけが神の子孫というわけではない。天皇は、貴人の中のもっとも貴人として位置づけられる。それが、後世には天孫降臨に焦点が当てられることにより、アマテラスの子孫の天皇だけが別格として位置づけられるようになった。いずれにしても、西洋の王権神授説とも、皇帝が天によって命ぜられる中国の場合とも異なり、日本の場合、神と人とが連続的であることが、大きな特徴となる。

天皇と神との関係に関してもう一つ注目されるのは、順徳天皇が宮中の作法を記した『禁秘抄』の冒頭に、「凡そ禁中の作法、先ず神事、後に他事。旦暮敬神の叡慮、懈怠なし」と言われているように、天皇の最大の職務が神事とされていることである。仏事に関しても、「天子は正法を以て務と為す。是則ち仏教の興隆なり」と言われており、仏教の興隆を図ることがその務めとされている。このように、何はさておいて、神仏に祈り、神事・仏事を正しく行うことが、天子としての第一の役割ということになる。それは個人的な問題ではなく、国を代表して国家の安穏を祈るのであり、それをなしうるのは天皇以外にない。それによって国家の安泰が保証されることになる。世俗に対する権力の行使以前に、国家全体の祭祀者としての役割を負わされている。天皇は確かに世俗的存在であるが、国のすべてを背負って神仏と関わるという点で、他の世俗的政治権力と異なっている。このことは近世になっても変わることがなく、大伝統の中で一貫している。それだけでなく、中伝統・小伝統においても、宮中祭祀は憲法の規定外の天皇の最大の職務として続くのである。

このように見れば、天皇を宗教的存在か世俗的存在かと分ければ世俗的存在であるが、だからと言って神仏の世界と無関係ではなく、国を代表してもっとも密接にその世界と関係する存在であった。その点で特別な存在であり、他の世俗的権力によって取って代わられることができなかった。天皇の身体は「玉体」であり、それを傷つけることは許されなかった。徹底して穢れを忌むために、在位のまま死去することは認められず、急死の場合は、譲位を終えてからの死去という形を作らなければならなかった。

このような厳重なタブーに囲まれた存在を宗教的というかどうかは、言葉の定義に依るが、天皇が一般の人と異なる存在として認められていたことは確かである。南北朝期の神道家慈遍は『旧事本紀玄義』において天皇を「一人」と呼び、他の人と異なり、神代以来の清浄性を保っている存在としている。

2　王権の重層と天皇の役割

前述のように、石井良助はその著『天皇』において、天皇不親政の由来を歴史的に明らかにしようとした。しかし、石井自身が明らかにしているように、歴史を通してすべての天皇が不親政であったわけではないし、親政を志しながらも挫折した天皇も多かった。ただ、摂関政治が形成されるようになると、次第に不親政のシステムが恒常化していく。実際上の政治は、摂関や、後には院が行うようになり、天皇はその中で不親政の儀礼的存在となっていく。天皇は単独で権力を振るう存在ではなく、摂関や院、さらにその周囲の貴族（公家）集団を合わせて公家集団が形成されていく。天皇はその集団の中核に位置することになる。

中世以後の日本の王権の特徴は、武家による幕府が形成され、実際政治の中心として権力を行使することである。こうして朝廷と幕府という二重王権が慣例化する。神仏と王権がセットになるとともに、王権の中もまた二つの核があって重層化するのである。神（天）から命じられた王（皇帝）が支配し、そのもとに臣下や官僚がいるという、西洋や中国のような直線的な構造と大きく異なって、王権は複雑な関係の中に展開するようになる。朝廷が天皇を核としながらも複合的な集団を作るように、幕府もまた、それを支える周辺の役職、鎌倉期であれば執権などがいて、複合的になる。その構造は図1－2のように見ることができる。

実質的な政治権力を必ずしも握らないにもかかわらず、どうして近世まで天皇が持続したのか、と

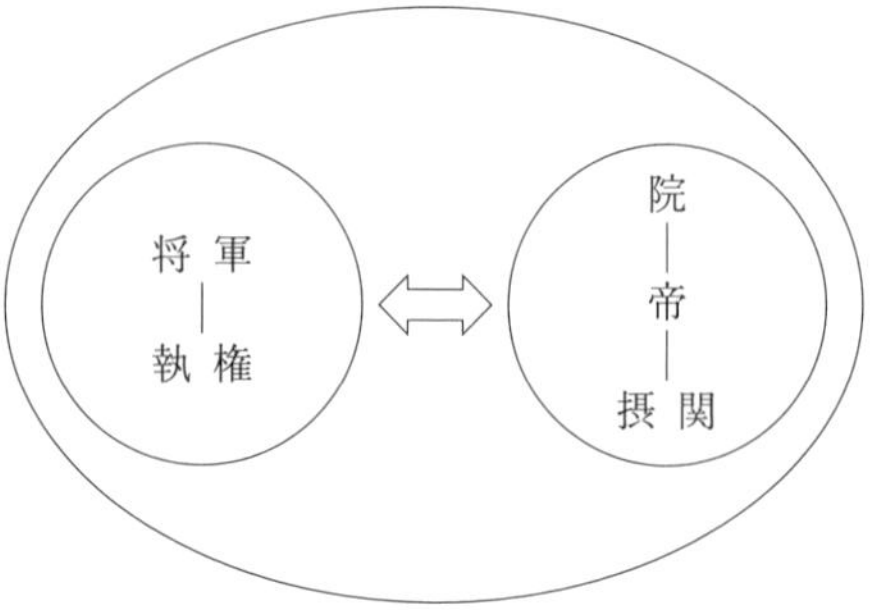

図 1-2　中世王権の構造

いうことはしばしば問題にされる。その大きな理由として、実質的な政治権力者である将軍もまた、形式的であっても天皇から任命されなければならないということが挙げられる。しかし、そのような形式だけであれば、つぶしてしまってもそれほど大きな影響はなかったであろう。それをつぶすことができなかったのは、もう少し大きな理由があったのではないだろうか。

一つには先に挙げた神仏との関係で、天皇が国家の代表として神仏と関わるという位置づけは継承され、その役割を奪取することは困難であった。徳川家康が東照大権現として神格化しても、結局将軍家のローカルな祖先神という以上の地位を得ることができなかった。

もう一つ重要な朝廷の機能は、様々な国家的儀礼のノウハウを蓄積しているということであった。この点を少し考えてみたい。古典的な天皇の典型はしばしば律令形成期の天武朝あたりと考えられている。確かにその時期に律令が制定され、天皇体制が確立することは事実であるが、その時期が理想視されるのは古いことではない。近世後半になってから次第に記紀神話や『万葉集』などが注目され、それが中伝統の時代に一気に理想的な古典時代と見られるようになった。しかし、長い大伝統の時代にあっては、決してこの時代が理想化されたり、それらの作品が古典の最高峰とされたわけではない。

大伝統の中で、長く日本人の理想と考えられたのは平安朝の王朝文化であり、その代表は『源氏物語』であった。その古典期の始まりであり、理想視されたのが一〇世紀初めの延喜(九〇一―九二三)・天暦(九四七―九五七)の治と言われる醍醐・村上の治世であった。じつはその時代、必ずしも社会が安定していたわけではない。菅原道真の政策は藤原氏の反対を招いて左遷され(九〇一)、その後不穏な情勢が続く。また、延喜と天暦の間には、平将門・藤原純友の乱(九三五―九四一)によって、地方の乱れが深刻化する。にもかかわらず、どうしてこの時代が理想化されるのであろうか。

この時代は遣唐使が中止となり、いわゆる国風文化の隆盛へと向かう時期であり、『古今和歌集』の編纂も延喜の頃である。『古今集』が勅撰として編纂されたことは、単に漢風文化から国風文化へ、という以上の大きな意味を持つ。というのは、それまで勅命によって編纂されたのは『日本書紀』に始まる六国史であり、その最後の『三代実録』が延喜元年(九〇一)に完成したが、それ以後、公的な歴史書の編纂はなくなる。それと同じ醍醐天皇の時に、『古今集』が編纂され、以後、一五世紀の『新続古今和歌集』に至るまで、二十一代集と言われる勅撰和歌集が編纂され続けられる。和歌は四季の分類を基準として、循環する時間を基準とする。変化する歴史から変化なき四季の循環に基づく和歌へ――それはきわめて大きな転換であった。この点に関しては、結章で取り上げる。

そのことは文化面だけでなく、制度面に関しても言える。大伝統の時代は確かに律令制度が形式化しても生き残るのであるが、注意すべきは、律令制の継承が、決して七、八世紀に作られた律令そのものを尊重するわけではないということである。唐制に基づいた律令は、その後の格式によって日本的に大きく改変される。その総まとめともなる『延喜格式』が延喜時代に制定され、それが律令自体よりも実際上用いられることになる。その点を従来の天皇制論は見誤っていて、古代の律令にあまりに重きを置き、中世の重要性を見落としていた。

もう一つ重要なのは、この頃から有職故実の重視が始まることである。格式は律令を大きく改変して実情に合わせようとしたのであるが、さらにそれを進め、制度的に明文化されない先例主義が次第に定着していく。そうなると、過去の事例に関する知識が必要になる。その蓄積が有職故実である。その端緒もまたこの頃で、藤原時平の弟忠平（八八〇―九四九）あたりが基礎を作ったとされる。この有職故実がこの後ますます体系化され、源高明の『西宮記』、藤原公任の『北山抄』、大江匡房の『江家次第』などの体系化された書物に纏められるようになる。先に挙げた順徳天皇の『禁秘抄』もまた、天皇自身による有職故実書である。しかし、こうした書物にまとめられたものがすべてではない。先例はますます積み重ねられ、細部は伝承として継承されることになる。平安期に貴族の日記が多数書かれるのも、その先例の記録を残すという意図からするものであった。

天皇を中核とする貴族集団、公家集団は、権力行使の政治的な力と同時に、あるいはそれ以上に、まさにこのような有職故実の蓄積とその実践を職能的に果たしていた。先例に則った儀礼の遂行が秩序を作り、社会の安定を導くことになる。それ故、それは権力の行使による政治力と同等の力を持つことになる。先に水林が挙げた椅子の譬えが、単なる譬え以上に実際を言い当てているのは、まさしく椅子一つでも先例と伝承によってゆるがせにできない秩序の一部を作るからである。

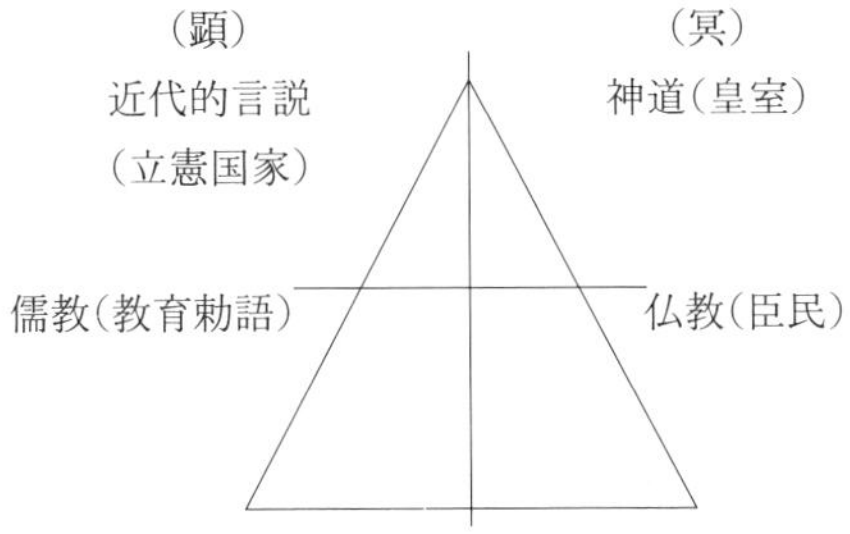

図 1-3　中伝統＝国体の構造

これを中国の場合と較べてみると、日本の特徴が明らかになる。中国の場合、儀礼の体系は『周礼』『儀礼』『礼記』に纏められ、十三経に収められて聖典視されている。孔子に始まる儒家は、このような礼こそ社会秩序の根幹を形作るものと考え、礼に則った社会の実現を目指した。それは宋学にも引き継がれ、礼の研究と実践とが大きく進展した。礼が実現しているかどうかは、中華の文明と野蛮な四夷とを分ける基準であり、文明の尺度をなしていた。

日本では、このように明文化した礼の規定がなく、それを補うものが有職故実であった。それ故、それは聖典の研究によって知られるものではなかった。天皇を軸とする公家集団がそれを継承し、複雑な体系の細部にまで通じて実践していたのであり、その機能を武家集団は奪取することができなかった。そんな細かい儀礼のシステムなど、踏みにじってしまえばそれでよいではないかと思われるが、中国の礼と同様に、細部にまでわたり精密に組み立てられた儀礼のシステムがまさしく国の秩序を作るのであり、それに従うことではじめて覇権を超えた文明の支配が成り立つのである。公家集団はまさに文明という武器を握っていたのであり、覇権によって天下を取った武家もまた、平和な文明社会を築くためには公家を見習って武家故実を整備し、その秩序を作らなければならなかった。その機能を持つことで、朝廷と公家集団は近世まで、実質的な権力は衰退しても、その存在を抹殺することはできなかったと考えられる。

近代の中伝統は、このような大伝統の重層構造を一気に破壊して、天皇を頂点とする一元構造へと転換することになる。その点に関しては、すでにここで論ずるスペースはないので、第五章に回すことにしたい。図示すれば、図1-3のように、西洋由来の近代的な立憲制と、儒教的な道徳である教育勅語で表（顕）の世界を作り、その裏（冥）の世界を神道と仏教で支えるピラミッド構造によって、その一元体制を確立したと考えられるのである。

第二章　王権と儀礼
――前近代思想の中の天皇

一　大伝統の思想構造

前章で、日本王権に関する研究史を概観した上で、私としての試論を提出した。それは王権と神仏の関係から日本の思想の構造を考えるというものである。前近代の大伝統においては、王権と神仏を両極に置き、その緊張関係の中で、学芸・文化や人々の生活が展開するという構造になっている。その王権もまた重層的であり、武家政権の時代であれば、朝廷と幕府が緊張関係に立ちながら、相補的である。それぞれがさらに重層化されて、朝廷であれば、天皇を核に、院や摂関が実権を持つという形を取り、幕府のほうも、将軍に加えて、鎌倉期であれば執権が実権を持つという具合に重層化されている。近世であれば、幕府の将軍権力のもとに、各藩が大名を中心として半独立的な小国家体制を築く。

このように、神仏―王権のもっとも根本的な重層性の上に、神仏の中も仏―神の重層、王権の中も朝廷―幕府という重層を持ち、さらにそのそれぞれがまた重層を持つという複雑な多重構造を持っている。それ故、単独で絶対権力を持つことができず、相互に牽制することでバランスを取ることによって、長期的に持続する安定構造を形成することになった。しかし、他面では極めて能率が悪いことも確かであった。幕末の外憂に対する朝廷と幕府の不一致はその典型であった。そこから近代に至ると、その多重構造を解消して、天皇に集約させる一元化構造へと大転換して、機能化を図った。それが中伝統である。それによって帝国主義時代を乗り切り、それればかりか列強の一角に食い込むことができたのである。

本章では、このような前近代の大伝統の思想構造について、儀礼という観点からさらに考察を進めたい。古代の律令体制では必ずしも日本の現実にうまく対応できないところから、格式による補修改変を経て、平安中期になって有職故実が形成され、朝廷政治の儀礼化が進む。その後、幕府との重層体制になっても、朝廷は神仏との関係や様々な儀礼を担当し続けた。有職故実による儀礼のノーハウを保持しているところに朝廷を中心とする公家集団の強みがあった。他方、それに対応して、神仏、とりわけ仏教において精緻な儀礼の体系と理論が形成され、その解体の中から新しい仏教が形成されるようになる。

このような中世の儀礼構造を解明するために、最初に手掛かりとして、近世における幕府の朝廷観を儀礼という観点から見て、朝廷の役割を確認する。その上で、有職故実の保持者としての中世天皇の役割を順徳帝の『禁秘抄』に拠って検討する。王権に対応するものとして、神仏の側、特に中世仏教の儀礼的性格はきわめて重要であるが、次章に回すことにした。

なお、儀礼という言葉に関して、ここでは厳密には定義せず、大まかに、定められた手順で繰り返される一連の行為を指すものと考える。それには、(1)世俗内の秩序維持に関するもの(礼儀作法など)と、(2)世俗を超えた領域に関わるもの(宗教的儀礼)とがある。もちろんこの二つの領域は密接に関係していて、多くの場合、世俗の秩序は世俗を超えた世界に基礎づけられる。

二　近世の朝幕関係と儀礼問題

1　朝廷の押え込み

近世においては、幕府の力は大きくなり、朝廷を圧倒する。しかし、朝廷を倒すことはできず、その役割は持続する。初期の幕府の朝廷政策は如何にその力を封じ込めるかということであった。禁中並公家諸法度(一六一五)は、朝廷の権限に厳しい制約を付け、幕府の関与を強めようとするものであった。その中で大きく取り上げられているのは、朝廷の官位官職の任命に関するものであった。そこでは、摂政・関白などの公家の官職とともに、「武家の官位は、公家の当官の外たるべき事」(第七条)とあるように、武家の官位に関するものも重要な意味を持っていた。また、僧正・門跡の任命や高僧への紫衣や上人号の授与などが、朝廷の職務として規定されている。ただし、それらはみだりに与えることは認められず、慎重に人を選ぶことが求められている。実質的にはそこに幕府が関与し、朝廷が勝手に行うことができないようになっていた。そのことを見せつけたのが紫衣事件(一六二七)であり、幕府の許可なく朝廷が沢庵宗彭らに紫衣を与えたことが問題とされ、沢庵らが流罪に処された。

禁中並公家諸法度の第一条は、以下の通りである。

天子の諸芸能の事、第一は御学問なり。学ばずんば則ち古道を明らめず、而して政を能くし太平を致す者、未だ之れ有らざるなり、と。『貞観政要』の明文なり。『寛平遺誡』に、経史を窮めずと雖も、『群書治要』を誦習すべきなり、と。和歌は光孝天皇より未だ絶えず。綺語たりと雖も、我が国の習俗なり。棄て置くべからず云々。『禁秘抄』に載する所、御習学、専要に候事。

最後に『禁秘抄』の名を挙げるが、この第一条全体が、途中省略はあるものの、まったく同書第一八条の引用である。『禁秘抄』全体の文脈を無視して、そこのみを引用している。また、そこに挙げられた『貞観政要』『群書治要』は唐の太祖のもの、『寛平遺誡』は宇多天皇の醍醐天皇への書置であって、一三世紀初めにはこれらはなお意味を持ちえたであろう。しかし、近世になれば、もはやそれは実用にはならない。即ち、法度が規定する天皇の学問は、直接政治の役に立たない古典世界に天皇を押し込める意味を持っていた。

こうして幕府は朝廷を監視し、できるだけ無用化しようとしたが、朝廷を滅ぼすことはしなかった。あるいはできなかった。それは、江戸という新しい都市を急作りして政治拠点としたものの、そこにはいまだ文化と言えるようなものがなかったからである。相変わらず文化の中心は京都であり、その中核は朝廷であった。武家は戦闘を勝ち上がってきて、武力こそ誇れるものの、それは平和時の治世の役には立たなかった。そこで、朝廷と公家の文化を受容摂取することが不可欠であった。それ故、それを滅ぼすことはできず、自らの支配下において自由を奪うという方法を採ったのである。

2　朝廷の儀礼を無力化できるか

しかし、たとえ無力化しても、朝廷の権威を認めることは、幕府にとって危険な要素を残存させることだった。幕府の体制が安定するようになると、その権力は強大で、朝廷の活動は制約されて差し迫っての危険はなくなり、押え込みに成功したように見えた。しかし、炯眼の儒者たちは、その中に危険が潜んでいることをいち早く見抜いていた。その一人が新井白石であった。それを論じているのは歴史論『読史余論』の足利義満論である。義満は武家時代の中でもっとも強力な権力を身に着け、天皇の位を簒奪しようとしたとも言われる(今谷明『室町の王権』中公新書、一九九〇)。今日の研究では、そこまでは意図していなかったと考えられているが、明との交易に「日本国王」を名乗り、妻日野康子が後小松天皇の准母になるなど、朝廷を左右する力を持つようになったことは確かである。

白石は義満の強力な権限を述べて、「その名は人臣と言っても、実態はその名に反している」と、武家が実質的な支配者になっていたことを指摘する。そうであれば、「世の中が変わった以上、その変化に合わせて、その時代にふさわしい礼を制定すべきである」(『読史余論』岩波文庫、二二五頁)と指摘する。白石は朝廷を倒せとは言っていない。しかし、将軍は「天子より一段階だけ下であり、王朝の公卿たちの他は、六十余州の人民は、すべて将軍の臣下であるような制度があれば、今の時代に至るまでそれに従うのに好都合だった」というのである。つまり、朝廷の礼制と異なる武家の礼制を定め、天皇と公卿たちを別枠で囲んで棚上げした上で、他はすべて将軍に随うような制度にすべきだというのである。

ところが、それをしなかったために、「将軍自身が受けるのも王官であり、自分の臣下が受けるのも王官である。君臣ともに王官を受ける時は、内実は君臣であっても、名前の上からは共に王臣である。それ故、臣下が将軍を尊ぶという実質的な態度があるであろうか」(同、二二四頁)と、将軍もその臣下も共に天皇から位をもらうのであれば、共に同じ王臣ということになってしまうから、臣下が将軍を尊ぶということもなくなってしまうと指摘している。

白石は義満論という体裁を取りながら、実際には今の徳川の体制に警鐘を鳴らしているのである。近世には、朝廷が授ける官位(「従五位下〇〇守」など)は実質的な役職ではなく、単なる名目だけのものではあったが、大名にとっては何よりのステータスであり、大名間の序列をつける上で大きな意味を持っていた(藤田覚『天皇の歴史6　江戸時代の天皇』講談社学術文庫、二〇一八、一九〇頁)。白石の指摘のように、将軍も大名も同じように朝廷から官位を受けるのであれば、同列ということになって、将軍の絶対的権力は根拠を失うことになる。

白石とまったく同じことを荻生徂徠も指摘している。「天下の諸大名皆々御家来なれども、官位は上方より綸旨・位記を下さるる事なる故に、下心には禁裡(＝天皇)を誠の君と存ずる輩もあるべし」(『政談』岩波文庫、一六八頁)と、朝廷から官位を受けることが続くと、将軍ではなく、天皇を「誠の君」と思う輩が出てくると、懸念を表明している。「世の末になりたらん時に安心なりがたき筋もあるなり」という予言は、実際に的中することになり、幕末の尊王運動の興起によって幕府は滅ぼされることになった。

このように、近世中期には、幕府による朝廷の押え込みはかなり成功していたものの、他方で朝廷が官位を与えることによって権威を持つことに対して、その危険性が問題化されていた。にもかかわらず、現実の政治の場では、朝廷をつぶすことはもちろん、それ以上その機能を縮小することもしなかった。それは単なる官位の問題ではなく、この時代になってもやはり文化の源泉としての朝廷を無視することはできず、幕府としても現状のバランスを壊すことを欲しなかったということである。幕府や大名もその文明の礼法を採り入れることで、武力のみでは達成できない、文明による秩序と支配を実現できたのである。『忠臣蔵』の物語が、まさしく朝廷の使者を迎える礼法に端を発することが思い合わされる。

文明としての礼ということは、まさしく中国において実現していたことである。「中華」の優越性は単に武力の問題ではない。武力においてはしばしば異民族のほうが優れていた。にもかかわらず、文明の礼法を有する「中華」は、異民族を「夷」(野蛮)として侮蔑し、異民族は中原支配に当たっては中華の礼を学ばなければならなかった。ただ、中国の礼が聖典として明文化されていたのに対して、日本の礼は有職故実として口伝伝承されたというところに違いがあった。

3　新たな儀礼の必要

近世後期になると、新たに礼の確立の要請が高まる。例えば、国体論の確立者として名高い会沢安《あいざわやすし》(正志斎)の『新論』では、死者を祀る祀礼の必要を訴える。名文なので、書き下しで引用しておく(原漢文)。

それ物は天より威あるはなし。故に聖人は厳敬欽奉し、視て以て死物と為さず。而して民をして畏敬悚服するところ有らしむ。物は人より霊なるはなし。其の魂魄精強にして、艸木禽獣と同じく澌滅すること能はず。故に祀礼を明らかにし、以て幽明を治め、死者をして憑るところ有りて以て其の神を安んじ、生者も死して帰するところ有るを知りて其の志を惑はざらしむ。（岩波文庫、二一三頁。一部漢字を仮名に改めた）

近世中期の白石や徂徠ではあまり重視されなかった死者の行方が大きな問題となり、正しく祀ることが重要な課題となった。同じ頃、復古神道を興した平田篤胤もまた、死者の霊魂の行方を大きな問題として、『鬼神新論』を著し、白石らを批判した。それがもとになって、神道式の葬儀（神葬祭）の方式が確立し、実際に津和野藩などで行われている。ともすれば、葬式儀礼の整備と言うと近代化と逆方向を向いているかのように思われ、葬式仏教と言うと前近代の遺物のように言われる。しかし、それはまったく逆であり、近代へ向かう中で、改めて死者をいかに祀るかという礼法が大きくクローズアップされるのである。それが国家とも密接に関わってくることは、靖国神社の創建と歴史を見てもよく分かるであろう。近代は決して儀礼からの解放の時代ではなく、呪術からの解放の時代でもない。逆に、いかにして呪術に基づく新たな儀礼を整備し、それを強力な一元国家に吸収するかということが、近代の大きな課題となったのである。

三　中世の王権と儀礼――『禁秘抄』を中心に

1　私性の持つ公性

近世の王権構造において、朝廷の儀礼が重要な意味を持っていたことが分かった。その儀礼は中世において有職故実の伝承を通して確立した。そこで、中世に遡って、その儀礼を検討することが必要となる。禁中並公家諸法度の第一条は、まったく『禁秘抄』の引き写しであったが、それではその『禁秘抄』の思想はどのようなものであっただろうか。ここでは『禁秘抄』を手掛かりに、中世の朝廷と儀礼の関係を検討してみたい。なお、『禁秘抄』のテキストは『群書類従』所収二巻本による。また、注釈書として、関根正直『訂正禁秘抄講義』(六合館、一九〇一。国会図書館近代デジタルライブラリー)を多く用いる。

『禁秘抄』の著者順徳天皇は後鳥羽上皇の第三皇子。兄の土御門帝の譲位を承けて、承元四年(一二一〇)に即位、承久三年(一二二一)に子の仲恭帝に譲位して、上皇となった。同年、後鳥羽院の承久の乱に加わり、敗北して佐渡に流されて、その地で没した。後鳥羽以上に強硬な反幕府主義者だったようだ。歌人・歌学者としても知られ、歌論書『八雲御抄』がある。『禁秘抄』は、その在位時に書かれたもので、後継の仲恭天皇に宛てて、「天皇〝職〟を後嗣に伝えるという明確な意図のもと、所謂口伝・教命として編まれたもの」(佐藤厚子「『禁秘抄』の研究(三)」『椙山女学園大学研究論集』四一、二〇一〇)である。天皇の職務を明確化し、その規律を明らかにすることは、天皇の権威を高めるものであった。天皇自身による有職故実書は唯一のため、後世重視され、禁中並公家諸法度にも使われることになった。

本書は、「賢所」に始まり、「虫」に至る九十三項目からなるが、体系的な論述とは言えず、むしろ雑然と並べられたメモの集積のようなところがある。例えば、最後の項目である「虫」は、「松虫、鈴虫の類。人々が進上したものや、賀茂社司に召されたもの」等という。またその前は「鳥」で、

「幼主の時、小鳥合わせや鶏闘は常のことだった。子細は決まったやり方はない」等とあって、幼い主上が鳥を愛するほほえましいさまが偲ばれる。その前は、犬狩、雪山などという項目がある。雪山というのは、雪が降った時にどう雪山を作るかということで、「年内の雪の時は行う所の滝口等が参上する。春雪の時は沓の先が隠れるようならば必ず参上する」等とあり、「雪が足りない時は、諸の御願寺から取り寄せる」などという規定もある。

こうした内容は、公的な政務に関することではなく、帝の私的な生活に属することがらである。それに対して、下巻の最初のほうは公務に関する規定が並んでいる。即ち、詔書・勅書・宣命・論奏・表・勅答・改元など、公的な執務の手続きに関する規定である。一例として、承久の乱で実際に行われることになる「追討宣旨」の項を見てみよう。そこでは、「僉議を行なう。三関(鈴鹿・不破・逢坂)を警護する。諸衛府は弓箭を帯びる。追討使に宣旨を給う。陣の辺において大外記が其の人に給う。其の人は立ちながら給うか。または御前に召す時は、弓場の南の戸を開いて参入する」等と規定されている。

しかし、本書で目に付くのは、このような公的な政務に関する規定よりも、帝の日常生活に関する規定である。最初のほうは「禁中の事」と総括されているように、禁中における帝の生活や関係する役職に関する規定が並んでいる。本来、政務は朝堂院の大極殿で行われるものであったが、平安中期以後、次第に本来私的空間である内裏の清涼殿に移っていく。即ち、私的な場が公的な役割を果たすようになるのである。さらに、そこから帝の住まいが御所の外の里内裏へと移ることで、ますます私性が中心となり、公私が分けられなくなっていく。そのことは、帝の私的身体的活動がそれだけ重要な意味を持ってくることに他ならない。このように、本書は帝の日常生活を中心に記され、公務もまた、日常生活の私性の中に組み込まれた業務として認識されている。それ故、それらは下巻に回されることになる。本書では即位や大嘗祭のような重要な行事については記されないが、それは日常業務の外になるからである。

2　日常の中の神事

『禁秘抄』の第一条は「賢所」である。宮中の賢所（内侍所）は神宝である鏡を祀るところであり、同時に神鏡そのものをも意味する。冒頭に、「凡そ禁中の作法は、先ず神事、後に他事。旦暮に敬神の叡慮、懈怠なし」とあるように、神事こそ何にもまして生活の中心に置かれる。その中でも、賢所に安置される神鏡は、「伊勢御代官（または代宮）」であって、「神宮の如く仰ぎ奉る」ことが求められる。それ故、「かりそめにも神宮ならびに内侍所の方へ足を向けて寝てはいけない」と誡められる。

このように、賢所は伊勢と同一視される。『日本書紀』崇神天皇六年条によれば、もともと天照大神は天皇の大殿に祀っていたのが、その威勢を畏れて共住できないということで、豊鋤入姫命《とよすきいりひめのみこと》に託して倭の笠縫邑《かさぬいむら》に祀り、後に垂仁天皇二十五年条に倭姫命に託して伊勢に鎮座することになったという。神の霊異は人間との共存を許さない。しかし、人は神から離れて存することができない。そこで、賢所に伊勢の代理としての鏡を安置することになった。

『禁秘抄』ではその経緯について、「世の始め、殿を同じくしておわしました」が、「垂仁（イ崇神）天皇の御宇、始めて殿を別と為し、温明殿に御す」と記されている。それは、あたかも仏教における

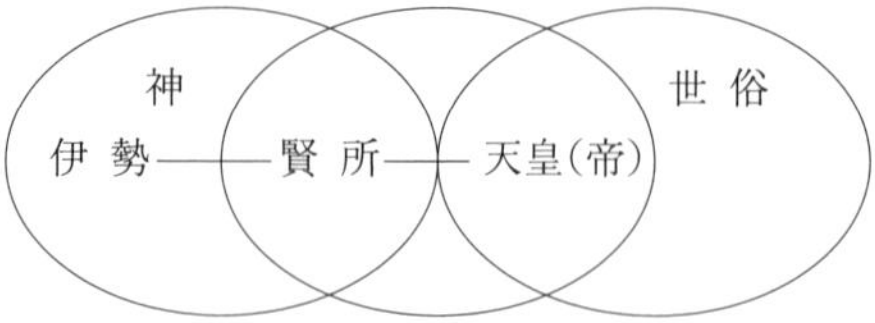

図 2-1　天皇(帝)と神

法身(あるいは報身)と応身の関係のようなものと考えられる。仏教の場合、法身・報身・応身の三身一体を説き、そこから応身がそのまま法身あるいは報身と同一視されるが、この場合も同様に、伊勢と賢所は本体と仮現でありながら、仮現は本体と同一の役割を果たすことになる。ちなみに、近代になって宮中三殿が別棟として建造され、賢所はその中心とされたが、もともとは内裏の内の温明殿にあった。

こうして賢所の神鏡を媒介として、帝は何よりも神と関わるところに第一義的な役割があるものとされる。それは私的な日常の中に浸透し、その私性をそのまま公的なものに変える。私生活だからと言って、自由が許されるわけではない。第十条「恒例毎日の次第」では、一日の決まりが記されるが、まず朝起きるとお湯を使う。主殿の官人が司り、釜殿《カナヒト》(鼎人)が湯を運び、須麻志《スマシ》の女官二人が取り次ぐ。その間、蔵人は戸外に鳴弦(悪霊を寄せ付けないように弓弦を鳴らすこと)をする。湯舟が一つで桶が二つであり、内侍が仕える。典侍が湯帷《ユカタビラ》を進上し、河薬(皮膚の薬、糠汁か)を奉る。

このように、朝の湯浴みから細かく規定されている。これは帝の身体が聖性を持つためである。帝の聖性は、系譜的に天照大神に由来するという面もあるが、それとともに、国を代表して神を祀るという職務によって、もっとも近く神と関わる人というところから生ずる。それ故、ケガレを避け、清浄でなければならない。それならば神官と同じかというと、そうではない。あくまでも世俗の王であり、統治を任務としている。もともと大殿に祀っていた神鏡を外に移し、最終的に伊勢に安置したのは、一種の政教分離というべきであり、現世的政治の場から神を遠ざけたということである。ひとまず切り離したうえで、そのレプリカを賢所に祀ることで、現世的生活の枠の中に神を取り込むことになる。それによって、神事を核としながらも、神事の中に取り込まれてしまわない王としての世俗性が保たれるのである。

このような関係を図示すると、図2-1のようになるであろう。天皇はあくまでも世俗の王権でありながら、賢所との関係を通して神と関わるのである。

3　貴種としての皇統――『愚管抄』から

ところで、それでは天皇の系譜的聖性はどうなるのであろうか。『禁秘抄』には、それについて述べたところはないが、同時代の慈円の『愚管抄』巻七には、次のように述べている。

漢家ノ事ハタヾ詮ニハソノ器量ノ一事キハマレルヲトリテ、ソレガウチカチテ国王トハナルコトヽ、定メタリ。コノ日本国ハ初ヨリ王胤ハホカヘウツル事ナシ。（岩波文庫、三一七頁。一部、句読点を改める）

日本国ノナラヒハ国王種姓ノ人ナラヌスヂヲ国王ニハスマジト、神ノ代ヨリ定メタル国也。（同、二九七頁）

これらの箇所では、「国王」であることの根拠が血統の一貫性に求められている。それ故、中国のように、実力本位で勝ち上がって国王になるのではないという。後の万世一系説の淵源ともいえるが、それほど強いものではなく、貴種中の貴種と解することができる。『新撰姓氏録』(八一五)には、皇室のみならず、多くの貴族の祖先神がそれぞれ記されている。よく知られているように、『愚管抄』によれば、天皇家と摂関家の藤原氏との関係は、両者の祖先神であるアマテラスとアマノコヤネの契約によって決められたという。即ち、天皇のみが神に由来するわけではなく、貴族もまた神に由来するが、ただ神代より「種姓」のランクが決まっていて、それは動かすことができず、「国王種姓」の人のみが国王となることができるのである。

こうして天皇を核とした貴族の序列が動かし得ないものとして確定する。武士もまた、その形成期において皇族などの貴種を頭領と仰ぐ集団によって統合されていく。源氏と平氏はともに皇胤であることによって、その権力の正当化を図り、やがて、源平交替説のような俗説も生まれてくる。

ところで、『愚管抄』の「種姓」の語は、法相宗の五性(姓)各別を思わせる。即ち、生まれつき、菩薩定性・縁覚定性・声聞定性・不定性・無性の五つの本性が定まっていて、変えることができない、という説である。その場合の種姓を意味するゴートラ gotra は、もともとインドのカースト的な家柄の区別を意味する語であり、慈円はそれを日本の王統に適用するのである。このことは、二つの点で注目される。第一に、日本の王胤決定説を中国の能力説と対比する中で、中国を飛び越えてインドに類比を求めている点である。仏教を手掛かりに、中国を迂回してインドに典拠を求める発想は、中世の神道確立期にしばしば見られることになる。第二に、慈円は天台宗でありながら、この点では悉有仏性説に目をつぶり、法相的な種姓の各別のほうを採用していることである。これはいささかの論理破綻とも言えるが、慈円はその点は問題にしていない。

もちろん、皇統と言っても、一人に限らない。その中での皇位の継承順位は必ずしも定まっているわけではない。慈円はそこに、中国的な国王有徳説を入れる余地を見いだしている。即ち、「ソノ中ニハ又ヲナジクハヨカランヲトネガフハ、又世ノナラヒ也」(同)として、「国王モアマリニワロクナラセ給ヌレバ、世ト人トノ果報ニヲサレテ、ヱタモタセ給ハヌ也」(同、二九八頁)と言われているように、あまりにひどい場合は、位を保てないというのである。血統を継ぐのは一人ではない。それ故、その皇統の枠の中での交代の可能性は認められることになる。

4　秩序と差別

慈円の説にいささか深入りしたが、ここで『禁秘抄』に戻ることにしたい。『禁秘抄』には、直接皇統の問題は論じられていないが、種姓の差別と関連して注目されるのは、「凡賤を遠ざくべき事」の項である。秩序が維持されるもっとも中核には、身分の違いを明確にして、その混乱を防がなければならない。本項に関して、『訂正禁秘抄講義』には、「本書中尤も宸襟を竭くさせ給へる所と拝読せらる」(中巻、二三頁)としている。

本項の冒頭は、「天子は殊に御身の劣を止めらるべし。是は筆端に尽くし難き事なり」と、はなはだ厳しい言葉で始められている。『講義』に、「主上は格別に御身の卑劣にわたる所業を止めらるるべし」(同)と言うように、「御身の劣」は、帝自らが身分秩序を乱すような愚昧な行為をすることである。後述のように、院政期に入って、卑賤の者が帝の身辺に出入りするようになった。順徳はそれを厳しく誡め、秩序の回復を志す。「御身の劣」は、同時にまた、帝の身が劣化することでもあろう。卑賤と接することは、そのケガレを身に受けることでもある。あるべき秩序は、そのようなケガレを避け、それによって帝の身体の劣化を防ぐことでもある。なお、「卑賤」というのは、「六位蔵人、下臈の女房を限りとす」とあるから、それ以下の者である。

具体的には、食事の時の陪膳や、装束着衣の際など、どの階位の人まで許されるかについて、細かく論じている。食事や着衣は直接帝の身体に触れることになるだけに、その規定は厳しい。例えば、食事の際の給仕役は禁色を許された女房や典侍は問題ないが、前典侍のようにその職にない者は認めない。公卿では、蔵人頭は問題ない。昼の御膳は女房が給仕しないので、四位の侍臣が参上してよいが、人を選ぶべきである。このように、帝が誰と接してよいかは、非常に細かく規定される。

とりわけ問題とされたのが、芸人を近く召すことである。実際この頃、身分の低い芸人が宮廷に入って愛好されるということがしばしば見られた。「芸ある者、其の事に依つて近く召す事、近代多し。寛平の遺誡の如きは然るべからず。況や猿楽の如き、庭上に参ずる、止むべき事なり」と、そのような事例が「近代」に多いことを指摘して、厳しく誡めている。さらに非常に具体的な例として、「建久以後、弘席を敷きて蹴鞠に興ずることあり。是れ後悔、其の一なり」とあり、自ら庭に敷物を敷いて下り立って、蹴鞠に興じたことを自己反省している。庭に下り立つのは、伊勢を遥拝する場合などには認められるが、遊興でするなど、あってはならないこととされる。帝は凡賤によって穢されてはならない。「左右なく簾外に出で、万人に見ゆる事、能くよく然るべからず」と言われるように、主上は万人の眼に触れてはならない秘せられた存在である。それは、近代以後の天皇が、万人に可視化されることでその力が誇示されるのと、まったく逆である。

このように、身分の乱れは秩序の乱れであり、王権の根幹を揺るがしかねない問題と考えられた。特に「建久以後」が問題となっていることが注意される。建久（一一九〇―九九）は、主として後鳥羽の時代である。本書の中では、しばしば「近代」がそれ以前と対比され、批判の対象となっているが、それはこの「建久以後」のことである。建久の頃には、頼朝の鎌倉幕府がその組織を確立して、朝廷へも嘴を入れるようになる。また、一一九六年には九条兼実が失脚するなど、朝廷内が混乱を極めた。秩序が失われ、朝廷の権威が失落していく危機的な状況であった。

そのような状況の中で、順徳は有職故実の伝承を再確認し、凡賤と異なる帝の空間を再構築しようとした。秩序はまず身分から正されなければならない。順徳はストイックなまでに、万人と異なる帝の禁忌を自らに課した。順徳が後鳥羽以上に強硬に反幕府立場を取り、承久の乱に至ったのも、このようなところに由来すると考えられる。しかし、もはやそれが通用する時代ではなかった。そこに承久の乱の悲劇があった。

5　王権と仏法

天皇は、神と関わるだけではない。「仏事次第」の項では、「天子は、専ら正法を以て務と為す。是れ則ち仏教の興隆なり」と、仏教興隆をその務めとしている。具体的には、どのようなことであろうか。「恒例の仏事、諸寺の破壊（の再建）殊に沙汰有るべし。其の上、自らの御行は叡心に在るべし」と、恒例の仏事並びに諸寺の再建を中心として、それ以上の自行はそれぞれの考え次第だというのである。
ただし、「日暮に念珠を持ちて、念仏などは然るべからざる事なり」と、念仏に対しては否定的である。これは、建永二年(一二〇七)の法難に絡むものであろう。その前年、後鳥羽上皇の熊野御幸の留守中に、法然の弟子安楽・住蓮らが御所で女房達に説法し、出家した女房が出たことで後鳥羽が怒り、安楽・住蓮らが死罪、法然らが流罪に処せられた。未だその余燼が残る時期であり、念仏はタブーとされたものと思われる。

基本的には、本書は王法仏法相依の立場に立つ。王法と仏法の関係については、法然を糾弾した貞慶の『興福寺奏状』(一二〇五)に、「仏法と王法とは猶お身心の如し。互いにその安否を見、宜しく彼の盛衰を知るべし」とあるのが、その典型である。仏法側にとって王法の庇護は不可欠である。逆に王法にとっても、仏法による呪的な加護がなければやっていけない。そこに両者の相依関係が生まれる。念仏はそこから排除されるものとなる。

王法仏法相依論は中世的な特徴とされるもので、古代的な王法・仏法関係と必ずしも同一視できない。空海や最澄にあっては、単なる王法の補完ではなく、仏教的理想国家を作るという目標があった。その意味での国家的仏教と言うことができる。それに対して、次第に王権が私化していくのと並行的に、仏教の側も国家的な修法や年中行事だけでなく、次第に私的な場での修法が盛んになる。天皇や貴族の身体の安穏、安産などの祈禱や呪詛が仏教の大きな役割となる。その大きな転換は九世紀後半の安然であろう。それまでの円仁・円珍らが入唐して密教を導入して、天台座主として国家的祈禱に尽したのに対して、安然は台密を完成させ、膨大な著作を残したが、自身は大きな僧職に就くことが

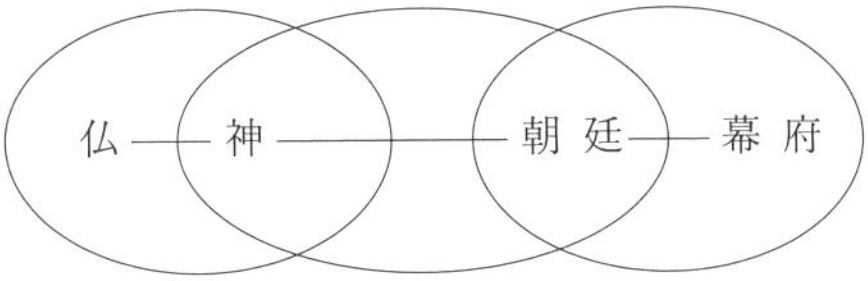

図 2-2　王権と神仏

なかった。さらに一〇世紀後半の源信あたりから、仏教は私的な場での修行や往生が重視されるようになった。

それとともに、大寺院は貴族と結び、それ自体が大きな荘園の領主となり、武装した僧兵を擁して世俗的な権力の一端を担うようになった。白河法皇が、「賀茂河の水、双六の賽、山法師、是ぞわが心にかなわぬもの」と歎いたように、「山法師」、即ち、叡山の僧兵は独裁的権力者であった白河法皇でさえもままならないものであった。王法仏法相依論は、仏法の持つ呪力とともに、このような顕密の大仏教寺院の世俗的な力を前提として成り立つものであった。

摂関が帝の母方の祖父による支配であったのに対して、白河法皇に始まる院政は帝の直接の父が支配権を握った。しかも、摂関が形式的にはあくまでも帝の補佐役であったのに対して、「治天の君」として、直接に権力を振るった。さらに、白河をはじめとして、しばしば出家して政権を執ることで、王法・仏法の両方に亙る権力を保持するようになった。前例のないこのような事態の中で、平安中期以来次第に形成されてきた宮廷の有職故実的な儀礼を逸脱する場合が多くなった。順徳の「近代」に対する強い危機意識は、このような背景を持つものと考えられる。

本来、王法に対応する仏法の内実として、院政期から鎌倉期にかけての仏教思想に関してさらに考察すべきであるが、ここでは論じきれないので、次章に回したい。ここで一つだけ付記しておきたいのは、神仏の関係である。神祇崇拝の儀礼もまた、平安期に確立し、形式を整える。その上でこの時代、次第に本地垂迹思想がほぼ確立していった。本地垂迹説は、仏を上に立てながら、その身近な現われとして神を位置づけるものである。『禁秘抄』の神仏観には、神と仏の関係は必ずしもはっきりと示されているわけではない。しかし、基本的には帝と神との関係が密接なのに較べると、仏との関係は距離があるように思われる。その関係は、先に示した図と近いが、図2-2のようになるであろう。

6　帝王の教養

禁中並公家諸法度の第一条で天皇の職務として規定する「学問」は、このような前提的な枠組みの中で位置づけられる。それが第十八条「諸芸能事」である。「芸能」は、教養として身に付けるべき技芸である。帝は政務を行い、神仏を重んじるだけではいけない。何よりも最高の教養人であり、芸術能力を身に付けていなければならない。その第一が学問である。その冒頭は、法度に引かれたものと同じである。

第一は御学問なり。「学ばずんば則ち古道を明らめず、而して政を能くし太平を致す者、未だ之れ有らざるなり」と、『貞観政要』の明文なり。『寛平遺誡』に、「経史を窮めずと雖も、『群書治要』を誦習すべきなり」と。

この時代において、この文脈から読めば、決して無用な学問というわけではない。『貞観政要』や『群書治要』は確かにやや時代遅れになっていたかと思われるが、唐代の古典的な政治の理想を示したものとして学ばれた。王朝の古典期の政体を理想とする順徳にとって、それらは基礎として身に付けるべき素養であった。

法度では飛ばしているが、『禁秘抄』で第二に挙げるのは和歌ではなく、「第二は管絃」であり、音楽である。その次に、和歌が来る。「和歌は、光孝天皇より未だ絶えず。我が国の習俗なり。好色の道、幽玄の儀、棄て置くべからざるか」と、その性質として、「好色」「幽玄」ということが挙げられている。

このように、天皇の教養や技芸は、王朝時代の理想を継承して、もっとも高度なものでなければならない。その際、一つのポイントは生活臭があってはならないことである。理想の文化は生活性や実用性から離れていなければならない。前章に示した図1－1を改めてご覧いただきたい。天皇は、王権としての政務はもちろん、神仏と関わり、学芸文化を身に付けなければならない。しかし、生活の分野とは直接には関わらない。それは「凡賤」の領域となるであろう。帝王はその生活自体、あるいはその存在自体が儀礼化し、聖化されていなければならないのである。

以上、本章では、近世における幕府側から見た朝廷の儀礼的性格の位置づけを出発点として、それから中世に遡り、もっぱら『禁秘抄』の分析によって、前近代＝大伝統における天皇のあり方をその儀礼的性格から検討してみた。もちろん『禁秘抄』だけで大伝統の王権の思想がすべて分かるわけではない。しかし、天皇自身の著作であること、近世になって、禁中並公家諸法度にも用いられているように、天皇の職務をもっとも典型的に表すものとして通用していたことなどから、本書を大伝統の天皇のあり方を理解する最上の手がかりとすることは許されるのではないだろうか。有職故実の儀礼的伝統を受け継ぎながら、神仏と関わり、儀礼化された政務を行うという天皇の任務は、近世になっても基本的には変わらなかった。そして、それは武家の幕府によって奪取できないものであった。

その天皇を儀礼の場から政治の中核に引き出し、神仏や諸文化をも統合する一元構造を築いたのが近代の中伝統であった。それは、一〇〇〇年来続いてきた安定構造を根底からひっくり返すものであった。それが何を意味するのか、改めて検討すべき課題である。

第三章　中世仏教の再定義
――身体／勧進／神仏

一　鎌倉新仏教中心論の崩壊から

1　鎌倉新仏教中心論の常識化

前章において、中世の王権のあり方を検討した。朝廷の最も大きな役割として儀礼のシステムを所有していることがあり、それが有職故実として伝えられた。その具体的な内容を順徳天皇の『禁秘抄』によって読み解いた。形態は変わっても、近世に至るまで朝廷のその役割は変わらず、それは幕府によって奪取することのできないものであった。その儀礼のシステムは文化として蓄積されたものであり、武力ではどうにもならなかった。

大伝統においては、王権は神仏と緊張関係を孕みながら、王権の側は神仏を保護し、神仏は王権に恩恵を与えるという相互関係に立っていた。中世においては、神仏と言っても実質的に中心的な力を持っていたのは仏教であったから、王権と仏教とは、王法仏法相依論と呼ばれるような相互関係に立っていた。本章では、そのような立場に立つ仏教とはどのようなものであったか、検討してみたい。

ひとまず中世仏教と大雑把に捉えるが、ここで主として検討するのは中世前期、即ち平安中期から鎌倉期へかけて、世紀で言えば、一〇世紀後半から一三世紀である。政治史的には、摂関政治が確立して、王権が次第に複雑に重層化していくとともに、有職故実を含む古典文化が形成される時代から、朝廷と幕府の二元体制が確立する時代である。仏教側もそれに対応する新体制を形成していくので、ひとまずこの時代を一括りで考えてよいと思われる。

長い間、この時代の仏教は、いわゆる鎌倉新仏教中心論が常識として通用していた。新仏教の概念は曖昧のところがあるが、一つは宗派的にこの時代に成立した浄土宗・浄土真宗・禅宗(臨済宗・曹洞宗)・日蓮宗などを考える場合と、もう一つは個人として、これらの宗派の開祖とされる法然・親鸞・道元・日蓮などを考える場合とがあって、実質的には両者が混在している。

鎌倉新仏教中心論(以下、新仏教中心論と略す)は、鎌倉期という範囲で、新仏教対旧仏教という二項対立図式を作るとともに、鎌倉期だけに限定せず、日本仏教史全体が鎌倉新仏教において頂点に達したという理解をも含意している(図3－1)。こうしてできあがった基本的な図式は、堕落した旧仏教に対して、新仏教は仏教の本来の精神に立ち返った宗教改革とも言うべきものであり、ここに日本仏教はその最高峰に至ったというものである。そのことはまた、新仏教以後の宗派の展開を最高峰からの堕落と見るものであり、その最も堕落した形態が近世仏教だという近世仏教堕落論につながる。新仏教中心論は大正期頃から形成されてきたが、それが一気に開花したのは第二次世界大戦後であり、あたかも国民の常識であるかのようになってしまった。何故これほど新仏教中心論が普及したのであ

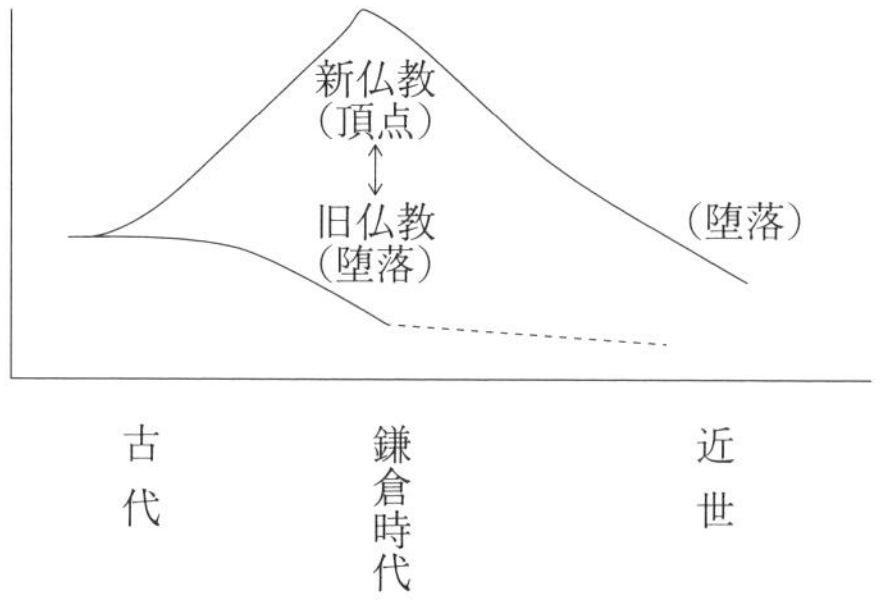

図 3-1　鎌倉新仏教中心論

ろうか。その理由はいくつか考えられる。

第一に、家永三郎、井上光貞など、戦後の歴史学をリードした研究者が積極的に新仏教中心論を鼓吹し、それが日本史の教科書を通して国民の間に普及した。

第二に、新仏教の祖師に由来する宗派は、浄土真宗・曹洞宗・日蓮宗・浄土宗など、いずれも今日の日本仏教の中でも大きい宗派であり、それらの宗派にとって新仏教中心論は非常に好都合であった。

第三に、新仏教中心論は、新仏教が近代的な合理性の立場に立つ宗教だと主張した。その際に、とりわけ密教否定と神仏習合否定を喧伝した。そのような見方は、宗教改革を西洋の近代化の原点と見る西洋宗教史とマッチした。特にウェーバーの宗教社会学の流行がそのような見方に拍車をかけた。

第四に、新仏教中心論は、新仏教の特徴を易行主義に見、それ故に民衆に普及したという点を強調した。このことは戦後の民主主義下における進歩派の民衆中心史観と合致した。

こうして、新仏教中心論は、戦後の価値観から見てすべてのよいことを新仏教に、悪いことを旧仏教に結び付け、きわめて単純で露骨な、しかし明快で分かりやすい二元論ができ上がり、それが普及することになった。それを表の形で示すと、以下のようになろう。

新仏教	一向専修	密教否定	神祇不拝	民衆的	反権力的	近代的	合理的	進歩
旧仏教	兼学兼修	密教的	神仏習合	貴族的	権力癒着	前近代的	非合理的	反動

ちなみに、新仏教中心論は浄土教中心論とも言われるように、浄土教の法然・親鸞を典型と考え、同じ新仏教の範疇に入れても、道元や日蓮はやや旧仏教的要素が入ると見る。また、法然よりも親鸞を新仏教の頂点と考える。その親鸞の中心的な思想は『歎異抄』、それも第三章の悪人正機説に見られるとする。「善人なほもて往生をとぐ、いはんや悪人をや」という文句は、教科書にも必ず引用され、日本仏教の最高の思想のように語られることになった。

2　顕密体制論と仏教観の転換

こうした新仏教中心論を一気に突き崩したのが、黒田俊雄の顕密体制論であった。この説は、一九七五年に出版された『日本中世の国家と宗教』(岩波書店)において提出された。これ以前に黒田は中世の政治経済史において権門体制論を提示し、公家・武家と寺社の三種の権門によって中世の支配構造が形作られると主張していた。その権門の一角をなす寺社勢力の構造概念として提示されたのが顕密体制論であった。それ故、顕密体制は、思想、政治、経済、社会、文化などを包括する概念であり、幅が広いと同時に曖昧さを含んでいる。しかし、従来新仏教として中世仏教史の中心と考えられていた流れを、異端の少数派として位置づけ、顕密仏教こそ中世仏教の主流だったとするその説は、従来の新仏教中心論を大きく転換するものであった。

黒田はもともとかなり教条主義的なマルクス主義者であったが、社会情勢の変化の中で、従来の単純で進歩派的な楽観論や教条主義は、一九六〇年代頃には次第に通用しなくなっていた。中世史という場の中でその模索を展開したのが顕密体制論であった。それは、進歩的な新仏教が、守旧的な旧仏教に取って代わるというそれまでの単純な図式を覆し、当時の主流であった顕密仏教こそしっかりした研究が必要だという新しい方向性を示した。

顕密体制論は当時の若い研究者たちに大きな衝撃を与え、その後の中世仏教研究は顕密体制論を抜きにして論ずることができなくなった。しかし、じつはそれによって直ちに従来の新仏教中心論が消えたわけではなかった。その後黒田説を継承して主流となった解釈は、平雅行に典型的に見られるように（『日本中世の社会と仏教』塙書房、一九九二）、顕密体制論は勢力の大きさという点から顕密仏教（＝旧仏教）に光を当てたもので、質的には異端派（＝新仏教）のほうが高いと見るもので、じつは新仏教中心論の価値観をそのまま維持していた。それ故、新仏教中心論はごく最近まで通用してきた。

黒田の驚くべき先駆性が明らかになってきたのは、一九九〇年代になってからである。黒田の示唆によって、顕密寺院の地道な調査が続けられ、その成果がその頃から現われるようになってきた。中世の顕密寺院は総合的な文化センターとしての役割を果たしており、密教を軸としながら思想的にも高度で豊かな成果を生み出していたことが、次第に明確になってきた。黒田の『寺社勢力』（岩波新書、一九八〇）は、いちはやくこのような当時の寺社の豊饒な文化世界に着目した先駆的な傑作である。そもそも「顕密」という用語は実際に当時の仏教界で広く用いられていたものであり、当時の主流となる仏教を顕密仏教として括る黒田の捉え方は、今日でも有効である。

こうして、新仏教は量的には弱いが質的には高いというような見方はまったく根拠のないことが分かってきた。旧仏教対新仏教、正統的顕密仏教対異端派というような単純な二項対立では、中世の仏教は理解できない。顕密仏教を中心としながら、全体として大きな流れとして、中世仏教を捉え直さなければならない。新仏教とされる親鸞、道元、日蓮なども、そのような中世仏教の流れの中で位置づけ直される必要がある。顕密体制という政治経済体制の捉え方はそのままでは認められないとしても、黒田による顕密仏教の重要性の指摘は、半世紀近く経って、ようやくその真価を現わし、新たな展開を導きつつある。

ここで、顕密体制論とそれ以後の研究状況への私の関わりについて、少しだけ触れておきたい。私は一九七〇年代後半から研究生活に入ったが、当初それほど黒田説に関心を持っていたわけではない。黒田の影響を大きく受けたのは、むしろ私よりも若い世代であり、一九八〇年代には彼らの成果が次々と出版されて脚光を浴びていた。私は彼らの成果を横目に見ながら、法然から出発して平安期の天台へと遡る思想研究を、時代に取り残されたように続けていた。焦りがなかったわけではない。私が顕密体制論を取り上げた最初は、『日本仏教史』（新潮社、一九九二。新潮文庫、一九九六）であり、またその頃の新進研究者たちの著書については、拙著『日本仏教思想史論考』（大蔵出版、一九九三）の中に、「鎌倉仏教研究をめぐって」という短文でいささか触れた。顕密体制論の問題に正面から取り組むようになったのは、一九九〇年代の後半に入って、それまで避けていた密教を扱わざるを得なくなり、いち早くその重要性を指摘していた黒田の炯眼に驚いてからだった。そのようなわけで、顕密体制論について本格的に論じたのは、その流行が過ぎ去った『鎌倉仏教形成論』(法藏館、一九九八)においてだった。黒田は、そのエピゴーネンたちよりもはるかに大きな存在であり、顕密体制論という固定した理論はもはや成り立たないにしても、顕密仏教の重要性への注目という点で、新しい研究の時代を切り開くものであった。

二　古代仏教から中世仏教へ

1　古代の王法と仏法

それでは黒田説を経た今日、中世仏教をどのように見ることができるであろうか。実を言えば、いまだ必ずしも定説となるようなしっかりした見方が確立しているわけではない。それ故、あくまでも試論的なスケッチに留まる。

王権が古代的なものから中世的なものへと転換するように、仏教界も古代的なものから形態を変える。古代においては、必ずしも王権と仏教の関係はしっかり確立したものではなかった。「三宝の奴」として東大寺大仏に跪いた聖武天皇のように、政治への仏教の伸張が著しく、道鏡のように仏教界から政界に野望を持つような例も出てきた。そこで、その改革を目指した桓武天皇は平安遷都に当たって、都の中に東寺・西寺以外の寺院の建造を認めず、世俗都市としての完結を目指した。

しかし、桓武はもともと傍系から政争の中でのし上がっただけに、権謀術策が渦巻き、弟の早良親王はじめ、恨みをのんで死んだ者たちの御霊(怨霊)が跳梁し、不穏な情勢が続いた。そこで、否応なく都を守護するのに仏教の力を借りなければならなかった。そこに現われたのが最澄であった。最澄は都の外で鬼門の丑寅(北東)に当たる比叡山から都を守るという形で、王権との距離を取った。遅れて嵯峨天皇から淳和天皇の代に力を持つようになった空海は、都を離れた高野山と、都のうちの東寺と、宮廷内の真言院と三つの拠点を獲得して、王権と密着したが、直接政治に関与することはせずに、距離を取った。ここに一種の古代的な政教分離体制ができ上がり、それが中世に引き継がれ、日本の大伝統の基本構造を形作るようになる。この点で、最澄・空海は中世的な王法と仏法の相依関係の基礎を作ったということができる。

もっとも最澄も空海も決して単純な政教分離を主張したのではない。むしろ仏教精神にもとづいた国家形成を目指した。最澄は『山家学生式』で、仏教者の理念を「国宝」「国師」「国用」として挙げている。これは仏教者が国家の精神的な指導者となり(国宝)、地域に根差して人々の幸福を産み出していく(国師・国用)という菩薩としての積極的な活動を意味していた。そして、国王は「世俗の菩薩」として菩薩の精神に基づいた政治を行わなければならない。これについては、第一〇章でさらに検討したい。空海では、『秘蔵宝鑰』の第四住心で仏法と国家の相依関係が正面から取り上げられる。しかし、それはまだ小乗の無我論の立場(唯蘊無我心)であり、さらに上の大乗を目指さなければならない。

しばしば古代の仏教は国家仏教として、あたかも国家に従属するかのように考えられがちである。しかし、仏教の地位ははるかに高かった。聖武の場合のように、仏教が国家の指導理念となることもあった。平安初期には、両者の密着を切り離し、世俗の王権と仏教とは相対的に自立する。それはしばしば鎮護国家仏教と言われてきたが、これも誤解を招く表現である。どんな国家でも無条件に鎮護するわけではなく、あくまでも仏教を信じ、保護する正しい国家でなければならない。国王は仏教を信じて保護し、それに対して仏教は精神面で国家を守護し、指導する。そのような相互依存体制である。

これは実は日本だけに限らない。『金光明最勝王経』に基づく鎮護国家思想は、中央アジアに広く見られるところであり、聖徳太子から聖武天皇へつながる菩薩王の系譜もまた、梁の武帝や則天武后などを模している。即ち、古代の王法・仏法関係は広範にアジアに共通する形態である。南・東南アジアの上座部ではやや形態が異なるが、仏法優位に立ちつつも仏法と王法が相互に依存する点では近似している。古代の日本の仏教が、大陸からの輸入に大きく依存していたことを考えると、その汎アジア的性格も当然である。それが日本という場の中に定着する中で、変容していくところに中世の仏教のあり方が形成されるのである。

2　中世仏教の端緒

それでは、このような古代的な仏教に代わる中世的な形態は、どのようなものであって、どのように形成されたのであろうか。王権の側は、摂関体制の成立が中世的な体制へ向けての出発点を形作る。それによって、王権が重層化する中世的体制へと向かっていく。その中で、中国的な礼のシステムと異なり、有職故実に基づく日本的な儀礼のシステムができ上がっていく。それとともに、公的な国家行事が次第に私的化してゆく。やがて武家による鎌倉幕府が成立し、二元体制が確定する。

それに対する神仏の側は、仏と神の重層構造を取る。神が理論的に考えられ、神道と呼ばれるようになるのは鎌倉中期から南北朝期であるが、平安期には神社祭祀の体系がほぼ固まった。それは、王権における儀礼の体系化と並行する。もっとも、理論化が早く進み、大陸伝来の新しい科学技術をも伴う仏教のほうが圧倒的に大きな力をもって、王法と対峙するだけの力を誇示した。黒田の言う顕密仏教である。仏の下に神を位置づける本地垂迹説も次第に確立する。

仏教のほうも秘伝化された密教儀礼の伝持に中核を置く。その転換点となるのは安然である。安然は九世紀後半に天台密教(台密)を完成させ、その点では古代仏教の完成者としても位置づけうる。しかし、それ以前の円仁・円珍らが入唐して密教を伝えたのに対して、安然は遣唐使の中止によって入唐できず、そこから国内の密教を教相(教理)・事相(儀礼)の両面にわたって総合することを志した。一切の多様性を一に統合する四一(一仏・一時・一処・一教)の理論は、雑多に見える儀礼のシステムをまとめ上げる強力な理論であった。安然は、国家的な僧位僧官を持たず、仏教が国家仏教から王族や貴族の私的な祈禱へと変わる転換点に立つことになった。

一〇世紀前半の停滞期を経て、良源が叡山を復興し、一〇世紀後半から一一世紀はじめにかけて、中世的仏教が本格的に形成される。良源の弟子の源信は、『一乗要決』などで知られる理論家であるが、それ以上に後世に大きな影響を与えたのが『往生要集』によって浄土教を体系化したことである。念仏は、それより少し前、空也によって京に広まっていた。それを理論化したのが源信である。もっとも源信は晩年まで霊山釈迦講とも関係するなど、決して阿弥陀信仰一辺倒というわけではなかった。

ところで、浄土教を受容した階層を中下層貴族とする井上光貞の説(『日本浄土教成立史の研究』山川出版社、一九五六)が定説となり、そのまま通用してきたが、その点も再考を要する。時の最高権力者であった藤原道長は、晩年、法成寺を建立して、最期は阿弥陀堂で極楽往生を願って亡くなった。また、阿弥陀信仰と弥勒信仰に基づいて吉野金峯山に経塚を作って埋経した。この後、埋経は中世に大流行する。さらに、院政期に常態化する出家して政務を行うという方式も、最初に行ったのは道長である。このように見るならば、必ずしも中下層貴族と限らず、新しい信仰のあり方は貴族社会の上のほうから形成され、広まっていった面も無視できない。階級論的な対立構造で宗教・思想を理解するかつての理論はもう一度検証する必要がある。

古代仏教からの変化は明らかである。仏教は国家のためであるよりは、個人の救済が中心的な課題となる。その際注意すべきは、そこでは霊魂の救済だけでなく、身体の問題が絡むことである。そもそも仏教では心身を一体的に捉えるから、身体を抜きにして霊魂だけ問題にするということはない。源信が関わった二十五三昧会は、往生を求める僧の結社であるが、そこでは臨終の様々な規定とともに、死後の遺体の処理の問題も出てきて、光明真言による土砂加持が説かれている。

この時期、宋との交流が始まり、九八六年に帰国した奝然《ちょうねん》は、宋の新しい仏教を伝来したが、それ以上に注目されたのが三国伝来とされる釈迦如来立像の請来である。この釈迦像は生身の釈迦像とされて信仰を集めたが、実際にその体内に布製の五臓が収められていた。この後の時代に五蔵(臓)思想が大きく進展することを考えると、この仏の聖なる身体の問題ははなはだ注目される。

図 3-2　五輪塔（『岩波仏教辞典』第 3 版，1133 頁より）

三　中世仏教の形成

1　密教的身体論から新しい実践仏教へ

密教的身体論は、院政期の覚鑁《かくばん》（一〇九五―一一四四）において一つの頂点に達する。鳥羽上皇の帰依を受け、伝法院によって高野山の改革を企てたが、追われて根来に下った。覚鑁の主著『五輪九字明秘密釈』は、当時の五輪思想を集大成したものである。五輪は、世界を構成する地・水・火・風・空の五要素（五大）である（空海では、それに精神的要素である識を加えて六大とされる）。この五大は、次のように対応付けられる。

地	a	肝蔵	東	方形
水	va	肺蔵	西	円形
火	ra	心蔵	南	三角
風	ha	腎蔵	北	台形
空	kha	脾蔵	中央	宝珠形

梵字は仏としての聖的な側面であり、それが身体の五蔵（五臓）と結びつけられ、さらに方位等の外界の世界とも対応付けられる。それが、五つの形態をとった塔に集約されるのである。それが五輪塔

である(図3－2参照)。

塔(ストゥーパ)はもともと仏の遺骨(舎利)を納めて崇拝対象となったが、それが次第に変形して日本に伝わった。それ故、五輪塔で、塔が仏＝世界＝身体の統合された場となるのは、その発展形と見ることができる。仏は衆生の身体を離れたものではない。こうして五蔵との関係は、身体を観想の対象とすることによって仏と一体化する即身成仏の行法として展開することになる。それは、五蔵(臓)曼荼羅と呼ばれる図像を伴った形で広く受容される。そのような身体への内観は、さらに母胎の中での胎児の成長を仏教的に意味づける胎内五位説とも結びつけられて、日本密教独自の身体論へと発展する。

注目されるのは、まさしくこのような身体論の展開が、同時に五輪塔の普及による死者供養と結びついていることである。五輪塔は一一世紀終わり頃から造立されるようになり、中世には死者供養を目的として広く普及する。五輪塔は、生者の身体のシンボルであると同時に、死者の身体のシンボルでもある。もともと塔は遺骨としての仏を祀ることで、死者としての仏が崇拝対象となっていた。それ故、仏と衆生が一体化した時、その衆生の死後に関わるのは必然的な流れとも言える。五輪塔を媒介として生者と死者は結びあい、そこに、後に発展するいわゆる葬式仏教の理論的根拠が形作られることになる。

『五輪九字明秘密釈』は五輪説とともに、九字についても説いている。これは、阿弥陀の真言 om, a, mṛ, ta, te, je, ha, ra, hūṃ であり、阿弥陀仏信仰を密教の中に取り込んだものとされる。上根上智の者はあくまでも現世で即身成仏することを目指す。しかし、信はあっても行がまだ足りない者は、浄土に往生して修行を積むことが必要である。その浄土も本来であれば大日の密厳浄土を目指すべきであるが、それができなければ、十方諸仏の浄土、とりわけ阿弥陀仏の極楽浄土に往生することが勧められる。

さらに、もう一つ注目されるところがある。密教の修行は三密瑜伽とされ、身・語・意の三つのはたらきが仏のはたらきと合致しなければならないが、覚鑁は、それが無理な者は一密だけでもよいとする。そうとすれば、口称の念仏だけでもよいことになる。

このように、覚鑁においては密教の立場から仏と世界と衆生の身体が統合され、さらに現世と来世、大日の密厳浄土と阿弥陀仏の極楽浄土も統合される。こうした統合性・総合性において、覚鑁の密教は大きな頂点となる。その後の中世仏教は、この総合性が崩れていく中で、新しい実践性を獲得していく。三密瑜伽でなく一密が許容されることで、易行化する。

とりわけ口称念仏はもともと呪術的な性格を持っていた上に、院政期には阿弥陀の三字に空・仮・中の天台の三つの真理(三諦)が籠められているという阿弥陀三諦説が広まり、覚鑁も採用している。阿弥陀三諦説が成り立つと、南無阿弥陀仏という名号の中に、三諦の真理が納められることになって、名号の功徳は絶大ということになる。そこから、困難な観想を行わずに称名念仏だけでも往生することができるという議論に展開する。まさしくそれは法然が主張したことであった。ただ、法然においては、名号自体が功徳を持つのではなく、阿弥陀仏が功徳を籠めたと説き、そこに阿弥陀仏という人格性を伴った仏が介在するところに、大きな転換がある。

密教が新しい中世仏教の展開に際して大きな役割を果したことは、栄西においても認められる。

栄西は文治三年（一一八七）の二度目の入宋の前は北九州を活動の舞台としていたが、その頃の栄西はもっぱら密教僧であり、密教に関する多くの著述を著している。その中で取り上げている問題は、第一に教主論である。密教を説いた大日如来の性格をめぐり、栄西は太宰府の原山の天台僧尊賀と大論争を行っている（『改偏教主決』など）。尊賀が教主としての大日如来は、本来の法身から一段下った自受用身だとしたのに対して、栄西はあくまでも法身そのもの（自性身）だと主張している。それは、我々人間が法身そのものに参入できる可能性を認めることを意味する。そのことは、我々が究極の悟りに達しうるという禅にも通ずることになる。栄西において、密教と禅とが合一化する一つの根拠と考えられる。

栄西はまた、身体論の展開でも大きな役割を果たしている。その著『隠語集』において、金剛界・胎蔵界の合一を男女の合一を譬えとして説いている。こうした性的な要素はその後の密教で五蔵説と結びついて大きく進展し、ひいては母胎内で胎児が生育する様を五段階に分けて論ずる胎内五位説をも発展させる。こうした動向は、後には立川流として批判の対象となるが、当時の密教においては広く見られるもので、必ずしも異端と見るべきではない。栄西はまた、『喫茶養生記』において、喫茶を養生という観点から論じているが、一般に生を否定的に見る仏教の中で、それを肯定的に捉えるという点で注目される。

このように、栄西においては密教が総合的な仏教を作り出す基盤となっている。後述のように、栄西は東大寺大勧進として日本仏教再興のために尽力するが、仏教全体を統合する立場は密教から出発することで形成されたと考えられる。中世の新しい仏教は決して密教と対立して形成されたものではなく、むしろ密教を母胎として形成されたと見るべきである。

2　中世仏教の社会的広がり

従来、新仏教中心論の立場から、中世仏教(=鎌倉新仏教)の出発点は法然による浄土宗開宗と栄西による禅宗の開創に求められてきた。法然が比叡山を下りたのは承安五年(一一七五)、栄西が二回目の入宋から帰って来たのが建久二年(一一九一)で、それが新仏教の出発点とされたのである。法然の『選択本願念仏集』と栄西の『興禅護国論』はともに、建久九年(一一九八)の執筆であり、それが浄土宗と禅宗の立教宣言とされ、それによってそれぞれの宗派が確立したとされた。

こうした宗派史的な新仏教中心論が壊滅した後で、中世仏教の大きな転機はどこに求めたらよいのであろうか。上述のように、古代仏教の国家的性格に対して、中世仏教は私的な性格を強めた。それを理論的に基礎づけた源信や覚鑁の思想や活動は確かに新しい時代の仏教を切り開くものであったが、それが大きな運動となったのはもう少し時代が下る。中世仏教は私的・身体的な実践というだけでなく、社会的な広がりを持つところに特徴がある。もともと国家的祈禱や上層の一部の貴族が独占していた仏教が、より広い人々に解放され、また、広域に及ぶようになる。しかし、それは旧仏教と対立する新仏教の独占ではなかった。

それでは、その出発点はどこに見ればよいだろうか。それは、治承四年(一一八〇)の平氏による南都焼討に対して、その直後から盛り上がった復興運動に求められるのではないだろうか。南都の興福寺や東大寺などの大寺院は、政治・経済力だけでなく僧兵による強力な軍事力を有し、平氏と対立した。そこで、平重衡を総大将とする大軍が派遣され、兵火によって興福寺、東大寺はじめ、主要な寺院がすべて灰燼と化した。

ところが、翌年平清盛が熱病で死去するとともに、後白河法皇や摂関家を中心に南都復興の機運が盛り上がり、俊乗房重源が東大寺大勧進職に任ぜられた。財源として周防国を与えられ、そこから材木を切り出した他、貴賤を問わずに広範な勧進活動を展開し、大仏再建を合言葉に、官民を挙げて日本中を巻き込んでの大運動となった。東国の頼朝も積極的に協力し、さらに歌人西行が平泉に赴いたのも奥州藤原氏の援助を求めるためであった。平氏が壇ノ浦で全滅したまさにその文治元年(一一八五)に、後白河自身の手で大仏の開眼が行われた。このように、南都復興は治承・寿永の戦乱の終結と新しい政治秩序の確立という状況に対応するもので、南都だけでなく、仏教界全体の再興の機運を盛り上げるものとなった。大仏再建はまさにそのシンボルとなるものであった。

後に新仏教と分類されるような栄西や法然もこの運動と密接な関係を持っている。栄西は重源と宋で知り合ったと言われ、建永元年(一二〇六)には重源を引き継いで二代目の東大寺大勧進職となっている。名古屋真福寺から発見された真蹟書簡はその時期のものであり、東大寺再建のための栄西の活動を知ることができる。栄西は『日本仏法中興願文』(元久元年、一二〇四)を著しており、その志すところが、一宗一派ではなく、「日本仏法」全体の「中興」にあったことが知られる。

また、法然は重源に請われて、建久元年(一一九〇)に再建途上の東大寺で浄土三部経の講義を行っている。『東大寺講説三部経釈』と呼ばれるもので、後の『選択本願念仏集』の基本的なアイディアを確立させた重要な講義である。重源と法然の関係については他にも伝承があるが、真偽が不明である中で、この講義は確実に事実と見られる。法然もまた、重源のネットワークの中の重要な一人であったことは間違いない。

こうした経緯を見るならば、新仏教（異端派）対旧仏教（顕密仏教）という二項対立は全くのフィクションであることは明白である。たとえ部分的な対立や抗争があったとしても、仏教界が全体として復興へ向けて巨大なエネルギーを傾注し、それを世俗の王権も強力に推進していたのである。また、しばしば新しい仏教は比叡山の天台宗を基盤として出てきたとされるが、南都復興から始まったことを考えれば、その説も間違っていると言わなければならない。前述のように、理論的にも覚鑁などの密教がその源流となっている。

ただ、仏教復興の中心となって活動した僧が、多く貴顕出身の僧位僧官を持つ官僧ではなく、その周縁にいた実践的な僧であったことは注目される。重源は、もともと密教を学び、大峯などの山岳修業を積んで、その後に三度入宋したとされるが、前半生は必ずしもはっきりしない。栄西ももともと比叡山で出家したが、伯耆（鳥取県）大山の基好に密教を学び、二度入宋して、その間は北九州を中心に活動した。法然もまた比叡山を下りていた。

このように、南都復興と言いながら、その中心となったのは、もともとの南都の大寺院の僧ではなかった。東大寺大勧進職は、栄西の後はその弟子の行勇が引き継ぎ、後には円爾も就任しているように、東大寺の外の僧が担当している。当時の仏教界は寺院の中核にいる官僧と、その周縁に広がる自由な僧という重層的な構造を持っていたということができる。その点で、松尾剛次の提唱する官僧・遁世僧構造（『鎌倉新仏教の成立』吉川弘文館、一九八八）は適切である。ただ、両者は決して対立するものではなく、相補的な性格を持つものと考えるべきである。そして、後者の側の活躍に中世仏教の新しい発展がなされていくのである。

四　初期の中世仏教をめぐる問題

1　新しい「宗」とは？

新仏教中心論によれば、法然や栄西が浄土宗や禅宗など、新しい「宗」を開宗し、それが旧仏教の八宗と対立することで、迫害を招いたとされる。この点をどう考えたらよいであろうか。

確かに『興禅護国論』では「禅宗」を、『選択本願念仏集』では「浄土宗」を説いている。そこから、栄西は禅宗（臨済宗）の開祖、法然は浄土宗の開祖とされる。しかし、彼らが説いた「宗」を今日的な教団としての「宗」の開創と考えるならば、まったく間違っている。彼らは禅宗や浄土宗を、これまでの八宗に加えて公認されることを求めているのである。そこで言われる「宗」は理論・実践の組織的な体系ということであり、排他的な集団という意味ではない。兼学・兼修することは十分に可能であり、むしろ兼修が前提となっている。栄西の禅が密教や律・天台教学などと併修され、「専修」を説く法然が戒師として活動したとしても、まったく不思議はない。決して兼修が不純であったり、不徹底だったわけではない。

それ故、彼らが宗を立てるのは、八宗体制を否定し、それに対立するわけではない。八宗では仏教の全体を尽くすことができず、禅宗なり浄土宗なりを加えることによって、はじめて仏教の全体をカバーできるということである。それでは、立宗に際して何が必要なのであろうか。三つのことが問題になる。第一に、教判であり、その宗が優れていることを説き、立宗の必要性を明らかにすることである。第二に、師資相承があることである。仏祖の道が正しく受け継がれていることが要請される。第三に、勅許であり、王権によって承認されることである。それによって王法と仏法の相依関係が維持される。もっともこれらの三点がすべて揃っているわけではなく、重点の置かれるポイントが異なっている。

『興禅護国論』を見てみよう。禅宗に関しては、すでに安然の『教時諍論』に九宗を立てる中で仏心宗を挙げているので、その点では承認されやすい。禅宗の教判としては、後には不立文字の「禅」に対して、文字によって説く「教」という二分的な教判が立てられるが、栄西ではそれは見えない。もちろん「不立文字」を認めるが、それによって単純に教を否定するのではなく、むしろ禅を「諸宗通用の法」という点から評価する。諸宗何れでも実践として用いるのであるから、「禅宗は諸教の極理、仏法の総府」だというのである。

『興禅護国論』の一見奇妙な点は、禅宗を標榜しながら、禅について語ることが意外に少ないことにある。本書は、令法久住門・鎮護国家門・世人決疑門・古徳誠証門・宗派血脈門・典拠増信門・大綱勧参門・建立支目門・大国説話門・廻向発願門の十門からなるが、「禅宗」について実質的に論じられるのは、第三・世人決疑門に至ってのことである。では、最初に何が論じられるかというと、第一・令法久住門で中心的に論じられるのは、戒律の保持である。特にそこで問題にされるのは、法滅の時代、末法における持戒こそ、正法を永遠ならしめるものであり、禅はそこでは「扶律の禅法」として、律を助けるものとして位置づけられている。前述のように、禅は諸宗に共通して修せられるところにその優越性が認められた。そうとすれば、戒律もまた諸宗に共通する仏教の大前提である。栄西は禅と戒律という実践を重視することで、宗派を超えようとする。それ故、「禅宗」の立宗は決して狭隘で閉鎖的な宗派を意味するのではなく、八宗を補い、仏教の全体性を回復させようと意図するものである。

こうした立場からは、王法と仏法の一体性も重視される。栄西は、「仏法は皆な国王に付嘱す。故に必ず応に勅に依りて流通すべし」と、勅許の必要性を言う。王法の力があってはじめて仏法が流布し、仏法の力によって正しい王法が維持される。『日本仏法中興願文』では、「王法は仏法の主なり。仏法は王法の実なり」と言われている。栄西が僧官を求めたことは、決して世俗的な欲望によるものではない。

ちなみに、栄西はそれ以前に禅を主張していた能忍の一派と混同されることを嫌った。能忍の一派は「達磨宗」と称したと言われるが、近年の研究によると、「達磨宗」もまた宗派的な意味ではなく、禅宗を一般的に呼ぶ呼称であったと考えられる。やはり当時、後世のような宗派的な意味での「宗」はなかったというのが実情である。

『興禅護国論』と同じ年に法然は『選択本願念仏集』を著わして浄土宗の立宗を宣言した。本書は、全一六章からなるが、第一章に道綽の『安楽集』に基づいて、全仏教を聖道門と浄土門に分ける教判を提示する。禅宗において禅と教を分けるのと同様に、従来の八宗と異なり、大胆な二項対立構造を作り出すのが、新宗の教判の方法であった。さらに、私見によれば、『選択集』全体が教判論ではないかと考えられる。全一六章の中心は第三章であり、そこで阿弥陀仏による名号の選択が説かれる。第四章以下は、その弥陀の選択を弥陀自身、釈迦、さらには十方諸仏が承認し、讃歎することを経典の引用によって証明するという構造になっている。それによって、名号を称える称名念仏の優越性を証明することになるのである。

浄土宗開宗に際して大きな障害となるのは、血脈相承がないことである。この点を突っ込まれることを防ぐために、法然は「偏依善導」の立場を明らかにして、善導の解釈を絶対視するという方法を取った。『選択集』の最後には、善導が弥陀の化身であり、なおかつその主著『観無量寿経疏』が夢で弥陀から教えられた「弥陀の直説」だとして、血脈相承の不在を補っている。しかし、それでもなお善導—法然を結ぶ間が欠けている。そこで、法然には別に善導と夢で対面したという記録があり、それでもな直接善導から教えを受けたというアクロバティックな方法で、血脈相承の不在を補っている。

法然は最後まで勅許を求めずに立宗を主張した。その点が、貞慶の『興福寺奏状』で批判されることになった。王法仏法相依関係に立ち入らないという点で、法然は特徴的である。しかし、もちろんそのことは法然が貴顕と関係を持たなかったということではない。九条兼実のもとに出入りし、式子内親王とも交流があった。

栄西の場合は、はじめから兼修を前提とした議論になっていた。それに対して、『選択集』は専修念仏を説くので、授戒活動などと矛盾するのではないか、という疑問は残るかもしれない。しかし、自宗の優越を主張することは、どの宗の教判でもすることである。専修念仏が優れていることを主張することで、浄土宗も八宗と並ぶ一つの宗と認められることになる。それ故、浄土宗の理論システムの内部において専修念仏がもっとも優れていると主張することは、ただちにその浄土宗の理論を唯一のものとして採用しなければならない必然性を意味しない。別のシステムとの併存は可能である。実際、天台宗はじめ、他宗の僧が多く法然の門に入り、法然の高弟の証空が法然没後に顕密を学ぶようなことも可能であった。

2　大陸仏教の刺激

一二世紀後半に新しい仏教が形成されるのに、宋の仏教の刺激が大きかったことは確実である。宋との間に国家的な交流はなかったが、すでに九世紀後半の奝然の入宋からして、日本に大きな刺激をもたらした。源信は宋との交流を望み、『往生要集』を宋に送っている。一二世紀後半になると、平氏や後白河が宋との交流を積極的に推し進め、それに伴って新しい仏教が導入される。重源・栄西・俊芿《しゅんじょう》らが、一二世紀後半から一三世紀初めにかけて、宋の新しい仏教をもたらし、中世仏教の形成に大きな刺激を与えた。

宋の仏教は禅・教・律の三部門からなり、それぞれを専門とする禅院・教院・律院において実践されていた。重源が宋でどのような仏教を学んだかは必ずしもはっきりしないが、栄西や俊芿は禅と律を併修して、それを日本にもたらした。栄西が既成の教団や貴族社会から嫌われながらも注目を集めたのは、このような最新の宋の仏教と文化をもたらしたからであった。

彼らが入宋した時には、すでに宋は金によって北方を追われ、一一二七年には南宋の時代に入っていた。宋代には、唐代に栄えた貴族の没落により、科挙に合格した新しい官僚による新しい体制が築かれ、次第に儒教中心の国家体制が確立しつつあった。その中で、入宋した日本僧たちは新しい仏教を伝えたのであるが、注目されることは、どこまでも彼らの目的は仏教にあって、新しく確立しつつあった儒教へはほとんど目を向けていない。それ故、彼らは宋代の文化を請来したのであるが、それは仏教に偏ったもので、宋代の全体のなかでの仏教の位置ということには関心を持たなかった。ただ、仏教の枠の中では、禅・律にわたり、また教学への関心も持って、比較的広い視野を持っていた。

もう一つ注目すべきことがある。宋を南方に追いやったのは女真族の金であるが、北宋時代にも契丹(遼)が北方の広い地域を支配し、宋と対峙していた。このように、当時の中国は実際には漢族の宋に対して北方の異民族国家が対立する情勢が続いていた。それらの異民族国家は仏教を重視し、とりわけ契丹には華厳と密教を中心とした特徴のある仏教が展開していた。日本は契丹とは直接交流を持たなかったが、宋を通してその書物が流入していた。その思想的な影響も十分に考えられる。院政期の密教では、『釈摩訶衍論』(『釈論』)の影響が入ってくる。『釈論』は『大乗起信論』に対して龍樹が注釈したものと言われるが、明らかに偽書である。その『釈論』が契丹で重視され、二つの大きな注釈書が著されたが、そのいずれもが日本にもたらされ、実際に活用されているのである。

このように、当時の大陸の仏教がどのように日本に影響したかはなお検討を要する問題が多い。近年、こうした面を配慮しながら、東アジアという大きな視点から日本の中世仏教を捉え直そうという方向が次第に成果を挙げつつある(上川通夫、横内裕人、大塚紀弘、西谷功、榎本渉など)。今後の研究の進展が期待される領域である。なお、本章で論じた中世仏教に関する詳細については、拙著『禅の中世』(臨川書店、二〇二二)を参照されたい。

前章と本章で主として扱った時期は中世前期であり、一四世紀の南北朝期を転機として、それ以後は中世後期とされる。中世前期と中世後期は中世として一括するのが困難なほど大きな断絶がある。中世前期は古代との連続の中で捉えられ、それに対して中世後期は近世につながっていく。転換期としての中世後期はそれ自体興味深い研究課題であるが、本書では立ち入ることを避けたい。いささか大づかみに過ぎるかもしれないが、中世前期を大伝統の典型と見、その変容としての近世と対比したいと考えるからである。そのような観点から、次章では近世の王権と神仏の関係を考えることにしたい。

五　神仏の世界

1　「神仏習合」という言葉と実態

以上、中世仏教の形成について少し詳しく見た。それでは、それに対して神々の世界はどうなっていたであろうか。近年、中世神道に関する研究は非常に進んできているので、簡単に見ておこう。中世の神々の世界を表わすのに、しばしば「神仏習合」ということが言われる。このことはまた、しばしば「神仏混淆」とも言われ、俗流の解釈では、神も仏もごちゃまぜになって、「何でもあり」の日本人のいい加減さを表わすかのように考えられもした。日本人は、神道と仏教という二つの宗教を平気で掛け持ちするルーズな民族だ、などと、賢しらぶった批判がなされたこともあった。

もちろんそれは欧米のキリスト教をモデルとする近代の宗教観によるもので、さすがにそんな批判は今ではあまり見かけなくなった。しかし、今度は、日本人は八百万の神に加えて仏をも受け入れる寛容な民族で、それこそが日本的アニミズムだ、などという奇妙な自民族礼賛が流行したこともあり、今でも俗説としてしばしば目にする。

だが、そもそも日本の古代の宗教がアニミズムだというのは全く証拠のないことである。むしろ神がヨリシロとしての特定の岩や樹木に下りてきて、そこに祭祀が成り立つというシャーマニズム的な宗教の方が原型に近いものであっただろう。邪馬台国の卑弥呼がシャーマンであったことを思い合わせればよい。ヨリシロが人である場合(多くは女性か子供)、ヨリマシと呼ばれる。この形態は、今日に至るまで沖縄のノロや東北のイタコに引き継がれている。新宗教の教祖もしばしばヨリマシとなった女性が憑依して神の言葉を伝えるところから始まっている。

シャーマニズム的形態は、神を呼び出し、願いを聞き届けてもらうための呪術的手続きが重要である。仏教が大きく進展したのは、密教的儀礼の活用によってこの点で強い力を発揮したことが大きかったと考えられる。もちろんそれだけでなく、仏教は大陸伝来の最新の文化の総合的システムであった。新来の仏教や中国文化を受容し、活用しなければ、そもそも土着の神々の祭祀システム自体が成り立たなかった。

それ故、「神仏習合」という用語はいささかミスリーディングである。決して神と仏が対等に一緒になったというわけではない。主導したのは仏教である。仏教の世界観では、インドの神々(漢訳では「天」と呼ばれる)は人間よりは上位で安楽ではあるが、それでも六道の内であり、果報が尽きれば輪廻することになる。そこで、仏を頼り、護法神となって功徳を積み、輪廻の苦からの離脱を求めるというのである。その例として、梵天や帝釈天が挙げられる。このモデルを中国の土着の神々にも当てはめて成功していたので、それを日本の神々にも適用したのである。即ち、神々が救済を得られるように、神宮寺を建てたり、神前読経を行ったのである。

これは巧妙な作戦である。土着の宗教を否定したり、滅ぼしてしまうのではなく、自らの世界観の枠の中に取り込むことで、平和裏に支配権を確立するのである。神々のほうでも、有力な寺院の保護を得るほうが有利であるから、八幡神が奈良の大仏建立を助けるために、九州から上京するなど、積極的に仏法擁護の姿勢を打ち出した。そこに両者のいわばウィン・ウィンの関係が形成されることになる。寺院が神社を支配するという体制は、神社側の抵抗はありながらも、近世終りまで続く、大伝統の基本形態である。

このように、「神仏習合」と言っても、両者が対等に混じり合うというのではない。そこには、仏教を優位に置く秩序が成り立っていた。そもそも「習合」という語は、仏典に多少の用例が見られるが、それほど一般的な語ではない。神仏関係に用いた例としてよく知られているのは、吉田兼俱（一四三五―一五一一）の『唯一神道名法要集』において神道を三つに分けて、本迹縁起神道・両部習合神道・元本宗源神道を立てた箇所である。

しかし、それ以前に天台系の百科全書とも言うべき光宗の『渓嵐拾葉集』（一四世紀前半）に、「習合」の語が多く用いられているのが注目される（このことについては、彌永信美氏が指摘している〈彌永「「習合」という用語」、伊藤聡・門屋温監修『中世神道入門』勉誠出版、二〇二二〉）。例えば、「天照太神と日吉権現とは一体に習合する者なり」（大正蔵七六、五一四下）と言われている。これは、神と神の「習合」であるが、神仏関係にも適用可能であろう。ここでは、「天照太神と山王権現と一致と習う方、如何」という問いに対する答えであり、問いでは「習」が一字で使われている。習得する、学習するなどの意で、「そのように(師から口伝で)教えられているが、どうなのか」という問いである。その答えに「習合」と使われているので、「習い合わす」とでも解されるであろう。

別の用例として、「天台三大部と習合の事」という項目がある(同、六三二中)。これは吒天(=荼枳尼天、ダーキニー)について論じている中で、この前に「此の天を以て法花と一体と習う事」という項目があり、その延長として、八大文殊の仮現としての吒天は、天台三大部(法華玄義・法華文句・摩訶止観)とも一体だと、論を進めるのである。ここでも、「習合」は口伝で伝えられているということであろうが、やはり二つのものの一致に関して言われており、このような用法は多い。AとBの一致(A=B)によってネットワークを次々に広げていく(A=B=C=D=……)のは、中世的な思考の特徴であり、それによって神仏の世界は豊かなものになっていったのである。

『渓嵐拾葉集』は、いわゆる本覚思想の進展した段階の口伝の集大成であり、比叡山の守護神たる山王権現(日吉大社)に関する神道理論に関しても、きわめて重要な思想展開が見られる。「習合」という語が、そのような思想的枠組みの中から出てきたことは注目される。こうした用法がもとになって、『唯一神道名法要集』の「両部習合」の用例が出てきたのであろう。ちなみに、『名法要集』より前の神道書としては、両部神道系の『鼻帰書』にも「習合」の用例が見られる。

こうした例から分かるように、「習合」は中世中期から後期へかけてのきわめて癖の強い言葉である。それが兼倶を通して、近世では神仏一致的な発想を広く指すようになり、「神仏習合」という語も定着するようになった。それが近代になって学術用語としてもそのまま用いられた。中立的な歴史用語としても用いられたが、神道家や神道研究者からは、古来の純粋な神道が仏教によって歪められた形態として、否定的に評価された。それが明治維新の神仏分離によって再び純粋な神道の確立へと向かうことができたというのである。

このように、「神仏習合」という言い方は中世的な「習合」観を出発点としながら、やがてかなり価値評価の入った用い方がなされる。それ故、その用語を神仏関係の長い歴史を通して用いるのが適当かどうか、今後検討を要するところであり、かなり慎重に用いなければならない。

2　神々の中世

仏教が先導する仏教優位の神仏関係は、本地垂迹論において完成された形態に達する。仏教では、須弥山がこの世界の中心にあり、その四方に大陸があるとする。それらの大陸には人が住むが、その姿形は皆異なっていて、私たちと同じ姿形を持った人類は南側にある閻浮提(ジャンブドゥヴィーパ)のみに住んでいる。閻浮提は長辺を北にした台形で、北にヒマラヤをモデルとした雪山がありインド亜大陸を模している。その地に釈迦仏が出現したのである。それに対して、日本はというと、東の海に多数ある小さな島々のうちの一つである。これらの島国を粟粒のように飛び散っているということで、粟散国と呼ぶ。

このように日本は釈迦仏が教えを説いたインドを遠く離れた辺土である小島で、しかも末法であるから、仏の説法はそのまま届くこともなく、理解力も足りない。そこで、仏や菩薩たちは日本人になじみの深い神々に姿を変えて、人々を仏道へと導いたというのである。もとの仏・菩薩を「本地」、日本の神々として現われた姿を「垂迹」と呼ぶ。日本を「神国」と呼ぶのも、もともとはこの意味であり、辺地の劣った国だから神が必要というわけである。

「本」と「迹」のセットは天台の『法華経』解釈からきている。それによると、『法華経』の前半部分を「迹門」、後半部分を「本門」と呼ぶ。仏は人々に理解されやすいように、最初人々と同じような姿をして現われ、修行をして仏となり、涅槃に入る。それが「迹門」で説かれる釈迦仏である。それによって人々がある程度理解した段階で、「本門」に至って本来の久遠実成の姿を現わすというのである。その「本」と「迹」の概念を仏と神に適用したのである。

平安後期になると、主要な神々には、その本地がどの仏・菩薩であるかが定められた。例えば、熊野では熊野本宮大社・熊野速玉大社（新宮）・熊野那智大社の三山の神が、それぞれ阿弥陀仏・薬師仏・千手観音を本地とすると考えられた。ここから、熊野に参詣することは、同時にこれら三仏・菩薩を参拝することになるとされて、院政期には法皇をはじめ貴族から庶民まで、「蟻の熊野詣で」と言われるほど参詣の行列が続いた。

このように、本地垂迹説は仏教的世界観に基づくものであり、仏教優位の見方であったが、日本の神々を参拝することが、同時に本地である仏・菩薩を礼拝することになるわけで、いわば一石二鳥の便利な理論であった。神社側でも参詣者を増やすために盛んに宣伝に用い、抽象的な本地仏よりも実際に参詣する神社のほうが重視されるようになっていった。

さらには、中世の本覚思想では、目の前の現実がそのまま究極の真理と一致すると考える。本覚思想については本書では立ち入ることができなかったが、中世の思想・文化を考えるきわめて重要な役割を果たした。神仏関係に関して言えば、もともとの仏優位の本地垂迹説に対して、現実に身近にいる神のほうこそ根本だと神仏の関係を顚倒させるような発想が生まれた。反本地垂迹説とか、神本仏迹説と呼ばれるものである。

例えば、先に触れた光宗の『渓嵐拾葉集』では、「神明は大日なり。釈迦は応迹の仏なり。此の時、我が国は大日の本国、西天は釈迦応迹の国なり」(大正蔵七六、五一五下)と言う。中心的な神である伊勢のアマテラスは大日と同一視されるので、「大日本国」を「大日の本国」と呼んで、日本こそ本地である大日＝アマテラスの地であり、西天のインドは釈迦が垂迹として現われた劣った国だというのである。日本とインドの優劣関係が逆転したのである。こうして日本が「神国」であることは、日本の優越を示すことになり、北畠親房の『神皇正統記』冒頭の「大日本は神国なり」につながるのである。

一三世紀半ば頃から、伊勢神宮の外宮の神官により伊勢神道が形成されるようになり、仏教だけでなく中国哲学の理論などをも取り入れて次第に体系化が進められた。その中で、後醍醐の建武の新政から南北朝期にかけて、王権の正統性が問われるようになり、伊勢神道理論は同時に王権の根拠を基礎づける理論ともなった。北畠親房は歴史家というだけでなく、同時に神道理論家でもあった。また、この面に関しては天台宗出身の慈遍の理論も重要であった。

中世神道の集大成は吉田兼倶の唯一神道によってなされる。慈遍から兼倶によって形成された「根葉花実」論は、日本に根があり、中国で葉が茂り、インドで花実をつけたという形で、日本優越説を理論づけ、神の仏に対する優越を明確化した。もっとも現実の社会の中では仏教の優位は揺らぐことがなかったが、近世の神道理論や国学の中で日本の神の優越論が次第に表面化し、やがて平田篤胤の門人たちによって尊王攘夷とともに、反仏運動が盛り上がることになるのである。

第四章

「近世」という難問
――「中世」でもなく「近代」でもなく

一　世界からみた「近世」

1　哲学史の中の「近世」

『世界哲学史』全八巻（ちくま新書、二〇二〇）は、西洋のものに限定されていた過去の哲学観を一変し、世界中のどこにでも「哲学」があることを明らかにした点で画期的だった。もっとも西洋中心が完全に崩れたわけではなく、やはり西洋がモノサシの目盛りとなっているようで、それに他の地域を貼りつけていったという印象が残る。それでも、最初の試みとしてひとまず認めた上で、それをどう見直していくか、という点がこれからの課題となるであろう。

ところで、『世界哲学史』が大きな衝撃を与えた一つのことは、いわゆる「近世」の扱いである。このシリーズでは、第五巻で一四世紀から一七世紀までを扱うが、「一六世紀から一八世紀半ばまで」（同、一一頁）を指して「近世」と呼び、その後の「近代」と区別するという時代区分を取っている。

そして、「近世」は古代・中世・近代という分類の中では中世に属するものとしている。「一八世紀半ば」というのは、アメリカ独立宣言(一七七六)やフランス革命(一七八九)を念頭に置いているのであろう。哲学で言えば、カントの『純粋理性批判』(一七八一)がちょうどその時期に当たる。これはかなり大胆に見えるが、アナール学派の歴史学では中世を長くとるので、それからすると、一八世紀半ばという時代区分は、まったくおかしいというわけではない。

もっとも、『世界哲学史』第五巻で扱う時代は実質的には一七世紀までで、第六巻の「近代Ⅰ」で、一八世紀を全体として扱うから、そうとすると、一七世紀と一八世紀の間に区切りを置いているとも見える。もちろん世紀の変わり目で、ガラッとすべてが変わるということはあり得ないから、あまり厳密な断絶は無意味である。しかし、一七世紀のデカルト、スピノザ、ライプニッツなどと、一八世紀の啓蒙思想家の間にはかなり大きな断絶がありそうであるから、その区切りは、それなりに納得のいくところがある。一七世紀の哲学者にとっては、神は依然として大きな問題であり、弁神論が中心的な課題であり続けた。

それに対して、一八世紀の啓蒙思想家たちは唯物論的な発想を強め、もはや神という主題自体が中心性を失っていくのである。そして、フランス革命において、神に代わって人間理性が祭壇に祀られるところに、近代の栄光が誇示されることになる。よりソフィスティケートされた形で、カントは神を純粋理性の領域から追放する。

そうとすれば、確かに一七世紀と一八世紀の間に大きな断絶を認めるのは間違いではない。しかし、それでは一七世紀を中世という枠組みの中に入れられるかというと、やはり無理がありそうである。

中世にも確かに神の存在証明は大きな問題ではあったが、それは神の存在が疑われたからではなく、その神をどこまで人間の理性で捉えられるかという問題であった。それに対して、一七世紀の弁神論は、神が人間理性にとって不要となりそうな状況で、神の必要性を証明することが切実な問題となったのである。

そう見るならば、一七世紀は哲学史のうえで、単純に近代に入れることはできないが、かと言って中世の中に包摂できるかというと、そうも言い切れない。中世からの継続の面と、近代につながっていく面とが重層する過渡期と見るのがよさそうである。それが近世という時代の特徴であろう。もう少し広くとるならば、一六世紀の宗教改革期から「近世」と言えるかもしれない。政治史的には、絶対主義王政期に当たることになる。

2 東アジアの「近世」

それでは、東アジアにおいては、近世という時代はどのように位置づけられるのであろうか。『世界哲学史』の近世の巻では、東アジアの基準をなす中国に関して、明代を主として取り上げている。宋代の朱子学は一二世紀に確立するので、西洋では中世の最盛期に近い頃になる。日本に関しては、一八世紀は西洋近代の啓蒙と重なるから、その点から、近代の巻に属している。

このあたりは微妙であるから、無理に世紀で分けても、あまり意味はない。ただ、どのように時代を区分するかは、ある時代の思想や文化を今日の私たちとどのような距離において捉えるかという点で重要である。かつてはグローバルな視点での時代区分ということは問題にならなかったので、それぞれの文化圏の中での時代区分が問題とされた。

中国の哲学・思想史においては、後漢までを古代、魏晋南北朝から隋唐代を中世、宋代以後を近世、アヘン戦争以後を近代とするのが、かつてはかなり一般的であった。これは思想史的に見れば分かりやすい。諸子百家から儒教国家が成立するまでが古代であり、仏教や老荘・道教が思想界で主流となり、政治にまで関わる時代が中世であり、儒教中心体制の再興が近世となる。政治史や経済史でも、やはり宋代から近世とするのが一般的であったようだ。朝鮮に関しては、統一新羅までを古代、高麗王朝期を中世、李朝を近世と見る見方が成り立つ。中国よりは近世の開始が遅れるが、儒教体制の確立という点が基準となる。

日本においては、奈良・平安期までを古代、鎌倉・室町期を中世、安土桃山期から江戸期を近世、明治以後を近代とする四区分が比較的普及していた。近年では、律令体制が崩壊する平安中期から中世と見る見方が一般化している。それに対して、近世に関しては、その時期をどう見るか、必ずしも大きな議論とはなっていない。

このように、東アジアの枠の中で見ても、近世の初めがどこになるか、地域によってかなり大きく異なる。中国の北宋は一〇世紀後半（九六〇）の成立、朝鮮の李朝は一四世紀末（一三九二）成立なのに対して、日本の近世は一六世紀後半（信長の入京が一五六八）と、数世紀のずれが生ずる。もちろん時代区分は便宜的なものであるから、ずれがあっても別に構わないが、今日、東アジアの諸文化がそれぞれ孤立して自律的であるよりは、相互の交流の中で、グローバルな一体性において発展してきたのではないか、という見方が強まっている。

そのような動向を先導する岸本美緒は、一六世紀から一八世紀を「東アジアの近世」として捉えようとする（『東アジアの「近世」』山川出版社、一九九八）。岸本は、その時期を、「十六世紀の急激な商品経済の活発化、社会の流動化のなかで従来の秩序がくずれてゆく混乱状況のなかから、新しい国家が生まれ、十七世紀から十八世紀にかけて新しい秩序が作り上げられてゆく、一サイクルの大きな動き」（同、四頁）と要約している。即ち、「十七世紀初頭に成立した日本の徳川政権や同世紀中葉に中国を占領した清朝政権は、そうしたなかでまさに「同時代的」に生まれてきた」（同）のであり、「ヨーロッパの絶対主義王権の成立も、同じリズムのなかでとらえることができる」（同、四―五頁）という。

これは、きわめて興味深い説であり、ある程度は認めることができる。しかし、それをもってすべてを説明しようとするのもいささか無理があろう。満族支配のもとに、満族文化・チベット仏教・漢族儒教を統合しようとした清の複合国家と、民族的な統一国家の形成を進める朝鮮や日本、未だ統一に至らないベトナムなどを無理に同一視するのは必ずしも有効とは言えないであろう。

中国史で考えると、やはりモンゴル＝元による汎ユーラシア帝国の形成は大きな画期であった。そのような広域文化は唐を継承するものでもあるが、空前絶後の大帝国であり、中国史に限らず、ユーラシア全域にわたる問題とも言うことができる。その大帝国の崩壊によって、一四世紀に明が成立する（一三六八）。同じ頃、朝鮮で李朝が成立し、日本では南北朝の動乱が終結する（一三九二）。日本の歴史が南北朝期を境に大きく転換するというのは、網野善彦らによって主張され、実際かなり成り立つところがある。それ故、一四世紀は東アジア全体が大きく歴史的に転換する時代であったと見ることもできる。この前後頃には、インドのイスラーム化、東南アジアのパーリ仏教化、西アジアのオスマン帝国の成立など、かなり広域的な大変動が起こっている。

話がいささか広大になり過ぎたが、今後このような視野に立った検討が不可欠になるであろう。中国に関しては、宋元と明清の間にはかなり大きな線が引けそうであるし、朝鮮の場合も李朝の成立から近世と考えることはあり得るであろう。日本の場合も、室町期に次第に守護大名による領国支配が進み、それが戦国期の戦国大名によるそれぞれの地域の一円支配につながる。それを取り込みつつ、中央の権力を強大化した江戸期の幕藩体制が成り立つ。その意味では、一四世紀転換論も十分に成り立つ。

とは言え、日本に関して、直ちに一四世紀から「近世」と呼ぶと、いささか「近世」が長すぎて、焦点がぼけそうである。前述のように、東アジア全体の近世を一六世紀以後に見る見方もある。日本の場合、近世≒江戸時代という理解がほぼ定着していて、それはそれなりに意味を持つと思われる。それ故、ここでは一四世紀転換論は問題提起に留め、従来の常識的な時代区分を踏襲したい。即ち、一三世紀までを中世前期、一四―一五世紀を中世後期として、中世後期を転換期としながら、一六世紀以後の近世に向かうと見るのである。そして、近世の形成期である一六世紀を経て、一七―一九世紀半ばの江戸期を近世の中心と見ることにしたい。

二　日本の近世的世界

1　近世イメージの変遷

それでは、日本の近世はどのように考えたらよいのであろうか。ここでは、一七世紀から一九世紀後半に至る江戸期を近世の典型として考えることにしたい。この間、「徳川の平和」（パックス・トクガワーナ）と呼ばれる安定した時代が続く。もっとも一九世紀になると、欧米勢力の出没と飢饉・疫病などで社会不安が増すことになるが、ひとまず政権自体は、慶応三年（一八六七）の大政奉還まで持続する。徳川体制に至る以前の一六世紀は、このような徳川体制に至る準備期間と考えることができる。

しかしながら、日本の近世をめぐってもさまざまな問題がある。明治以後、近世は基本的には近代以前として否定的に見られてきた。近代化＝西洋化へ向けて新しい時代を築こうという中で、近世は直前にあって迷妄に沈んでいた時代と見られた。とりわけマルクス主義が導入されると、近世は封建的身分制の時代として否定されることになった。明治維新の位置づけに関して講座派と労農派の対立が生まれたが、近世を否定的に見て、明治維新を肯定的に見る点では、マルクス主義史学の立場は一致していた。

それに対して、そもそも明治の指導者たちが、それ以前に儒教的な教養を身に着けていたこともあり、近世の儒教に対しては明治期にも一定の評価があり、とりわけ井上哲次郎の近世儒教研究は、その評価を確定する役割を果たした。また、国学系統も近代のナショナリズムに連なるものとして高い評価を受け、その流れは近代の国文学として、新しい伝統の創生につながった。ただし、明治維新の大きな原動力となった平田篤胤系の神道に関しては、その評価は微妙であった。国粋主義的な神道学者は高く評価するが、全体的には独断性が強いとされて、本居宣長に較べるとかなり評価が低いものがあった。

第二次世界大戦後の近世論は、丸山眞男のほとんど独壇場から出発した。丸山は『日本政治思想史研究』(一九五二)において、荻生徂徠の自然と作為の分離を、近代的な人間社会の原理の発見として評価したが、それは西洋の影響なしに日本独自に近代社会を形成する可能性を示すものと考えられた。近代化は西洋のみで起こった特殊な現象と見る立場に対して、日本にも自前でその可能性があったとする見方は、日本人の西洋コンプレックスを多少癒すはたらきを示した。同様に、日本近世に近代的要素を見る研究は、中村元による富永仲基研究などにも見られた。

その後もアメリカの日本研究者による近世への高い評価に加え、日本でも芳賀徹、西尾幹二、渡辺京二らにより、近世の高度な文化が高く評価された。高度成長期からバブル期にかけての日本の自己賛美は、とりわけ近世を日本の独自性が発揮された時期として押し出すことになった。かつて唯物史観などによって近世が暗い時代と考えられていたのに対する反動として、近世の明るい面に焦点が当てられた。

今日、近世への極端に揺れ動く評価がひとまず落ち着いた中で、上述のように、新たにグローバルな時代性のなかで日本近世を捉えなおそうという動向が強くなっている。そのことを念頭に置きつつも、無理に世界や東アジアと完全に同調するのではなく、ひとまず日本という枠で考えながら、それを外との関係や比較を通して理解を深めていくというのが、もっとも穏当な方法であろう。

それとともに、近代主義的な研究が合理主義、近代化の方向のみから近世を見てきたのに対して、その枠に入らず、陰に隠れた非合理的な動向や仏教などの再評価も必要になってくる。近世と近代のつながりも、単純に一直線につながるわけではなく、近代と断絶したそれ独自の価値を見いだしていく必要がある。近世は中世と近代の中間にあり、両方につながりながらも、独自性を保った時代として位置づけられる。それは、先に触れた西洋の近世哲学の位置づけにも通ずるものである。

2　近世の権力構造

そこで、もう少し立ち入って、日本の近世について考えてみたい。近世＝徳川体制は、国家体制的には大名領国制による地域支配を巧妙に利用しながら、将軍をその上に立つものとして揺るぎない権力を確立する。幕府の直接支配ではなく、それぞれの藩を支配する大名を幕府が束ねるという形で、間接支配を徹底する。自治政府の集合体でありながら、将軍権力の「御威光」はそれらの自治体の長の死命を制することで、強力な支配力を発揮する。いわば中央集権と地方分権を巧みに統合した支配形態ということができる。それ故、それぞれの藩の住民にとっては、藩が「国」であり、藩主である殿様が最高権力者である。「公方様のお膝元」である江戸こそ、将軍の御威光が直接に感受されるとしても、藩民にとっては、それは直接問題にならなかった。

そのような将軍―大名という重層的な支配構造の一方で、古代―中世を経て天皇権力が継続される。天子様のおられる京が相変わらず「みやこ」であった。近世における天皇問題については、第二章「王権と儀礼」において論じたので、詳しくはそちらをご覧いただきたい。ここでは、その要点だけ記す。

徳川将軍は武力によって勝ち上がったのであり、従って、単に武力だけから見れば、朝廷を叩き潰すことは容易であった。実際、朝廷を政治的にも財政的にも強力に封じ込め、その権力を削ぐことに力を注いだ。しかし、朝廷を完全になくすことはできなかった。将軍権力が最高潮に達する一八世紀には、新井白石や荻生徂徠は、朝廷を完全に無力化しないと危険だと説いた。しかし、現実にはそれはかなわず、彼らの危惧したように、一九世紀の尊王論の高まりによって、幕府は崩壊することになるのである。

なぜ武力的にはほとんどゼロにも近い朝廷権力を完全に排除することができなかったのであろうか。それは、天皇を核とする朝廷、そしてそれを取り巻く公家たちによって、国家儀礼が継承されてきたからであり、その儀礼文化を無視して、武力だけで国家を維持することはできなかったということである。国家支配の儀礼が儒教経典において明文化され、王朝の交代が制度化された中国と異なり、日本では国家儀礼は朝廷を中心とする公家集団が継承する有職故実が拠りどころとされたのであって、それなくして国家が成り立たなかったからである。武に対する文の力である。将軍はあくまでも「征夷大将軍」という役職であり、それを与えるのは朝廷であった。

後に「文」の原理として儒教が武家社会において一般化するが、儒教のディレンマはその原理が中国に遡ることであり、それに忠実であろうとすると、中国に服属するようになってしまう。そこで、日本の独自の伝統を見いだそうとすれば、朝廷で継承してきた儀礼文化を無視することはできなかった。将軍だけでなく、諸大名もまた朝廷から位階を受けることで、武家社会の中でもその地位を高めることになった。実質的に何も伴わない単なる名前だけの位階が、それだけの効果を持ったのであり、競って位階を求めることになった。

確かに家康は東照宮として祀られ、神君として死後も君臨することになった。それ故、その神威は

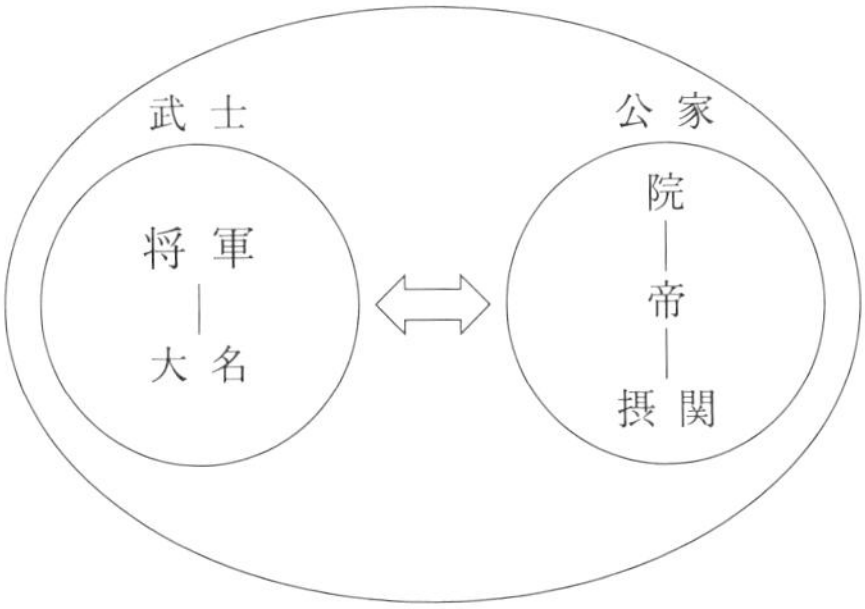

図4-1　近世の王権構造

日本国中ににらみを利かせ、将軍権力の継続を保証する強力な後ろ盾であった。しかし、その最大の問題点は、日本の神話体系の中に位置づけを持たないことであった。東照宮は天海の指導の下に天台の神道の形式で祀られ、その本地仏は薬師如来であった。それ故、仏教的な意味付けはなされ得るが、日本の伝統を遡ろうとすると、孤立した新出の神でしかなかった。江戸中期以後の国学の隆盛の中で、日本神話が伝統の根拠とされるようになると、東照宮の権威は下落せざるを得なかった。

このように、権力構造を見る限りでは、近世もまた中世の天皇(帝)—将軍の二重構造を継承していて、その点では私の言う「大伝統」の枠の中に納まる。ただ、そこに大名による藩支配という要因を加えて、より複雑化しているのである(図4-1)。それが近代になると、天皇の一元支配という強力な中央集権構造に転換する。それを私は「中伝統」と呼んでいる。ちなみに、「小伝統」は第二次世界大戦後の体制を指す。

3　近世思想の時代区分

ところで、大伝統の構造は、世俗権力である王権に対して、世俗を超えた聖なる力として神仏が位置づけられ、両者は車の両輪のようなものとして協力し合うとともに、相互に緊張関係を持って対峙していた。その二つの力を両極として、その間にさまざまな文化や人々の生活が展開するという構造である。

そのような中世以来の王権―神仏の対峙構造は近世にはどうなったであろうか。世俗権力の伸長の中で、神仏の聖なる力は実質的な力を失ったのではないか。今日ではそのような理解は全く誤っていることがはっきりしている。近世においても、神仏の力は依然として強大だった。

それについての詳細は、次節で検討してみたいが、ここではその前提として、江戸期の時代区分とあわせて、大まかな思想の流れを概観しておきたい。徳川三〇〇年と言われ、実際にはそれには少し足りないが、一七世紀から一九世紀後半までその統治は続いた。おもしろいことに、だいたい百年ごとに大きな変革があり、区切りをつけることができる。

まず、一七世紀は、幕府体制の確立期であり、その中で宗教に関する政策も確定する。家康・秀忠・家光の三代でほぼ支配の基礎が固められるが、それを主導したのは臨済宗の以心(金地院)崇伝と天台宗の天海であった。それ故、幕府の中核が仏教僧によって占められ、仏教の役割は極めて大きかった。その傾向は、四代家綱を経て、五代綱吉の時代まで続く。一応の安定を得た幕藩体制の下で、元禄期(一六八八―一七〇四)を中心に元禄文化の華が開く。綱吉とその側用人として権勢をふるった柳沢吉保は、原則として仏教中心でありながら、新たに勃興してきた儒教にも関心を寄せる。この時期が、支配体制の中心イデオロギーが、仏教から儒教に転換していく転機となる。

ちなみに、綱吉の生類憐みの令を、儒教の仁に基づくものだとする説が近年強くなっているが、それは疑問である。基本的に儒教の仁はあくまでも人間の間でのみ通用するものであり、禽獣に及ぶことはない。もっとも夫馬進によれば、明代の儒教は変質して放生などを含む「生生の思想」が普及し、それが日本に及んで生類憐みの令となったとする（『中国善会善堂史研究』同朋舎、一九九七）。確かに、生類憐みの令は捨て子の禁止などを含み、儒教的な面がないとは言えない。しかし、「生類」というまとめ方は仏教を無視してはあり得ないであろう。綱吉の母桂昌院が帰依する僧隆光の勧めによるという俗説は成り立たないとしても、そこに仏教の影響を排除するのは無理である。むしろ仏儒が混淆していた当時の状況を反映していると見るのが適当であろう。

　政治の次元だけでなく、一般の思想界においても、一七世紀は仏教的世界観が機軸となりながらも、当初はキリシタンが新しい衝撃を与え、引き続いて新興の儒教が勃興するなど、諸思想が対抗しながら、主導権を争う時代であった。これについては、後ほど見ることにしたい。

　続く六代家宣、七代家継のいわゆる正徳の治（一七〇九―一六）を主導したのが新井白石であり、はじめて儒者が政権の中枢に関わることになった。ここで、仏教は政権から排除されることになる。その後に八代吉宗の享保の改革（一七一六開始）につながる。こうして一八世紀になると、儒教の荻生徂徠、国学の本居宣長などが現われ、諸思想が競い合うことになる。仏教でも鳳潭僧濬《ほうたんそうしゅん》など、優れた文献研究者が出る。他方、安藤昌益や山片蟠桃など、唯物論的傾向の強い批判的な思想家も現われ、まさしく日本版の一八世紀啓蒙の時代と見ることができる。近世を合理化、世俗化、非宗教化の時代と見るのは、この時代をモデルとするからである。とりわけ徂徠と宣長は、近世を代表する思想家のように扱われることになる。

一八世紀後半は、田沼意次の積極的な経済政策により、商業資本主義が進展するが、それが幕府の経済危機を招き、松平定信の寛政の改革(一七八七—九三)で引き締め策に転ずる。それは思想・文化分野に及び、出版統制や寛政異学の禁による朱子学の興隆を図った。こうして迎えた一九世紀は、外国船の接近による危機意識が高まるとともに、幕府の財政危機は深刻の度を増し、天保の改革(一八四一—四三)も焼け石に水で、尊王攘夷の運動が次第に高揚する。

尊王攘夷を主導した思想は、水戸学派系の朱子学の大義名分論と、平田篤胤門下の神道家たちであった。とりわけ平田は一八世紀の反宗教論的な合理主義の立場に厳しく対峙し、新たな形で世界観、人間観、そして来世観を打ち立てる。それは、一八世紀の合理主義的な発想が近代につながるのに対して、非合理的な宗教への逆転であり、近代化に反するかのように見られるかもしれない。しかし、そもそも近代を簡単に合理主義伸展の時代と見るのは間違っている。西洋の一九世紀は科学的合理主義が普及するとともに、それに反するロマン主義や霊性論、神智学などの興起する時代でもある。インドの近代ヒンドゥー主義もまた、そのような動向と関連しながら、雑多な多神教を整理して合理化する面を持ちながら、壮大な一元論的神秘主義を展開し、それがナショナリズムと結びつく。平田派の神道もまた、そのような動向と合致する。強いナショナリズムと結びついた独自の世界観は、グローバルな視野をもって、壮大な霊性論や神話学を展開する。それ故、世界的な一九世紀の同時代的動向と軌を一にするものである。

以上のように、江戸時代はほぼ百年ごとに政治的改革によって転換がはかられ、それぞれの時代の主導する思想動向が変わっていく。その際、一七世紀の転換期的性格、一八世紀啓蒙、一九世紀のナショナリズムと結びついたグローバルな視座を持った霊性的世界観など、世界の動向と一致する性格を強く持つことは注目に値する。今日、鎖国に関する理解はすっかり変わり、国を鎖して外との交流を持たないということではなく、貿易を限定して、幕府の統制下に置くということであり、その限定内では積極的な対外交易を図ったと考えられている。日本の動向がグローバルな世界の動きと並行するのも、単なる偶然ではない。

そして、その中で西洋もまた近世―近代を単なる合理化、世俗化、非宗教化で捉えきれないように、日本の近世もまた、神仏の問題は中心課題を外れることはなかった。神仏の力は近世になっても決して弱まっていないのである。

なお、グローバルな視点からすれば、一八世紀啓蒙や一九世紀の霊性論の復活は、世界的な「近代」の進展と並行的であるが、日本の場合、やはり江戸期は全体として「近世」とする方が適切であろう。それは、先に述べたように、江戸期までは基本的に「大伝統」の構造が成り立ち、明治に入ると、それが「中伝統」に変化して、その転換の意味は大きい。もう一つは、開国に伴って、欧米との関係が中心課題となり、それ以前の中国との関係中心の時代と大きく変わることが指摘される。そこから、明治以後を「近代」と見て、それ以前は「近世」という従来の捉え方を維持することでよいのではないかと思われる。

三　近世国家と宗教

1　近世における王権と神仏

近世の仏教を中心とする宗教勢力は、寺檀制度によって権力の下にくだり、堕落して本来の力を失ったのではないか。そのような「近世仏教堕落論」は、長い間学界の常識となっていた。近世は儒教を核とした世俗主義のもとに、宗教の力は失われてしまったようにも見える。だが、そのような見方は近代になって生まれたものであり、はなはだ疑問である（オリオン・クラウタウ『近代日本思想としての仏教史学』法藏館、二〇一二）。

近年の研究はそのような過去の常識を大きく覆し、近世においても神仏の力は依然として強大であったことが分かってきている。確かに政治権力が強力化することで、仏教界も厳しく統制される。しかし、幕府によって統制されることは、それによって存在価値を失うことではない。逆に宗教勢力は近世の国家体制の中で大きな役割を果たしていたと考えられる。あたかも天皇権力が幕府による強い圧力によって弱体化されつつも消滅することはなく、近世後期に至ると俄然勢力を伸ばして、やがて倒幕にまで至ったのと近似している。

寺社の巨大な領地は削られたとはいえ、なお大きな経済力を持ち、僧侶は四民の枠外に位置づけられて、通常の法規定が通用しない特権を維持した。寺檀制度は寺院と僧侶の役割をそれだけ大きなものとして認定したことになり、どんな小さな村落にも必ず寺院が建立され、仏教は人々の心のよりどころとなった。仏教なしに国の統治が成り立たないことが明らかとなり、仏教はいわば国教としての地位を得ることになった。近世は過去の歴史の中で、もっとも仏教が盛んな時期であったとも言える。こうして、中世の王権─神仏構造は再編されて継続されるのであり、その点では「大伝統」の枠組みの中にあるということができる。

そのような仏教の特権が、制度的に崩壊するのは近代になってである。上地令によって寺院の広大な土地は取り上げられ、また僧侶も一般の国民と同様に戸籍に組み込まれて、その特権を失うことになった。僧侶は聖なる意味を失い、世俗的な職業の一つとなった。こうして近代は純粋に世俗国家たらんとした。にもかかわらず、そこには国家神道が必要とされ、また制度化されないものの仏教も家父長体制を補完するものとして重要な意味を持つことになった。天皇を頂点とする家父長国家体制の中に神仏も組み込まれるのである。それに関しては、次章を参照されたい。

以下、ここでは織豊期に遡って、そこから徳川体制へと向かう中で、中世的な体制からどのように近世的な王権─神仏関係が築かれるかを、もう少し詳しく見てみよう。

2 織豊期の国家と宗教

織豊期から徳川初期に至る天下統一上の大きな政治課題が宗教対策であった。一つは、強大化した仏教勢力をどうするかということであり、もう一つは新来のキリスト教をどう扱うかという問題であった。

仏教勢力は、戦国期に一向一揆に見られるように強大な政治勢力となり、加賀の一向一揆のように、一国を支配するまでに至った。その勢力を恐れた信長は、石山の本願寺を攻撃し、石山合戦と言われる大戦争となった(一五七〇—八〇)。最終的に法主の顕如が石山を退去して、その勢力は衰頽するに至った。信長が徹底的に壊滅させたもう一つの大きな勢力が比叡山であった。巨大な領地を有し、武力の面でも中世の一大勢力であった比叡山延暦寺は、信長の焼討(一五七一)によって灰燼に帰した。

また、京の町衆を中心に大きな勢力となった法華宗(日蓮宗)は、本願寺や比叡山とも対抗するだけの勢力を持ったが、天文法華の乱(一五三六)で比叡山の僧徒によって壊滅状態となった。その後再建したが、なお危険視した信長は安土宗論(一五七九)において浄土宗と対論させ、法華宗の敗北を宣言してその勢力を削いだ。

このように見ると、信長は反宗教の立場のように見えるが、必ずしもそうは言えない。信長はキリスト教に対しては友好的であった。キリスト教は、ザビエル(シャビエル)による宣教の開始(一五四九)以来、南蛮貿易の魅力とあわせて大名の間に広まるとともに、仏教に飽き足りない庶民の中にまで深く浸透していった。信長がキリスト教に好意的であったのは、様々な理由が考えられる。一つには、新奇なものを愛好する信長にとって、南蛮貿易とセットになったキリスト教は大きな魅力であっただろう。また、仏教を徹底的に排撃するために、仏教批判を強めるキリスト教と手を結ぶことは意味が大きかった。さらには、最高権力者として絶対的な力を振るおうという信長にとっては、日本の神仏の多神教的な発想よりも、キリスト教の唯一神的な宗教のほうが親しいものであったように思われる。信長は自らを神として祀らせる計画を持っていた。それは後の秀吉や家康にも引き継がれるが、秀吉や家康が神仏習合的な形での神化であったのに対して、信長はそのような日本的な習合性を排除した絶対者となることを求めていたようである。正親町《おおぎまち》天皇との関係も緊張をはらんだものであった。信長は従来の日本の支配者と異なる新しいタイプの支配者として、中世的権威に正面から挑戦したが、その志を完遂する前に殺害されてしまった。

信長を引き継いだ秀吉は、信長に較べると既存体制を活用しながら支配の実効化を図った。その強権的な絶対権力確立の方針は、刀狩りや検地により大きく進展し、その野望は朝鮮出兵にまで至った。宗教政策においては、一面では根来攻めのように、信長を引き継いだ強力な掃討を行なったが、それがある程度落ち着くと、方広寺の大仏建立に見られるように、仏教復興者として振舞うようになった。東大寺の大仏を超える巨大仏の建立は、自らの絶対権力の誇示であると同時に、仏教界の保護者かつ統制者である姿勢を示すものであった。そのことを示すために大々的に行われたのが、方広寺の千僧供養(一五九五)であった。本来篤い信仰を示す場である千僧供養を活用して、秀吉は逆に仏教界が自らの意に従うことを明示する場とした。そして、不受の立場から供養に応じない日蓮宗の一派(不受不施派)に弾圧を加えることになった。

他方、秀吉はキリスト教に関しては当初はかなり積極的に布教を許可していたが、天正一五年(一五八七)に突如伴天連追放令を発し、禁止に転ずる。キリシタンの伸長に危機意識を懐いたからだと言われる。注目されるのは、「日本ハ神国たる処、きりしたん国より邪法を授け候儀、太だ以て然るべからず候事」と、日本が「神国」であることを挙げている点である。この「神国」は、『神皇正統記』に言われるような日本優越論としての「神国」ではないであろう。そうではなく、神仏習合的な意味合いを含むものと解するべきである。すでに神仏によって守られている以上、そこに新たにキリスト教が加わる必要はない、という論法である。この論法が、江戸期になっても継承され、キリスト教禁教の根拠とされるのである。こうしてキリスト教を排除することで、日本は中世以来の神仏体制を再編して維持することが明確化されるのである。

3　江戸期の宗教政策

江戸初期の国家政策が決して儒教に拠っていたわけではないことは、今日では明らかになっている。そこで、初期の国家政策に関わった思想として、兵学や『太平記』読みなどが取り上げられる。しかし、何と言っても幕府の中核を担ったのは、以心崇伝と天海という二人の仏僧であり、仏教に基づくところが大きかったと考えなければならない。その点をもう少し見ておこう。

諸法度類や外交文書の起草は、南禅寺出身の臨済宗の崇伝が担当したが、それは室町幕府で五山が果たしていた伝統の継続であった。五山は最新の知識が集積するシンクタンクであり、儒教の知識も豊富であった。それ故、五山の禅僧の中でも飛びぬけて優秀であった崇伝が、主要な政策の立案を成したことは、不自然ではない。もちろんその政策が直ちに仏教的とは言えない。しかし、最大の課題とも言える仏教寺院の統制やキリシタン対策に、その知見が生かされたことは十分に考えられる。

天海は、寛永寺の創建とそれに伴う江戸の都市計画にも関わったとされ、また家康を東照大権現として祀るに際して、主導的な役割を果たした。このような方策は非常に大きな意図を持っている。というのも、単に不忍池で琵琶湖を模し、東叡山寛永寺で比叡山延暦寺を模すという形で、京を模するだけではなかった。それを超えて、関東天台を統括し、東照宮をも管理する輪王寺宮として皇族を迎え、比叡山の天台座主を超える宗教界のトップとすることを意図していた。それは、江戸が京を超えて日本の中心となることと並行的である。しかし、上述のように、その意図は最終的には破綻することになる。

幕府の宗教政策は、家光の代までかかってほぼ定まる。最大の問題はキリシタンの扱いであり、次第に禁教を強めるとともに、島原の乱(一六三七―三八)を経て、寛永一六年(一六三九)に遂に鎖国体制が完成する。キリシタンの禁教と同時に、動揺した人心の安定を図るために仏教が必要とされる。そして、それを口実に、全国民の情報の完全把握を目指すことになる。宗門改めは、思想宗教統制とともに、戸籍に当たる宗旨人別帳による住民把握を可能とした。そこで仏教の役割が大きく浮上する。

それは確かに一面では、仏教が幕府の住民統制に利用され、行政の末端を担うことであったが、他面では単に否定的にばかり見られないところもある。そのことは、仏教界の協力なしに統治が成り立たないことを意味する。それによって仏教界は幕府の保護を受け、一種の国教的な立場に立って特権を受けることになった。どのような小さな村落にも寺院が建立され、人々は仏教的な世界観、人生観を共有するようになった。

ここで問題になるのは、はたしてこのような住民統制の役割は仏教でなければできなかっただろうか、ということである。一七世紀初期には、岡山の池田長政、会津の保科正之、水戸の徳川光圀のように、仏教を退けて儒教主義あるいは神道主義を採用する大名もいた。岡山藩では寺請ではなく、神道請も試みられた。しかし、神道の世界観、人間観はいまだ十分に確立しておらず、儒教の信奉は一部の大名に留まった。儒教や神道が組織的に民衆に浸透していくのは、はるかに時代が下り、一八世紀から一九世紀になる。キリスト教の代わりとなるものは、世界観、人間観がキリスト教に対抗し得るだけしっかりしているとともに、それが人々の間に広く定着していることが不可欠である。そうとすれば、それは仏教以外にないことになる。

仏教は来世観をしっかり持っていて、葬儀の儀礼が確立している。仏教葬儀の方式は、もともと禅宗で修行中に亡くなった僧のための亡僧供養の方式がもとになり、戦国期にはそれ以外の宗派を含めて広く普及した。さらに、善悪の果報として来世の禍福が与えられるという来世観は、現世で善をなすべしという倫理の原理ともなり得る。こうした点からも仏教の優位は揺るがない。来世観が重要というと、今日の観念では不思議に思われるかもしれないが、次節に見るように、来世観こそが、近世を通して諸思想が論争する中心的なテーマだったのである。

それでは、そのような政策に対して、仏教者側はどのように対処したであろうか。幕府の統制下に入り、その統治の一端を担うことに抵抗はなかったであろうか。例えば、江戸初期の特異な禅者鈴木正三《しょうさん》(一五七九―一六五五)は、「寺方ヱ、寺領寺地御免アツテ、無役ニ召置カル丶事、アツタラ事ナル間、是ニ役儀ヲ申付ベシ」(『驢鞍橋』上)と言われるように、免税等の便宜を得ている寺院に積極的に役割を与えることが必要だとして、それは具体的には、「檀那ノ中ヨリ悪人出デバ、其寺ノ過トシテ、住持ヲ法度ニ行フベシト申シ付クベキ也」(同)と、寺に住民の行為の責任を負わせようという構想を示している。寺檀制度を先取りするような説であり、それを仏教者側から求めているのである。

正三は『万民徳用』において、士農工商のそれぞれが、自己の本来の任務にひたすらに励むことが仏法に他ならないとして、身分道徳を仏教的に基礎づけようとした。また、島原の乱後には、天草代官となった弟鈴木重成を助けて人心の安定に努め、『破吉利支丹』によってキリスト教の論破に努めた。正三は三河武士の出身で関ヶ原の戦いにも出陣したという経歴を持っているから、特殊かもしれない。しかし、仏教側でも出世間に安んじるのではなく、積極的に世俗に出る動きが盛んだったことは、沢庵宗彭など、他の指導的な仏教僧にも見られ、仏教界全体の動向と言えるであろう。それ故、キリスト教の防波堤となり、寺檀制度で国家的な役割を受け持つことは、むしろ仏教側としても望むところであったと思われる。

こうして、仏教は国家組織の中に活動場所を見いだすことになった。それは、中世の仏教教団が巨大な経済力、軍事力を誇り、王権と対峙する権門であったのとは異なるが、仏教教団が幕府の統制を受けながらも、世俗を超えたところから人心を掌握する力を発揮した点で、俗権力の中に納めきれないものを持っていた。その点で、王権と神仏が対峙するという中世以来の大伝統の構造が変容しながらも持続していたと考えられる。儒教や神道も当初は仏教に包摂されながら次第に力を蓄え、独自の力を発揮するようになっていったと考えられる。

四 来世をめぐる論争

1 江戸期の思想と論争

中世の思想界はほとんど仏教一色で覆われ、その中から神道思想が形成されてくるなどの面はあったものの、異なる思想が正面から議論を戦わせるということは起こらなかった。それに対して、近世はまさしくキリスト教、仏教、儒教、国学・神道、さらには独立思想や新宗教など、由来を異にするさまざまな思想が正面からぶつかり合い、議論する百花繚乱の時代ということができる。制度的には仏教が採用されることで決着したが、言論の場ではそれらの諸思想がぶつかり合うことになった。

日本の思想は、しばしば仏教、儒教、国学＝神道等々が、それぞれ自己の伝統に籠って、バラバラの方向を向いているかのように言われる。確かに日本思想のさまざまな潮流がそれぞれ異なる聖典を持ち、その解釈によって思想を展開するので、互いに交わらないタコツボ型の潮流が並列しているかのような一面を否定できない。研究者の側も、それぞれエリアを異にして、儒教研究者は儒教だけ、仏教研究者は仏教だけ、というように、自分の領域を深掘りしていくだけなので、相互の交流に目が向かない。

しかし、じつは近世は諸思想が相互に論争を交わし、その論争の中から新しい思想が生まれてくる、きわめて生産的な時代であった。そして、その諸思想交流の大きなテーマの一つが死後の霊魂の行方であり、来世論であった。現世のことは目の前に経験されるから誰でも経験的にある程度は分かる。しかし、来世のことはどれを信じてよいか分からない。とりわけ、日本では死んだ父母がどうなったかということへの関心は大きかった。初期のキリスト教の宣教師が布教の際に多く問われた疑問は、自分たちは洗礼を受けて天国に行けるとしても、洗礼を受けることなく死んだ祖先は地獄に堕ちてしまうのか、ということであったという。それだけ切実な問題であった。

論争史を簡単に要約しておくならば、江戸初期の一七世紀には、禁教前のキリスト教、伝統的な仏教、そして新たに自己主張を始めた儒教のそれぞれが独自の来世論、あるいは来世批判論を展開した。啓蒙の一八世紀になると、知識人の間では来世への疑問や否定論が強くなり、理論的な展開が見られた。一九世紀になると、国学＝神道の流れが一八世紀的な来世否定論を批判し、新しい来世論を展開するようになる。大まかにこのような流れを見ることができる。以下、もう少し立ち入ってその展開を見てみたい。

2 江戸初期の来世論争

『妙貞問答』(一六〇五)はキリスト教の立場から仏教・儒教・神道を批判した上で、キリスト教の教理を説くが、著者ハビアンが日本人であるだけに、日本人の問題意識を踏まえたキリスト教への導きになっている。三教を批判する中でもっとも詳細なのは、上巻すべてを使った仏教批判であるが、そこでは、「現世安穏、後生善所」という仏教的な問題設定の上で、仏教各宗の教えを批判し、仏教では結局のところ「無」に帰してしまい、本当の意味での「後生善所」は成り立たないとする。そして、キリスト教の「ハライソ」(天国)こそが真の「後生善所」だと結論する。実際、鈴木正三は、仮名草子『二人比丘尼』において、念仏を説きながら、最後はすべて「なし(無)」に徹底することを論じている。

他方で、仏教と儒教の論争では、仏教側が三世の因果を主張するのに対して、儒教側はそれを否定して現世主義の立場を取る。儒者林羅山と在家の日蓮宗信者で俳人の松永貞徳との間で交わされた『儒仏問答』では、羅山が人の生死を陰陽の変化聚散で説明するのに対して、貞徳の側は三世の因果を主張して、儒教的合理主義で説明できない神秘の存在を指摘する(大桑斉・前田一郎編『羅山・貞徳『儒仏問答』註解と研究』ぺりかん社、二〇〇六)。儒仏の争いは仮名草子でもしばしば取り上げられる。

朝山意林庵の『清水物語』(一六三八)では、後世を説く僧に対して、ある男は、「三綱五常さへ治まりたらんは、来世は近くもあれ遠くもあれ、危き事も候はじ」と、三綱五常(君臣・父子・夫婦間の道徳と、仁・義・礼・智・信の道義)を守っていれば、来世に関して思い煩うことはないと、現世主義の立場を述べる。しかし、仮名草子の中には、『見ぬ京物語』のように、仏教の因果説の側に好意的なものもある。

おそらく都市の武士・商人や知識人は、現世主義的な合理主義の方向へと向かい、儒教化したのに対して、一般の農民や下層都市民などは仏教的な因果説を信ずるというような分化があったのではないだろうか。『死霊解脱物語聞書』(一六九〇)は、下総国羽生村で実際に起こった事件を基にした聞書で、後の三遊亭円朝の怪談『真景累ヶ淵』の基になったものだが、怨霊が浄土宗の祐天の念仏で救われるという構図で、因果と救いを説いている。祐天はこのような除霊能力で有名になり、やがて桂昌院や綱吉の帰依を受けて増上寺の法主ともなった。こうした因果の信仰は、その後も長く民衆の信仰の底流となったと思われる。

3　江戸中期の来世論の多様化

一八世紀の特異な神道家に増穂残口《ますほざんこう》がいる。もと日蓮宗の僧侶であったが還俗し、通俗的な神道講釈によって評判をとった。男女の愛こそすべての根本とする独特の理論を展開した。その残口が、当時の死生観の混乱について、こう纏めている。

愚俗の男女は、我国の訓《おしへ》に根底《ねそこ》、高天が原の帰魂《かへりきよみ》、帰魄《かへりにごり》の道を説《とく》ものなき故に、依所なく久く地獄、極楽の感報のみ聞馴て、虚《うそ》やら実《まこと》やらの分別にも及ばず。儒の心魂散滅は、一向に高邁にして納得せず。儒にもよらず、仏にもよらず、両楹《りやうゑい》にたゞよふものあり。(『神国増穂草』神道大系『論説編22・増穂残口』四一一頁)

(愚俗の男女は、日本の本来の生死観である根の国や高天原に魂魄が帰っていくことを説く人がいないので、拠りどころがなく、仏教の地獄・極楽の果報の説に馴染んでいるが、真実か虚偽かも分別できない。儒教では心魂が散滅するというが、高邁すぎて納得できない。儒仏のどちらも信じられずに、両極の間に漂っている者もいる。)

一八世紀には、素朴な仏教の因果説は「愚俗の男女」のものとなり、都市を中心に次第に合理主義的な見方が進展して、儒教的な合理主義が浸透していく。しかし、儒教の死生観は来世否定に近づくので、直ちに受け入れがたい。日本の古代の死生観は未だ必ずしも十分に解明されていない。そのような状況であった。

儒教的合理主義を代表する新井白石は、霊魂問題を主題として『鬼神論』を著している。仏教の因果説を批判し、それに対して儒教的な死生観を展開する。それは基本的には陰陽の気の集散で生死を説明するものである。「人ノ生ルト死ルトハ陰陽二ツノ気ノ集ルト散ルトノ二ツニシテ、集レバ人ト成、散テハ又鬼神トナル」(『新井白石全集』六、四頁。句読点は引用者による)というのである。その気はもともと一気であるから、「彼人モ此人モ共ニ一気ノ生ゼル所」(同)であり、「人死テ其魂魄ノ如キハ常ニ天地ノ間ニミチ〳〵テ、其気共ニ運行シヤム事ナシ」(同、五頁)であるから、それは個別性を越えたものである。

ところが、そうとすると問題が生ずる。祖先崇拝は儒教の重要な儀礼であり、そのためには個別化された祖先霊の存在が前提とされなければならない。もし死ぬと一気に帰するのであれば、「其祖考ノ神ノミ必ズ其子孫ノ祭ヲ受ン事、心得難キ也」(同、四頁)と言われるように、祖先と子孫の関係が特定できなくなる。これは大きなディレンマである。

そこで、白石は、魂魄は死後すぐに一気に解消するのではないという。「物ノ精ヲ用ルコトヲノヅカラ多キ少キ有テ其魂魄モ又強弱アリ。サレバ其神ノマスコトモ、又遠キ近キノ異ルコト有ヌベシ」(同、五頁)と、その精の強弱に従って、死後の魂魄の個別性も維持され、そこに祭祀の可能性を認めるのである。

白石は際どいところで祖先祭祀を可能とする魂魄の持続を認めるが、さらに徹底して「無鬼」即ち霊魂否定論を主張したのが山片蟠桃であった。蟠桃は大坂の懐徳堂出身で、両替商升屋の番頭をしていた町人学者であり、その大著『夢ノ代』(一八二〇)は合理主義を貫き、無神論的、唯物論的立場から書かれた百科全書であり、その著作の完成は一九世紀に入るものの、まさしく日本型一八世紀啓蒙を代表すると言ってよい。

蟠桃は、『夢ノ代』で「無鬼」の巻を立て、死後の鬼神を否定している。

スデニ死シテ血脈ナク、疼痛モヲボヘザレバ、視聴・思慮ノアルベキヤウナシ。然レバ存生ニ功徳アル人ハ、死シテ後、天日ト同ジク、コレヲ敬シ、コレヲ尊トムベシ。決シテ奇妙霊験ハナキ也。(『日本思想大系43　富永仲基・山片蟠桃』五一四頁)

こうした儒教的合理主義の展開に対して、国学の大成者本居宣長は、「よみの国は、きたなくあしき所に候へ共、死ぬれば必ずゆかねばならぬ事に候故に、此の世に死ぬるほどかなしき事は候はぬ也」(『鈴屋答問録』)と述べ、死後の世界に関してその探求を諦めている。その来世観はいまだ十分に納得できるものではなかった。

4　霊魂論の復活

一九世紀になると、蘭学は科学的合理主義を強め、近代化への道を進む。しかし、それに対抗するかのように、非合理的なものが再度息を吹き返す。それを先導したのが、宣長の国学を受けながらも、それを独自の神道説へと組み換えた平田篤胤であった。篤胤は、『鬼神新論』(一八〇五)によって、白石らの儒教的な合理主義や鬼神否定を批判し、鬼神の復権を図る。ただし、同書では、死者の霊は「幽界」に行くものとされるが、それ以上深い探求はない。その点の検討は『霊能真柱《たまのみはしら》』(一八一二)において行われる。

この書は、宣長の弟子服部中庸の著作『三大考』に基づいている。『三大考』は、宣長があえて避けた国学・神道系の世界生成を、混沌から天・地・泉(黄泉)が分化していく過程として論じたものである。篤胤は、中庸の説をもとにしながらも、重要なポイントにおいて大きく改変する。即ち、死者は黄泉に行くわけではなく、この世界に留まるとしたのである。ただ、同じ世界にいながら、死者の「幽冥」の領域は生者からは見えないという。「冥府《かみのみかど》と云ふは、此顕国《このうつしくに》をおきて、別《こと》に一処《ひとところ》あるにもあらず、直《ただ》ちにこの顕国の内いづこにも有《あ》なれども、幽冥《ほのか》にして、現世《うつしよ》とは隔たり見えず」(『霊の真柱』岩波文庫、一六六頁)と言われるのであり、同じ世界を共有しながら、生者の見る世界と死者の見る世界は異なっている。

篤胤の説は、一八世紀啓蒙で否定された死後の霊魂を復活させる。だが、それは決して単純な復古ではない。かつての仏教説では、死者が極楽や地獄という生者と異なる世界に去るものと考えていた。それに対して、篤胤の説が画期的なのは、死者が決して遠くに去るのではなく、生者と同じ世界に共存しているというところにある。じつは、後に柳田国男が『先祖の話』(一九四六)で展開した日本人の祖先観も、この篤胤の論を引き継いでいるところが大きい。

一九世紀の西洋でも、科学的合理主義の普及の半面で、心霊学や神智学による死後の霊魂の問題が問われるようになった。それは、伝統的なキリスト教的な来世観への疑問が、新しい形での来世観への組み換えを必要としたからであったと考えられる。伝統的な仏教的な来世観に対する新しい来世観の創造という点でも、篤胤の営為にはグローバルな同時代性がうかがわれるのである。

なお、近世に関して、詳しくは拙著『近世思想と仏教』(法藏館、二〇二三)を参照されたい。

第五章　復古か革命か

――「維新」という転換

一　王権と神仏――大伝統のまとめ

1　王権の相対的自立性

大伝統における王権と神仏のあり方については、これまでの各章で、王権と仏教のそれぞれについて検討を加えた。大伝統の中で検討すべき問題はもちろんたくさんあり、今後考えていきたいが、ここでは、思想史全体の大筋を理解するために、まずこれまで検討した大伝統の特徴を整理して再確認するとともに、その王権と神仏の関係が中伝統でどのように変容するか、大雑把に記し、さらにその転換期としての明治維新について、どう見たらよいか見当をつけてみたい。

まず、大伝統に関しては、第一章にその概略を述べたが、その際に書ききれなかったことを補足しながら、その特徴をまとめておきたい。大伝統では、大きな枠組みとして、王権と神仏が緊張関係にあり、その中間にさまざまな文化が形成され、また、人々の生活が展開するという基本構造をなしている。それは、仏教がある程度広がりを持つようになった七世紀頃から続く伝統であり、一〇〇〇年以上にわたって日本の文化、社会の基層構造をなしてきた。その重要なポイントの一つは、王権の正統性が何らかのそれを超える力によって承認されるわけではない、ということである。王権神授説であれば、王権は超越的な神によって承認される必要がある。中国においても、皇帝は天命を受ける必要がある。悪政を行えば、天から見放され、そこに易姓革命が起こる。それ故、これらの文化圏においては、神・天―王権が垂直に並ぶ構造になっている。

日本の場合も、中世から近世にかけては即位灌頂があり、天皇の即位を密教的な灌頂儀式で認めることが行われた。大嘗祭が中断していた時も、即位灌頂は続けられた。しかし、これは仏教的にも、王権の側からも、その必然性が必ずしも十分に根拠づけられたものではない。それでは、王権の正統性はどこに求められるのか。そこで注目されるのは、何よりも血統の正しさである。つまり、天皇の一族に属することが条件となる。ただし、一族の中で、誰が継承者となるかは必ずしも決まった規則があるわけではない。古代には系譜が必ずしも明白でない天皇もいるし、一族の中で激烈な闘争がなされることはいつもあった。南北朝期のように、二つの系統が相互に即位するような事態もあり得た。そのような騒乱の中で、レガリアとしての三種の神器がクローズアップされることになった。

ただ、いずれにしても中国と異なり、日本では王朝交代という観念は生まれなかった。すでに慈円の『愚管抄』に、王朝が変わらないことが、中国と異なる日本の特徴として挙げられている。だが、なぜ天皇の血統だけが天皇となれるのであろうか。そこでアマテラスの直系ということがクローズアップされる。天孫降臨から神武へというのは、記紀神話にすでに明確に記されている。だが、神の子孫というだけであれば、他の貴族もそれぞれ祖先神を持つのであるから、その点では、天皇家だけ特別ということはないし、特に神聖視される必然性はない。

もちろん祖先神を祀ることは大切であり、そのことは『禁秘抄』にもはっきり記されていたが、それによって天皇自身が神化するわけではない。「大君は神にしあれば」という現人神の表現は、『万葉集』に出て、その後も宣命などに継承されるが、必ずしも強く意識されたわけではない。むしろ、王法と仏法と対比されるように、王法は世俗権力を代表するものと見られるべきである。そのことは、第一章に記した通りである。

『愚管抄』では、天皇家の祖先神であるアマテラスに対して、藤原氏の祖先神であるアマノコヤネ(春日)が臣下として仕えることを承諾したことで、両者の上下関係が定まったという。つまり、天皇家だけが特別に神の子孫というわけではなく、祖先神の一種の契約で君臣関係の秩序が定まったということである。そのような王統観は、天皇のみに「万世一系」を認める中伝統の近代の天皇のあり方とは異なっている。

このように天皇はその血統に根拠を持ち、その大元は神に遡ることになるが、それ以上の宗教的な根拠づけは必ずしも要求されない。もととなる神々の世界の神統譜的な探究は、すでに南北朝期の慈遍などにも見られるが、必ずしも十分に継承されなかった。それが本格的に大きく取り上げられるのは、本居宣長にはじまる近世の国学を待たなければならなかった。天皇家の祖先であるアマテラスが神々の世界でどういう位置づけにあるのかは、重大な問題となるが、それが問われてくるのは、それ以後のことである。

平田篤胤とその系統の神学では、創造神としてのアメノミナカヌシなどが重視され、必ずしもアマテラスが唯一絶対というわけではない。ただ、神話論が儀礼を伴う神道と結びつき、宗教性を持つようになって、それまで両極に分かれていた王権と神仏が急速に統合される方向が展開していく。もっともそこでは仏教は排除されることになり、神道だけが国家・王権の問題と合一することになった。それが中伝統の構造の重要な一角をなす国家神道になっていく。中伝統においては、天皇の祖先祭祀がそのまま国家祭祀であり、全国民が天皇の祖先を祀る伊勢神宮を崇拝しなければならないことになるのである。ただし、その構造の中で、仏教は別の形で役割を見いだしていくことになる。

2　仏法の強靭さ

大伝統では神仏習合を前提にして、実質的には仏教寺院が神社を管理するのが一般的であった。それ故、王権と神仏と言っても、神仏の側で表に立つのは多く仏教であった。仏教はもともと出世間性を特徴とするため、世間的な王権を直接根拠づける理論を持たない。もちろん仏陀のイメージが世俗社会の転輪聖王をモデルに形成されたように、両者の関係は密接である。しかも、転輪聖王は仏教を保護することを任務とするもので、両者の間には上下関係がある。上座部仏教に見られるように、仏教のほうが王権を超える力を持っている。ただし、仏教の中でもチベットの場合には、観音の化身とされるダライ・ラマが同時に王権を握ることで、政教一致体制が確立した。清朝の皇帝は、漢族に向けては儒教的な皇帝であったが、チベット系仏教を奉ずるモンゴル族に対しては、菩薩皇帝として政教一致的な原則で臨んだ。

中国では、南北朝期には、慧遠《えおん》の『沙門不敬王者論』に見られるように、仏教が王権を超える位置づけを与えられたり、梁の武帝が菩薩皇帝として捨身を繰り返した例もあった。唐代までは仏教が国家と深く結びつくこともあったが、宋代に儒教国家が確立するようになると、仏教は国家支配に従うようになった。日本では、聖武天皇(上皇)が東大寺盧舎那大仏に跪いて「三宝の奴」と称したこともあったが、中世には王法仏法相依論が確立した。

王法仏法相依論では、王法と仏法は車輪の両輪に譬えられるように、対等に近い関係で、対抗しながら相互依存する関係が確立した。世俗権力としての王権と、宗教権威としての神仏のセットである。その両者は、中世の言葉を使えば、「顕」と「冥」と呼ぶことができる。仏教は、世俗権力では達せられない強力な現世的祈禱力とともに、来世の禍福を保証するものとして、畏れられ、帰依された。それとともに、巨大寺院は権門の一角として、それ自体が強大な経済的、政治的、軍事的な力を有し、世俗的な権力を保持していた。その点からすれば、世俗の王権を超える力をも持つということができる。皇室や大貴族は子弟を寺院に送り込み、両者の関係は密接化した。

近世のはじめには、信長の比叡山焼討や一向一揆の鎮圧によって仏教界は大きな打撃を受け、近世にはその力は後退するかのように見える。しかし、近世初期には政治的に天海や崇伝が活躍するとともに、仏教がキリシタン対策の前面に出ることでその役割の大きさを示し、宗門改めなど、行政の一角に食い込むことで、かえって村落の隅々まで仏教が普及することになった。過去・現在・未来の三世にわたる因果を説く仏教の教説は、儒教以上に民衆の間に広く受容され、庶民の道徳の基盤となった。寺社は寺社奉行の管轄であり、僧侶は一般の士農工商の枠の外の特別な位置づけを与えられた。

かつて広く流布していた近世仏教堕落論は、今日では成り立たないことが明らかになっている。

こうして仏教は日本に定着し、土着化してきた。単に民衆の間への定着というだけでなく、隠元隆琦の黄檗禅将来に伴う新しい中国文化の導入や、その影響下に鉄眼道光が刊行した大蔵経を端緒とする印刷文化の隆盛など、仏教は広範な新文化の担い手であった。安楽律運動や鳳潭などの教学研究は、儒教や国学に先立って古典復興を先導することになった。

このように、一八世紀半ばまでは仏教の活動に活気が見られたが、その後、近世後期には、それまでの創造的な発展力を欠くようになり、それに代わって、国学＝神道が新たな世界観の構築によって、新鮮な問題提起をするようになった。その強烈な日本優越論が危機的状況で広く支持を受け、明治維新の一つの大きな原動力となった。そこで、新政府のもとで神祇官が復興され、神仏分離政策が推し進められた。それに伴う廃仏毀釈は仏教界に大きな打撃を与えたが、それでも最終的に、仏教排撃は成功しなかった。民衆の間に定着した仏教の底力を無視できず、民間の一宗教となりながらも、実質的には国家と密接に関係し、中伝統の天皇一元体制の中で重要な役割を果たすことになったのである。

二　一元的集権化——中伝統の基本的枠組み

1　家父長制国家としての中伝統

中伝統は、明治から昭和の敗戦に至るまでの時期を指す。そこでは、大伝統の王権と神仏が緊張を持った対抗的な補完関係をなしていた状態から、天皇王権の一元化へと大転換する。それによって、中央集権的な強力な国民国家を形成し、曲がりなりにも欧米に追い付き、アジアの模範として近代化の達成を誇ることができた。しかし、その達成の裏側で、アジアを蔑視して侵略し、遂には戦争へと自滅の道を歩むことになった。

そのような中伝統を無闇に持ち上げるのも、全面的に否定するのも、どちらも一方的であろう。近代化の達成と戦争への道は表裏一体であり、その両面を持つのが日本の近代であった。昭和になって軍部が暴走さえしなければ、日本は繁栄しただろうというのは、あまりに虫がよすぎる。かと言って、天皇一元論は上からの強圧であって日本の近代は最初からすべて間違っていたと見るのも、不適当である。それでは、日本が試行錯誤の末に選んだ道を、最初から封殺することになってしまう。

大伝統の王権と神仏の二元構造、さらには王権の中も朝廷と幕府の二元構造になって重層化する体制は、相互に牽制することでバランスを取って進むことができる。しかし、いざ危機的状況になれば、相互に足を引っ張り合って、素早い対応ができないことにもなりかねない。実際、欧米の列強に開国を迫られた状況で、朝廷と幕府が対立して開国か攘夷かで国論が分裂することになった。

それに対して、中伝統のように一元構造にすると、確かに強力に決まった方向に進むことはできるが、他方で牽制する対抗勢力がないことで、方向転換もできず、ブレーキも利かないままに、自滅へと突っ走ることになりかねない。

中伝統としての体制は、明治二二年(一八八九)の大日本帝国憲法発布とその前後に最終的に固まる。日本は大日本帝国として、颯爽と世界に登場する。そして、日清・日露戦争の勝利を経て、懸案の条約改正も達せられ、一人前の国家として揺るぎのない国際的地位を獲得する。その体制は、「神聖不可侵」である天皇を頂点とする憲法に示され、近代的立憲君主国家として、国際社会のどこに出しても恥ずかしくない立派なものだ。

しかし、じつはその憲法だけで十全に機能するわけではなかった。つまり、国の原則が憲法にすべて体現されているわけではなく、それはあくまでも表向きのタテマエであって、裏へ回れば、それを補う支え棒が必要だった。それが教育勅語である。憲法に記された国家機関としての天皇ではなく、まさしく臣民が忠を尽くさなければならない天皇である。その勅語を学校で叩き込むことで、臣民の道徳が注入される。家父長体制のもとで、親には孝というイエの道徳の延長上に、忠を尽くすべき国の家長としての天皇がいる。国家はまさしく「国という家」である。

家父長制国家は、単なる理念ではなく、具体的な制度として確立される。まず天皇家自体が率先して家父長的なイエを実現しなければならない。「万世一系」は単なる血のつながりだけではなく、男系の長男が継承していくのが原則とされる。それを決めるのが皇室典範である。皇室典範は憲法と同時に発布されたが、憲法に従属する法律ではなく、憲法と同等の独立した規定であり、憲法の制約を受けない。

それでは、国民(臣民)のそれぞれのイエはどのように規定されるのであろうか。それを規定するのが民法である。民法は当初お雇い外国人のボアソナードを中心にフランス系の規定を採用して一八九〇年に制定されたが、それに反対する穂積八束が「民法出デテ忠孝亡ブ」と激しく攻撃するなど、反発も強く、民法典論争と言われる論争を経て、一八九六年に新しい民法が制定され、九八年に施行された。その民法によると、相続は単なる財産の相続ではなく、戸主としての家督を長男が相続することになり、家父長である戸主の権限が強大であった。

このように、中伝統は憲法・教育勅語・皇室典範・民法を四本の柱とする家父長体制を築きあげた。そこでは、天皇家をモデルとして臣民のイエも相似的な体制を取り、それが全体として天皇を擬似家父長としてトップに置き、イエをモデルとする堅固な家父長制国家が作られた。重要なことは、天皇家と臣民は相似的ではあっても、異なる規則に従うということである。天皇家は民法の規定に従うことはない。例えば、天皇家では養子の制度は認められていない。

2　祖先祭祀と神仏

だが、まだそれだけでは十分ではない。家父長体制は単に家父長の権力の問題だけではなく、その根本はイエの継続ということである。それには何よりも大事なのは祖先崇拝である。それによって過去からの継承が正当化されるとともに、未来にも継続する安定した方式が確定する。祖先崇拝は、大伝統で言えば、世俗の権力と対抗する神仏の領域に踏み込むことになる。そもそも祖先崇拝が成立するためには、祖先の霊が存在しなければならない。即ち、死後の存在が問われることになる。これについては第四章に論じたように、すでに近世に大問題となっていた。一七世紀には仏教の輪廻説と儒教の霊魂否定説が対抗し、一八世紀には霊魂否定論が強くなる。ところが、一九世紀になると平田篤胤によって霊魂論が大きく取り上げられ、それが平田派の国学・神道につながった。

このように祖先崇拝は神仏の世界に関わるものであるが、中伝統においては、ここでも天皇家の問題と臣民のイエの問題を切り分ける。天皇家の祖先神はアマテラスであり、あわせて歴代の天皇霊を神道の形式で祀る。とりわけアマテラスを最高神として神道を再編する。それが国家神道である。幕末維新期の神道は、宇宙創造に始まる壮大な体系を構想し、そこでは必ずしもアマテラスが最高神ではなかった。それを国家の枠の中に収め込み、天皇家の祖先崇拝としての役割を与えたのが国家神道である。天皇家の祖先は国家の祖先であるから、全臣民が崇拝しなければならない。祖先崇拝は宗教的信仰とは異なるとされるから、神社崇拝は信教の自由の侵犯にはならなかった。

神社はアマテラスを祀る伊勢神宮を頂点に再編される。淫祠邪教は近代的文明国に相応しくない。神々はすべて皇祖神アマテラスを頂点とした神統譜の中に位置づけられなければならず、そこから外れる神々は排除される。神社統合が進められ、祭神もすべて見直されて、由緒正しいとされる神々に改められる。神仏習合は、本来あってはならない不純な混淆であり、習合以前の純粋な神社の姿に戻さなければいけない。こうして、神社はすっかり塗り替えられ、それが今日でも通用している。それ故、そこから大伝統の時代をうかがうのは、極めて困難になっている。

それとともに、中伝統の中で大胆な歴史の書き換えが行われる。歴史もまた、天皇の一元体制を正当化するものでなければならない。日本の歴史は、神武創業以来の輝かしい万世一系の天皇の歴史であり、武家の時代もまた、天皇を助けた限りにおいてのみ認められる。万世一系を乱した北朝は否定され、それを支えた足利氏は逆賊として糾弾されることになる。こうして、大伝統の歴史は中伝統によって塗り替えられ、新しく創作された過去が教えられ、記憶の中に植え付けられる。それ故、本当に大伝統を知ろうとするならば、中伝統によって植え付けられた歴史や神社の姿を一旦エポケーして、大伝統自体の中で展開していた歴史の論理を追う必要がある。その為に、中伝統で何が作られ、その時に大伝統の何が捨てられ、変容されたのかを弁えておく必要がある。中伝統の眼鏡をはずして大伝統を見ることは、決して容易ではない。

ところで、神道が国家＝天皇の祖先祭祀であるとすれば、個々のイエの祖先崇拝はどうなるのか。家父長制国家は臣民のイエがそれぞれ祖先を崇拝し、その延長上に国家＝天皇の祖先崇拝が位置するのでなければならない。しかし、国家＝天皇の祭祀と同じ様式で行われることは許されない。そこで、臣民のイエの祖先崇拝を担当するものとして注目されたのが仏教である。近世社会は、基本的にはイエ単位で寺院に所属することを強制する寺檀制度によって、強力な住民把握を行い、それが仏教の繁栄を招いた。それは、住民の生前をも死後をも支配するものであった。幕末の神道は死後を司ることの重要性を認識し、それを仏教から奪取しようとして神葬祭の普及を目指したが、結局成功しなかった。

仏教は明治になって、近世に担当していた住民把握による国教的機能を失い、一民間宗教となった。しかし、葬式仏教としてイエの祖先祭祀を担当することで、天皇の一元体制を補完する役割を自発的に支えることになる。イエを象徴する墓と位牌は基本的に仏寺の管理下に置かれる。近世の墓は個人単位であったものが、明治になって「○○家之墓」といういわゆる家墓が普及し、単位としてのイエが明確になる。こうして仏教は民間の一宗教でありながら、中伝統の家父長制国家の下部構造を作る重要な役割を果たすことになる。それによって、近代になっても仏教の経済的基盤は安泰となる。その下部構造の上に、「近代仏教」と言われる新しい仏教が花開くことになる。

このように、中伝統は天皇を頂点に一元化された家父長制国家体制を確立することに成功した。大日本帝国という近代的立憲国家は、憲法に加えて、儒教的な教育勅語、国家神道、そして葬式仏教という四つの次元ががっちりと組み合され、天皇一元論を強力に推し進めることになった。その構造は、第一章に図示したとおりである(図1-3)。明治末には大逆事件のフレームアップで批判的言論を封じ込め、その枠の中で西洋の科学や社会制度を最大限摂取できる国家の体制が整う。中伝統の持続した期間は半世紀余りに過ぎないが、見事に構築されたそのシステムの強力さは、第二次世界大戦後の小伝統を遥かに凌駕し、その影響は小伝統の中でも底辺に持続し続けることになる。

小伝統は、その中伝統を解体して、普遍的な理想主義を掲げるが、中伝統を十分に踏まえながら、それを批判的に乗り越えたわけではなく、外から外面だけ塗り替えた急ごしらえのものに過ぎなかった。そのために、結局中途半端に終わり、なし崩しに解体していくことになるのである。

三　転換期としての維新

1　維新の転換

中伝統が確立するのが、憲法制定の明治二二年(一八八九)頃とすれば、維新から二〇年も経過していた。それならば、それまでの時代、とりわけ維新自体をどう捉えたらよいのであろうか。慶応三年(一八六七)に大政奉還がなされて、「王政復古の大号令」が発せられた。翌年、明治に改元され、五箇条の御誓文が発せられた。この年が明治維新とされる。さらにその翌年には東京遷都がなされて、いよいよ新しい時代の建造が始まる。少なくともこの時点で、大伝統の王権の重層性は解消された。

だが、何故ここで大きなシステムの転換が必要だったのだろうか。幕末には、長い平和が続き、次第に社会構造が変化する中で幕藩体制は構造疲弊が重なりつつあり、そこに海外勢力による危機が迫る中で、体制そのものの変革が必要な時期に来ていた。従来抑圧されていた朝廷の存在感が上がる中で、幕府との二元体制のきしみが大きな問題となった。何らかの形で朝廷と幕府の調整を図り、二元的な王権の構造を一元化する方向を取らざるを得なくなっていた。

その際に、天皇―将軍という上下関係をはっきりさせた上で、幕府を残す公武一体論は、体制そのものの変革を最小限に抑える現実的な道であり、幕末の思想家も多くはそのような方向を考えていた。しかし、実際にはそのような現実的で穏健な道は取られなかった。それが最終的に討幕という形に進むことになったのは、岩倉具視らの一部の公家と長州・薩摩などの藩とが結んだ強引なクーデターによるものであったとしても、結果論的に見れば、もはや穏健で妥協的な道は無理な段階まで来ていたということであろう。幕府という仲介を通さない天皇一元論を取ることによって、はじめて大胆な変革が可能となった。その点では、確かに「維新」は「革命」であり、徹底的に過去を否定して、新制度を作り出すことになった。

天皇が東京を首都としたことは、その点で大きな意味を持つ。まず、京都を捨てて江戸に移ることで、公家に囲まれた過去の朝廷と決別した。江戸期の京都の地図を見れば、現在の京都御苑を埋めて、御所のすぐ近くまで公家の屋敷がぎっしり並んでいる。御所は意外なほど狭く、なるほど天皇は独裁者ではなく、公家文化の象徴という役割だったことがはっきり分かる。そこから離れることは、直ちに公家文化を振り捨てることであり、岩倉などの一部を除くと、公家の影響力は急速に失墜する。天

図5-1 「当世三筋のたのしみ」(国立歴史民俗博物館蔵)

皇は公家の庇護を離れて、単独存在となり、まったく別の文脈に移される。天皇の一元構造への出発である。

同時に、江戸を東京としてまったく新しい首都を建設することで、幕府の影響を切り捨てようとする。東京は決して江戸の発展形態ではない。京都が過去の文化の蓄積の上に成り立っているとすれば、東京は過去を消し去り、新しいものを上書きする。歴史はごく一部に閉じ込められ、断片的に切り刻まれた形でしか残らない。幕府の記憶が残るものはすべて消し去らなければいけない。こうして、過去を持たない帝都が人工的に作られる。やがて、寛永寺と増上寺に代って、靖国神社と明治神宮が帝都のシンボルとなるであろう。中伝統は歴史を創造し、神々の世界を新しい秩序に構築し直す。東京はまさしくそのような過去の書き換えに相応しい新しい場であった。

維新当初の江戸の人々の意識がどうであったかは、風刺画である「当世三筋のたのしみ」を見るとよく分かる(図5-1)。この図は、明治元年(一八六八)に戊辰戦争が始まり、西軍が江戸に迫ってくる中で描かれたもので、横山百合子の説明によると(『江戸東京の明治維新』岩波新書、二〇一八、ⅳ―ⅴ頁)、左側の戸の外、肩車されている子供が明治天皇、肩車しているのが長州、その右が薩摩、後ろの女性が岡山である。それに対して、戸の内で、三味線を弾いている女性が十三代将軍家定の正室天璋院、右の女性が和宮、天璋院の前でおだてられながら一所懸命唄っているのが会津、後ろ向きに寝転んでふてくされているのが十五代将軍慶喜である。外の子供(天皇)は、「をぢさん、はやくあすこへつれてっておくれよ」と、駄々をこねている。天皇が頑是ない子供として描かれているのは、後の神聖天皇と考え合せると面白い。これが江戸の庶民の目から見た戊辰戦争であった。

このように、戊辰戦争は、確かに「官軍」が「賊軍」である親幕府勢力を一掃する形になるが、必ずしも官対賊が決定的な意味を持つわけではなかったし、イデオロギー的な対立が絶対的とも言えないところがあった。この戦争は一面では関ヶ原以来の東西戦争でもあった。関ヶ原では、東軍が西軍を打ち破り、東軍による徳川政権が確立する。あえて言えばその復讐戦であり、長州を中心とした西軍が、東軍の奥羽越列藩同盟を破砕した。東軍の本拠地江戸＝東京に乗り込んだ西軍は、徹底的に東北を押え込む。国内格差は拡大し、近代の東北は貧困の中に置かれ、飢饉に苦しみながら、安価な東京の労働力と遊郭の女郎の供給地となっていくのである。

2　維新は「革命」か？

明治維新が Meiji Restoration と訳される奇妙さは、三谷博(『明治維新を考える』岩波現代文庫、二〇一二）や苅部直（『「維新革命」への道』新潮選書、二〇一七）によって指摘されている。それは王政復古の「復古」から来ていると思われるが、苅部が指摘するように、「Restoration と最初を大文字にして書けば、英国の三王国戦争（ピューリタン革命）やフランス大革命のあとにそれぞれ君主政が復活した、「王政復古」を指す固有名詞」（同、四二頁）であり、反革命の意味での王政復古である。

確かに維新に先立って、「王政復古の大号令」が発せられ（慶応三年〈一八六七〉）、「王政復古」が高々と掲げられる。しかし、それは英国やフランスの王政復古が、共和制からそれ以前の王政へと歴史を逆転させる復古であるのとは異なっている。日本の「王政復古」は、「復古」と言いながら、その「古」が何かというと、決して単に武家権力になる前の天皇中心の時代というわけではない。天皇権力の確立した律令制度に戻るというのであればまだ分かる。事実、神祇官を復活させ、太政官と並列させるなど、一部は律令体制を復元する。しかし、実質的には近世まで形式的にでも維持されてきた律令は、かえって完全に廃止される。その象徴として、廃藩置県に伴う律令国制の解体が挙げられる。普通ならば、以前の国名をそのまま県名に使えば分かりやすくて面倒がないのに、実際には新しい県名はすべて律令制下の国名と異なる名を付けられ、そのまま継承しているところは一つもない。完全な歴史の断絶が意図されている。

それならば、「王政復古」の「古」は、何なのか。「王政復古の大号令」に明らかなように、それは「神武創業之始」である。律令どころか、それを飛び越えた、誰も知らないウルトラな「古」である。つまり、これまで使っていたすべてのアプリを消去して、まっさらな状態に初期化するということである。ゼロからの出発であれば、そこに自由に新しいアプリを導入することができる。それを担保するのが「神武創業」であった。

そうであれば、「復古」よりも「維新」、あるいは早い時期に使われていた「御一新」のほうがふさわしい。三谷も苅部も「維新」に revolution（革命）という英語を宛てる可能性を認めている。実際、徳富蘇峰らは「維新革命」という熟語を好んで用いていたという（苅部、前掲書、四八頁）。苅部が指摘するように、「維新」はもともと『詩経』「大雅」に出るもので、周による易姓革命が含意されている。しかし、易姓革命による王朝交代を認めることになってはいささかまずい。そこで、「「維新」の語は、王朝の交代というよりも、自分自身が向上し、新たな段階へ向かう動きに引きつけられて」（同、五五頁）解釈されるようになっていく。言ってみれば、パソコン自体は変えずに初期化して、新しいシステムを導入して、新しいアプリを使うような感じであろうか。それが大伝統から中伝統への転換であったと考えられる。

このように、大伝統と中伝統で天皇の位置づけは大きく異なるにもかかわらず、天皇を廃止する論はまったく出ていないことは注目される。その点において、革命とは言い難い。近世においては、新井白石や荻生徂徠が、天皇の権力をそのまま放置することが、幕府にとって危険だと警告はしていても、だからと言って、天皇を廃止して、幕府に一元化すべきだという論はまったく起こらなかった。幕末から明治へかけての「革命」も、天皇を担ぎこそすれ、天皇を廃して、共和制にすべきだという議論はまったく起こらなかったし、自由民権運動においても同様であった。大伝統から中伝統への転換は、天皇の支配を「国体」として当然視する中で進行した。その点で、維新はどこまでも「神武創業」という超絶過去への「復古」であって、やはり「革命」ではなかった。

3「維新革命」への視座

茢部直は、維新を論じる際に、竹越與三郎（一八六五―一九五〇）の『新日本史』上・中巻（一八九一―九二）を重要な視点を提供するものとして紹介している。竹越は、「維新革命の原因に関する俗論」を批判するが、その「俗論」とは、「「勤王論」の思想が「維新」を導いたとする「古流なる歴史家」の説と、「外交の一挙」すなわちアメリカのペリー艦隊をはじめとする西洋諸国からの圧迫を原因とみなす、「或る一派の史家」による見解」（茢部、六二頁）だという。

それに対して、竹越が採用するのは、明治維新は「乱世的の革命」であったという見方である。「乱世的」というのは「アナルキカル」anarchical の訳であるが、それは政治的な無政府主義ではなく、茢部の説明によれば、「特定の人々の作為や計画によるのではなく、時代の大きな趨勢が世を「革命」へと押しやったという意味」（同、六六頁）であり、「「社会の潮流」が長い年数をかけてゆっくりと変化してゆき、やがて政権の交代をもたらしたという事態」（同）だという。つまり、革命としての明治維新を、その時点だけで捉えるのではなく、長いスパンの変化の過程として捉えようというのである。茢部はこの竹越の見方を積極的に評価して、江戸中期から、とりわけ一九世紀をかけての大きな思想的変化を全体として「維新革命」として論じている。

このような竹越＝茢部の維新論は大きなスケールで維新を捉え直したものとして、非常に納得がいく。竹越の著書が出版されたのは、明治も二〇年以上経て、憲法が発布され、議会も開設された後である。即ち、中伝統が一応の完成に達した時期である。それにもかかわらず、実際の権力を握っていたのは、いまだ旧態依然たる幕藩勢力であった。それでは新しい時代を築くことができないと立ち上がったのが、竹越や徳富蘇峰ら、民友社の若い言論人であった。彼らにとって、維新革命はまだ継続中であり、今こそさらに推し進めていかなければならない、きわめて実践的な課題であった。

ただ、そうした立場から見られた論であるから、それだけにその大きな流れに取り残された要素や、軽視されて見えなくなってしまった要素もあるのではないか、という危惧も残る。確かに、「勤皇論」を維新の根本的原因と見るのは「古流なる歴史家」の「俗論」であるかもしれない。もちろん、竹越もそれをまったく無視するというわけではない。ただそれが「大変動の本原起因」ではないというのである。

ところで、竹越は、「この勤王論を養成したるものは、頼山陽の『日本外史』、水戸藩の『大日本史』のごとき皇室が日本正統の主権者たりしを発揮したる史書にあり」（『新日本史』下、岩波文庫、二〇一二一頁）と述べ、「勤王論」の由来を史書に求めている。もちろんこれらの史書が大きな役割を果したことは間違いないが、それと同じくらい「勤王論」にとって大きな意味を持っていたのは、平田派の国学・神道であった。それがほとんど無視されている。興味深いことに、莉部や三谷の維新論でも、この側面はほとんど重視されない。それは何故であろうか。

この点で、竹越の著書が中伝統の確立した明治二〇年代になってからのものであることは重要である。そこに至るまでの経緯の中で、過渡的に重要であっても、最終的に消えていったさまざまな要素があった。国学・神道もそのような運動であったと考えられる。

四　維新と神道

竹越の『新日本史』中巻の後半は宗教について論じている。明治初年からの宗教行政と宗教界の動向を要領よくまとめており、今日でも十分に通用する。しかし、興味深いのは、神道に対する竹越の冷淡な態度である。即ち、「当時の改革の主動者は、浪士と公卿との二者にして、融通ある浪士公卿は、もとより概して宗教に頓着せずといえども、その頑固正直なるものは、皆な多くは神道を信じ、久しく湮滅せる神祇祭政を回復せんとして、革命軍に加わりしもの」(同、二六二頁)というので、「融通ある浪士公卿」は「宗教に頓着」しなかったのに、「頑固正直なるもの」が神道に固執して、それが維新後の神道政策に反映したという見方である。

それ故、「当時の有力なる大政治家中、神道を固執するものなく、神祇局なるものも、ただ頑固なる公卿出身の徒を慰めて民心を繋ぐに過ぎざりしこそ幸いなりしなれ」(同、二六七頁)とも言われる。そこから、「維新の改革者中に皇室を思うの神道家ありしという偶然の出来事によりて、一旦仏教に凌駕せるも、その再び仏教の足下に踏まるるは免るべからざるの数なり」(同、二八〇頁)と、結局、維新における神道の影響は限定的で、神道の力は仏教に及ばなかったという見方をしている。

このように、竹越の神道に対する評価は低く、また、神道が及ぼした影響も一時的なものに留まると見ている。そこには、国家神道への発展という視点はない。今日に至るまで、多くの維新論で神道の問題が欠落している。これはすでに明治二〇年代にもそうであったことが知られる。

このような神道の軽視は、維新をどう見るかという史観の問題と関わる。維新を文明化、近代化というコースの中で見ようとすると、神道は一時的な歴史の逆転現象で、まさに竹越が言うように「偶然の出来事」であって、その本質ではないということになる。実際、啓蒙主義に始まる主流の思想家や政治家は、神道に対しては距離を取っていた。新政府で神祇官が復興され、その後、神祇省となるが、必ずしも新政府の中で重視されていたわけではない。いわば一級下のような扱いを受けていた。しかし、それでは神道の役割は本当に小さかったのかというと、そうは言えないように思われる。

第一に、何はともあれ、尊王攘夷の運動は討幕の大きな力となって、維新を実現したのであるから、それを全く無視するわけにはいかないであろう。その運動は、水戸学派などの儒学系の国体論と同時に、平田派の神道を大きな拠りどころとしていたのであるから、やはりそれは重要な意味を持つと考えるべきであろう。よく知られているように、島崎藤村の『夜明け前』は、藤村自身の父親をモデルに、木曽の農村の指導者たちが平田派の神道を受け入れて倒幕運動に関わった様子を見事に描き出している。主人公の青山半蔵は維新後の情勢の中で挫折するが、実際にモデルとなったその馬籠の仲間の中には、新しい生糸貿易に成功した者もいるという（宮地正人『歴史のなかの『夜明け前』』吉川弘文館、二〇一五）。そうとすれば、平田派のそれを変革期の混乱の中の一部の過激な狂信者たちの運動で、維新の非本質な要素と見てよいかというと、いささか疑問である。神道は、民衆の中のエートスとして、その後の草の根のナショナリズムを支える重要な要素となっていったのではないだろうか。

第二に、日本の近代を考える際に、国家神道の問題を避けて通ることはできない。国家神道に関してはさまざまな見方があり、維新当初から始まっているという見方もある。しかし、上述のように、憲法とセットになった中伝統のシステムの重要な要素となる国家神道は、非宗教として、憲法の信教の自由に抵触しないことが重要な条件となる。このような形態は、明治三三年(一九〇〇)に神社局が宗教局から分かれ、宗教行政と別になることで、形式的に確立する。そう考えると、幕末維新期の神道を直ちに国家神道と言うのは難しく、その性格はかなり大きく異なっている。しかし、国家神道に繋がる面のあることも否定できない。その点でも十分な検討を必要とする。もちろん、神道勢力が中心になって、明治初期に神仏分離と廃仏毀釈が行われたことは、近代の宗教を考える上で非常に大きな意味を持つ。そうした動向は、単に狭い宗教史の範囲に限定された問題ではなく、近代日本の精神構造全体に関わってくると考えなければならない。

第三に、それと関連して天皇儀礼の問題がある。例えば、「五箇条の誓文」(一八六八)と言えば、「広く会議を興し万機公論に決すべし」等々、新しい理念を示し、近代日本の幕開けとして、教科書でも取り上げられる。しかし、ジョン・ブリーンが指摘するように、それはあくまでも「演出、つまり儀礼として把握すべきである」(『儀礼と権力　天皇の明治維新』平凡社選書、二〇一一、八七頁)。そもそも当時は「誓文」という言い方自体がされておらず、「もっぱら「儀礼」「祭り」を意味する「誓祭」となっていた」(同)のである。誓文は紫宸殿において、天皇が公家や大名たちを引き連れ、まさしく神々に誓う儀式として読まれた。維新の時だけでない。大日本帝国憲法もまた、「告文《こうもん》」に始まるが、そこでは、「皇朕《すめらわ》レ謹ミ畏《かしこ》ミ　皇祖　皇宗ノ神霊ニ誥《つ》ケ白サク」と、天皇が祖先の神々の前で、「朕カ現在及将来ニ臣民ニ率先シ此ノ憲章ヲ履行シテ愆《あやま》ラサラムコトヲ誓フ」のである。

こうした天皇の神道儀礼は、決して伝統的な形式を踏襲したものではない。むしろその多くは新時代に相応しく創作されたものである。伝統的な様式と、「神武創業」に相応しい「復古」と、近代国家に相応しい荘厳さとが複合したハイブリッドな形で、朝廷儀礼が定められる。それを主導したのが、津和野藩出身の福羽美静《ふくばびせい》（一八三一―一九〇七）であった。福羽によって構築された天皇儀礼は、その後の国家神道の儀礼へとつながる。こうして日本近代国家は、政教分離はしながらも、神道は天皇＝国家の祭祀として祭政一致を貫くことになる。この点でも、神道を無視して近代日本を論ずることはできない。

第四に、幕末維新期の神道はその思想自体をとっても、決して頑迷な守旧主義として切って捨てることができない注目すべきものを持っている。近年、平田篤胤を新しい視点から評価する研究が出てきている。しかし、平田だけでなく、その門下を中心とする幕末維新の神道教学においては、多くの注目すべき思想家を輩出している。福羽美静の師大国隆正（一七九三―一八七一）もまた平田に師事しながら独自の思想を展開した。大国は、「日本国を地球の本とし、わが　天皇を国王どもの本とし」（『本学挙要』上）という極端な日本中心主義を取りながらも、その際にグローティウスを批判するなどの視野の広がりを持っていた（『新真公法論』）。

明治初期の神道思想は、最終的に祭神論争が明治一四年（一八八一）の勅裁で、出雲派が伊勢派に敗れて、アマテラスの一元論が決定する。顕界をアマテラスの子孫の天皇が支配し、それに対して幽冥界をオオクニヌシが支配するという出雲派の主張は退けられ、顕界も幽界もアマテラスとその子孫の天皇がすべて支配することに確定する。その過程は、原武史『〈出雲〉という思想』（公人社、一九九六。講談社学術文庫、二〇〇一）によって広く知られるようになったが、同書に記されたように、明治初期の神道界の思想は多様に展開し、現世（顕）だけでなく、死後の世界（幽）をも含む世界構造論の問題を含んでいるスケールの大きなものであった。

このように、幕末・明治初期の神道については、なお検討すべき問題が多い。それについては、第一〇章にその一端を取り上げたい。また、明治憲法については、第九章に戦後憲法と対比していささか補足したい。

以上、第五章まで、とびとびではあるが、中伝統の成立期までの王権と神仏の関係の変遷を論じてきた。以下の章では、少し視点を変えて、日本の近代、即ち中伝統・小伝統の枠の中で、本書が主題とする「霊性」的な問題がどのように展開したか、いくつかのトピックを挙げながら検討してみたい。そこから、「霊性」の問題が決して近代の周辺の問題ではなく、その核心に位置することが明らかになるであろう。

II

霊性から近代を捉え直す

第六章 近代化とは何だったのか
――隠された霊性

一　コロナ禍とポスト近代

新型コロナウイルス感染症(COVID-19)は、二〇一九年一二月に中国湖北省武漢市で感染が広がり、二〇二〇年には世界の各地で続々と感染拡大が明らかになった。日本では、水際対策でウイルスの侵入を防ごうとしたが、二〇年二月にクルーズ船ダイヤモンド・プリンセス号乗船者の集団感染が明らかになり、さらに屋形船での新年会参加者の間でも感染が拡大したことで、国内蔓延を防ぎようのない事態となった。同年三月にWHOがパンデミックを宣言し、五輪の延期が決定され、四月には日本でも緊急事態宣言を発出する事態となった。

その後、一時多少落ち着いたかに見えたが、Go Toトラベルによる人の移動などによってふたたび感染が広がった。寒くなるとともに爆発的な増加に向い、二〇二一年一月には再度首都圏に緊急事態宣言を出す事態となった。一年遅れて開催された東京オリンピックは、カプセル化した無観客の競技場で、あたかも別世界のような奇妙な熱狂が続くという近未来的な現象を生み出した。

二〇二三年にコロナは感染症の五類に移行して、ひとまずコロナ禍は終焉したことになった。専門的知識も何もない市井の退職一老人としては、主としてネットを通して与えられる様々な情報に翻弄されながら、右往左往していた。現役の大学教員は、オンライン授業で苦労していたが、それもない身では、むしろ移動できない閉塞感が最大の問題であった。しかし、急速な感染の増加は、誰がいつ感染してもおかしくない状況となり、直接に生命の危険への不安が、見えざるままにひたひたと大きく感じられた。

長引く感染拡大と外出自粛は、社会、政治、経済、生活のあらゆる面で大きな影響を与えた。あたかも空襲に怯えて息をひそめる戦時下のような状態が続き、一応のコロナ禍の終焉後も、恐る恐るというような不安からなかなか抜け出せなかった。「コロナ以後」は「コロナ以前」が回復したかのように見えながら、どうやら異なる時代の中に投げ出されたようである。既視感はありながらも、どこか世界がずれてしまい、同じ世界が戻ってきたとは感じられなくなっている。

このコロナの事態は、それだけ単独で済む問題ではない。それ以前から起こっていたさまざまな世界的な大きな変化と総合的に捉えられなければならない。とりわけ温暖化を中心とする地球環境の悪化は人類の生存に関わる大問題であり、危険なウイルスが人間に接近してきたのも、こうした環境変化に基づくところが大きい。今後もっと凶暴なウイルスが蔓延しないという保証はない。自然災害の激甚化も、同じように温暖化による。毎夏の酷暑は次第にひどくなり、すでにそれだけで殺人的なレベルとなっている。台風や大雪も激甚化して、大きな被害を生ずる。そして、増え続けるマイクロプラスチックは、循環して人間の身体に蓄積を続ける。

自然の問題だけでない。政治、経済、社会等の問題も、綻びや行き詰まりが至るところに見えるようになった。株価は高騰し、経済は回復したと言いながら、円安は続き、日本の衰退はあらゆる方面で顕著になっている。もちろん日本だけの問題ではない。世界的に見ても、ウクライナやガザの侵略は、もはや正義という観念が消え去ってしまったかのようだ。アメリカの大統領が暴徒を扇動して国会議事堂を占拠し、クーデターを企てるという前代未聞の事件も起こった。

こうしたさまざまな問題は、異なった場面でバラバラに起こった問題がたまたま複合したというわけではない。常識として共有されてきたかつての世界観が崩壊する中で、それに代わって世界を方向付ける新しい世界観が形成されないままに、アナーキーな状態が続いている。科学が進歩すれば、自然も社会も適切にコントロールでき、人類は発展し、幸福度をどんどん増していくというような近代の甘い夢想にいつまでも酔い続けることは、もはや不可能となった。このまま以前と同じ価値観を持ち続けたならば、取り返しのつかない破滅へと突き進むことになる。

このように見れば、コロナはこれまでの近代的な価値観の行き詰まりという状況を象徴するものであった。それをどのようにしたら乗り越えていけるか、という問題が切実に迫ってくる。未来への進歩どころか、逆にいずれは必ず来る人類の滅亡という事態も、そろそろ念頭に置かなければならないのではないだろうか。終末などおとぎ話のように聞こえるかもしれないが、複合的なパンチによって基礎体力が弱っていけば、ちょっとした一突きがどのような大事にならないとも限らない。世界終末時計は、かつてない危機を示している。

仏教ではこの宇宙さえもやがて滅亡する事態を想定している。四劫説と呼ばれるもので、世界は成劫(成立)・住劫(持続)・壊劫(壊滅)・空劫(空虚)という四つの段階を繰り返すと説いている。かつてはおとぎ話のように嘲笑され、世界の時間・空間は永遠に変わらず、その中で人類も永遠に続くかのように思われていた。しかし、今日では宇宙に始まりがあることは科学の常識となっている。宇宙の終わりがあるかどうかについては説が分かれるようだが、可能性としては否定されない。その中で、地球や人類の永続性はもはやどこにも保証がないばかりか、いずれは必ずや滅亡することは確実とされる。そこでは、どのように現状を持続させるかという、持続可能性が問われなければならなくなっている。進歩という楽観的な近代の理念はもはや終わった。

時代の大きな転換は、一九九〇年代にはじまる。一九八九年にベルリンの壁が壊されて翌年東西ドイツが統一され、一九九一年にはソビエト連邦が解体して、東側の共産圏が消滅し、冷戦が終結した。それは、「歴史の終わり」(フランシス・フクヤマ)とも称され、一部には資本主義と民主主義の勝利として、希望に満ちた時代のようにも見られた。

しかし、現実はそのようには進まなかった。一九九〇年に始まった湾岸戦争を端緒とする中東の危機は、やがて二〇〇三年のイラク戦争へとつながる。冷戦期の東西のにらみ合いによる均衡状態が破れることで、かえって各地で戦争が勃発した。共産圏の信奉するマルクス主義は、科学的社会主義を標榜するように、少なくとも表向きは近代の科学的合理主義を継承し、より徹底することを目指すものであった。その崩壊はまさしく近代的合理主義の終焉であり、その意味で「歴史の終わり」と言うことができる。もはや人類社会が進歩していくという歴史観は成り立たなくなった。それこそ、近代の終焉であり、歴史なきポスト近代の時代への突入であった。

さらに、一九九五年には、日本では阪神・淡路大震災が起こり、オウム真理教による地下鉄サリン事件が世の中を震撼させた。それまでの社会問題はあくまでも経済や政治の問題であった。一九七〇年代の新左翼は追い詰められて連合赤軍のあさま山荘事件で終焉した。彼らの運動は政治運動の枠で過激化したものと理解された。近代化の中では、宗教など過去の遺物としか考えられなかったのに、九〇年代になって宗教教団が爆発したのである。それをどう捉えたらよいのか、それまでのさまざまな理論では解決のつかないままに慌てることになった。その点は、第八章で考えてみたい。

二一世紀になると、二〇〇一年に九・一一の同時多発テロが起こった。近代の象徴とも言うべきニューヨークのビルが破壊され、中東の問題が決して局所的な問題で済まず、近代そのものの核心に対する攻撃であり、近代文明が如何に脆いものであるかが如実に示された。二〇一一年には、東日本大震災が起こり、津波の大被害とともに、福島第一原子力発電所の巨大規模の事故を引き起こし、深刻な事態を生じることになった。これまでのチェルノブイリやスリーマイル島の事故が、設備の不備や人為的要素によるもので、もっとも近代的な設備を備えた日本ではそんな事故はあり得ないと考えられていた。それがいとも容易に崩壊することになった。

こうして今日、近代の夢が潰えて、ポスト近代の時代へと入っている。それは絶望だけの時代であろうか。それともそこに希望を生む思想があり得るであろうか。そこでもう一度近代を問いなおし、従来の近代観から見落とされていた思想を改めて取り出す作業が必要になる。

二　追いつき型近代の顚末

1　「追いつき型」の近代

そもそも「近代」とは何なのか。前章で「近代」を中伝統として取り上げたが、「近代」とはそもそも何を意味するのか、深く立ち入ることはしなかった。本章では、「近代」ということを少し反省的に考えてみたい。苅谷剛彦は、英語の modern と日本語の「近代」のずれを指摘している(『追いついた近代　消えた近代』岩波書店、二〇一九、プロローグ)。modern は、日本語では「近代」「現代」のいずれにもなりうる。それは今と結びついた認識の問題と関わる。ところが、日本語の「近代」と「現代」に分けられると、「近代」は、「現在との接点を容易に失う、時代区分に押し込められていった」(同、xxviii 頁)。だが、そのことは「近代」が単なる中性的な時代区分になるというのではない。「近代」や「近代化」は、「実体化」されることで、理想化され、目標となる。それは西洋によって達成されたものであり、日本はそれに追いつくことが目指されなければならない。

苅谷は、このような日本の近代を「追いつき型」「キャッチアップ型」の近代と呼ぶ。そして、その終わりを一九八〇年代に見る。苅谷の論に説得力があるのは、論壇の議論ではなく、政府のブレーンなど、公的、国家的レベルでの認識に基づいている点にある。その認識がある程度国の政策に反映されることになるところに実効性が認められることになる。苅谷は、大平正芳首相のもとでの政策研究会の第一報告書『文化の時代』(内閣官房、一九八〇)を挙げる(苅谷、前掲書、五〇頁)。

この報告書では、日本の達成がこう賛美されている。

日本は、明治維新以来、欧米先進諸国に一日も早く追いつくために、近代化、産業化、欧米化を積極的に推進してきた。その結果、日本は、成熟した高度産業社会を迎え、人々は、世界に誇りうる自由と平等、進歩と繁栄、経済的豊かさと便利さ、高い教育と福祉の水準、発達した科学技術を享受するに至った。(『文化の時代』二頁)

ここでは、「近代化」は、「産業化、欧米化」と並べられている。また、別の箇所では、「西欧化、近代化、工業化、あるいは経済成長」と並列するとともに、「自らの伝統文化を否定もしくは無視し、自らを後進・低水準と規定し、目標を他に求める行き方であった」(同)と、その欠点を表明する。さらに、次の報告書では、「もはや追いつく目標とすべきモデルがなくなった。これからは、自分で進むべき進路を探っていかなければならない」(内閣官房『文化の時代の経済運営』一九八〇、三一頁。苅谷、前掲書、五七頁)と、目標の喪失を明言している。

このように、一九八〇年にはいわば国レベルで、日本の近代を総括しているのである。その内容は、こうまとめられる。

①これまでの日本は、欧米を模範として「追いつき型」の近代を邁進してきた。
②それは、自国の伝統文化を否定もしくは無視するという欠点を伴っていた。
③すでに欧米に追いつき、「追いつき型」の目標に到達した。
④これからは自分で進むべき道を探っていかなければならない。

すでに目標に追いついたからには、それ以上追求する「近代」はない。その間、自国の伝統を無視してきた。そうとすれば、④のこれからの道は、②を反省して、自国の伝統を見直すという方向に向かうことになるであろう。だが、それが本当に十分な成果を挙げてきたであろうか。単なる戦前回帰の声高で不毛な掛け声以上の何があっただろうか。

2　二度目の追いつき型近代

ところで、近代化＝欧米化という図式のもとに、それが達成され、それを乗り越えるのに日本的な特性をもってしなければならないという論法には既視感がある。それは戦前・戦中の国体論に他ならない。日本は明治以来、欧米の文化を摂取してきて、もはや欧米に学ぶべきものはない。これからは日本の国体を発揮して、日本独自の道を進まなければならない、というのであった。

それについては、後ほど改めて検討することにして、ここではこの問題に関する苅谷の指摘をみておこう。苅谷は、日本が「キャッチアップ型近代化を二度経験した」(苅谷、前掲書、一九四頁)と言う。そして、「二回目のキャッチアップにおいては、一度目のキャッチアップを全否定するところから始めなければならなかった」(同)とする。これはまったく首肯されることである。戦後は、それまでのキャッチアップの経緯や成果に完全に目をつぶり、ゼロからもう一度キャッチアップをやり直そうとした。

苅谷は戦後直ちに始まった第二のキャッチアップ近代を、文部省『新教育指針』(一九四六―四七)によって検討している(苅谷、前掲書、一八五頁以下)。この指針ではまず、日本が戦争に負けポツダム宣言を受諾し、占領されている現状認識から出発して、どうしてそのようになったかを、五項目に分けてあげている(『新教育指針』三頁以下)。

1「日本はまだ十分に新しくなりきれず、旧いものがのこつてゐる」
2「日本国民は人間性、人格、個性を十分に尊重しない」
3「日本国民は、ひはん的精神にとぼしく権威にもう従しやすい」
4「日本国民は……物事を道理に合せて考へる力、すなはち合理的精神がとぼしく、したがつて科学的なはたらきが弱い」
5「日本国民はひとりよがりで、おほらかな態度が少い」

このうち、第一項目で述べられていることからは、一度目の追いつき型近代の失敗をどのように受け止めているかが知られる。

明治維新以来の日本は、西洋文化を急いで取りいれ、それによつて近代化した。けれどもそれは主として西洋文化の物質方面、もしくは外がはの形式を学んだのであつて、その根本の精神、またはその中にある実質はまだ十分に取りいれてゐないのである。……このやうに日本の近代化は中途半端であり、……それにもかかはらず、すでに西洋文化と同じ高さに達したと思ひこみ、それどころか、精神方面においては、東洋人の精神、とくに日本人の精神の方がすぐれてゐると思ふ人々すらあつた。（同、三―四頁。苅谷、前掲書、一八六頁）

これは、一度目の追いつき型近代に対する厳しい断罪である。後述のように、確かに戦前・戦中の議論においては、西洋から学ぶべきことは学んだが、東洋、なかんずく日本の思想や文化は西洋を凌駕しているという論調が広く行われた。それに対して、『新教育指針』では、「西洋文化をその根本から実質的に十分取りいれ、それを自分のものとして生かすやうにつとめなくてはならない」（同、四頁。

A型 全面追いつき型		B型 表層追いつき型
物質的近代化	表　層	物質的近代化
精神的近代化 ＝西欧化	深　層	精神的日本・東洋

図 6-1　追いつき型近代化の２類型

苅谷、前掲書、一八六頁）と主張する。和魂洋才であってはだめであり、根本的かつ全面的に西洋を受け入れなければならない、というのである。

ここでは、日本の明治以後の追いつき型近代そのものは、まったく疑問も持たれずに前提とされている。西欧をモデルとして、それを真似て近代化しなければならないという方向は、戦前・戦後で一貫している。ただ、戦前の追いつき型は表面的であったから、今度はその「根本の精神」まで受容しなければいけない、というのである。いわば日本人を根本から改造して、西欧化しようというのである。

このことは、図6-1をご覧頂けば分かりやすいであろう。明治以後の一度目の追いつき型はB型を進めて失敗した。そこで、今度はA型を目指そうというのである。だが、その「根本の精神」とは、どのようなものであろうか。2〜5で述べられているが、それでは「根本の精神」とまでは言い難いように思われる。

『新教育指針』のような全面的西欧近代化というA型の追いつき型は、敗戦後にはかなり共感を得て受け止められたように思われる。その中でも、ある意味ではもっとも「根本の精神」に立ち入った議論を展開した論者として、戦後近代化論のリーダーの一人大塚久雄を挙げることができるであろう。大塚の著書『近代化の人間的基礎』(白日書院、一九四八。増補版、筑摩書房、一九六八。後者による)によって、その説を見てみたい。

3　大塚久雄のエートス論

大塚の基本的な問題意識は、「世界のほかの国々ではなくて、特に西ヨーロッパの諸国において近代社会の自生的な生誕と成長がおこなわれたのはいったいどういうわけか」(「近代化とは何か」前掲書、一三五頁。傍点は原著者)というところにある。西欧のみが自発的な近代化をなし得たのであり、それ故、表面だけの近代化でなく、本当の近代化をなしうるためには、西欧と同じようなエートス(倫理的人間類型)が創出されなければならないというのである。これは、『新教育指針』で、「西洋文化をその根本から実質的に十分取りいれ」と言われていたのに対応する。大塚もまた、「民衆をば近代的・民主的な人間類型に教育」(「近代的人間類型の創出」、同、一二頁)することこそ肝要と考える(大塚は自身を「民衆」よりも上にいると考えているらしい)。

それでは、「近代的・民主的な人間類型」とは何か。ウェーバー主義者である大塚は、ウェーバーを引き合いに出して、「近代西欧的エートス」と「アジア的エートス」とを対照させる。後者が「外面的尊厳」の倫理であるのに対して、前者は「内面的尊厳」の倫理である。即ち、後者にあっては、「『体面を保つ』ことがなによりも問題」(同、一三頁)であるのに対して、前者は「個人の内面性に深く根ざすところのいわゆる根源「悪」」(同、一四頁)こそ問題だという。これは、いささか分かりにくいが、「個人の内面的価値を深くも自覚するところの、人間を人間として尊重する如きエートス」(同、一九頁)とも言われており、これならばある程度理解できる。

大塚はこれを、「ペイラント型ないしは小ペイラント型」(ペイラントは武器を敵方にも売って大儲けしたオランダの貿易商)のエートスに対する「カルヴァン型ないし小カルヴァン型」のエートスとして特徴付ける。前者が「エゴイズムの自由」であるのに対して、「良心の自由」であるという(同、四五頁)。カルヴァン派を持ち出すところには、明らかにウェーバーの理論が反映しているが、ウェーバー理論の重要なところを骨抜きにしているように見える。

即ち、ウェーバー理論は、カルヴァン神学のきわめて非合理的な予定救済論が、かえって自分は救われているのだという確証を得るために禁欲的で厳格な世俗倫理を生み出し、それが西欧特有の合理的な資本主義の精神の形成につながったというところにポイントがある。宗教の非合理性が近代の合理的精神を生み出したというダイナミックな逆説こそ、ウェーバー理論の核心である。だからこそ、それは他の文化では通用しない、きわめて特殊西欧的な一回的なできごとになる。

それに較べると、大塚の場合は、神学的問題に踏み込まず、倫理レベルでの類型論という面を表に出している。そこには、ルース・ベネディクトの「罪の文化」と「恥の文化」の類型論(『菊と刀』)を思い起こさせるところがある。もっともベネディクトの場合は、必ずしも両者の決定的な優劣を主張するわけではない。別に日本が「恥の文化」を捨てて、「罪の文化」にならなければならないと説いているわけではない。

その点で、大塚の主張はいささかあやふやになってくる。カルヴァン型のエートスに基づく西欧近代化は、西欧のみに特有だとしながらも、同じようなエートスを日本にも創出することが必要だというのである。しかも、大塚が理想とするのは、カルヴァン派の倫理が生きていた勃興期の資本主義であり、それを今の日本に移植させようとしても、あまりに時代錯誤であろう。

確かに大塚の議論は無理が多すぎるが、大塚流のウェーバー主義は、その後の日本の近代主義の中で大きな影響を残した。その中には、中村元やロバート・ベラーのように、日本の近世に、自前の近代化への方向性を持つ宗教倫理の形成を見いだそうという動きもあった。しかし、「国体」消滅後に、近代化を支える精神的基盤をどこに求めたらよいのかという議論は、必ずしも十分に突きつめられることはなかった。

4　何が達成されたのか

このように、戦後の近代化論は、戦前から一貫した追いつき型を取りながらも、B型の表層型の失敗を反省して、A型の全面型を採用しようとした。表層の経済や科学技術などの物質文化だけでなく、その根本の精神を受容しようとしたのである。しかし、まったく異なる文化の「根本の精神」がそれほど容易に他の文化に移植できるはずがない。もしそれをしようとするならば、それこそ日本全体がキリスト教に改宗するような道しかないであろう。西欧を根本から理解しようとして、フランスに移住した森有正の例は、もっとも誠実な態度であったと言えようが、個人のレベルを超えて、日本の社会全体をそのように動かすことは到底考えられないことであろう。

それ故、A型の近代化論は次第に後退するが、それに代わってB型が表面に出たというわけでもな

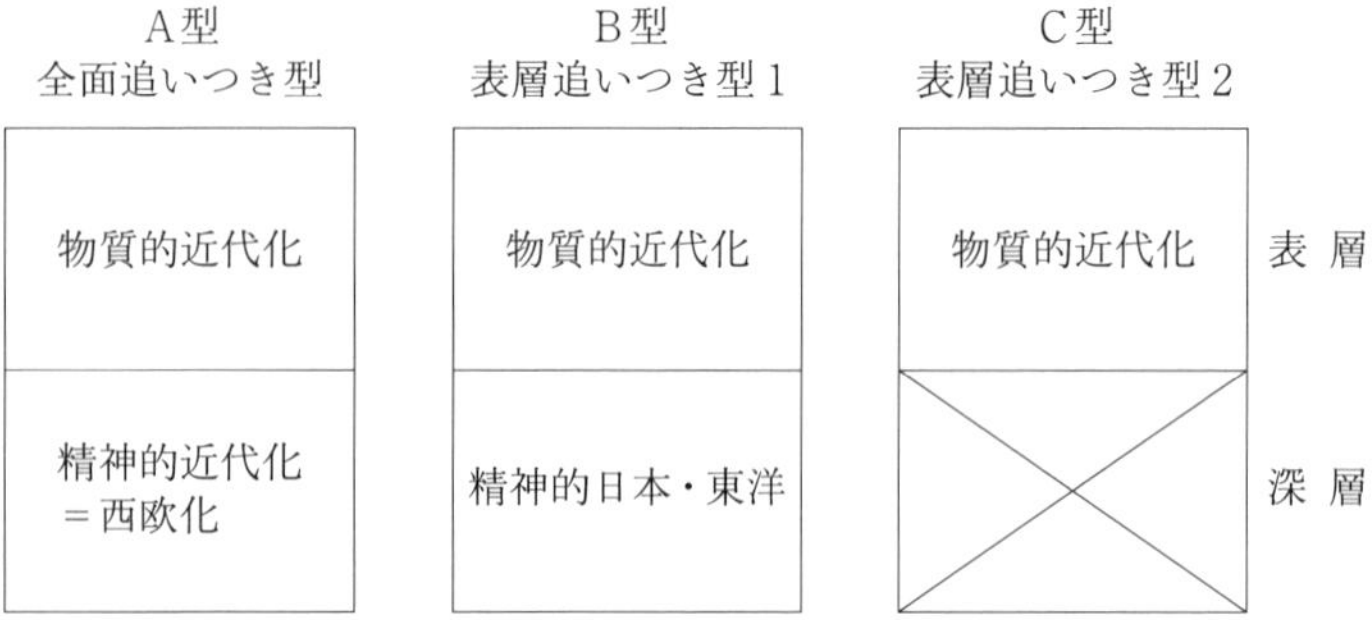

図6-2　追いつき型近代化の3類型

かった。保守的な動向の中では戦前回帰の志向がくすぶり続けたが、戦前の悲惨な失敗が生々しく残る限り、その志向が表面に出ることは難しかった。そもそも「根本の精神」を論ずるよりも、経済発展を追う方が先決問題であった。対抗する左翼系の運動も、マルクス主義が先導することで、あくまでも物質的な経済が根本問題であり、精神的な問題を根底に置くこと自体を否定する。マルクス主義の立場では、経済を下部構造、精神活動を上部構造と位置づけるので、ここで考えているような表層(物質的)—深層(精神的)の捉え方は逆転した観念論として切り捨てられることになる。

こうして、体制側も、それを批判する側も、根本となる思想や宗教の問題を抜きにして、表層の経済などの物質的な近代化こそ、喫緊の課題とされることになった。これはA型ともB型とも異なるC型の追いつき型ということができる。図6-2のように、そこでは深層部分を欠落させたまま、表層部分を発展させ、欧米に追いつくことが目指された。そして、その目標は高度成長によって達成された。それが一九八〇年の大平政策研究会の近代化達成宣言に明確に表明されることになる。

大平政策研究会の報告書で達成されたと言われているのは「成

熟した高度産業社会」であり、自己賛美しているのは、繁栄であり、豊かさであり、制度であった。今から見れば、あたかも中身のない豪華なハコモノを誇っているようであり、その空疎さに慄然としないわけにいかない。それは基礎なき空中楼閣に過ぎなかったのではないか。それが今や、表層の近代化が追いついて、目標が消失することになった。基礎となる深層がもともと欠如していた上に、表層の近代化もなくなったのであれば、そこに残るものは何もなくなってしまう。

「これからは、自分で進むべき進路を探っていかなければならない」という掛け声が、その後、どれだけ実現されたというのであろうか。その後の「失われた二〇年」もしくは三〇年は、単に経済的停滞というだけでなく、「自分で進むべき進路」を求める、その原理となるべき思想の欠如のまま、方向を見失っていたのではないだろうか。私の見るところでは、ようやく二一世紀に入った頃から、少しずつ過去と違う新しい視点を持った思想が、ぼつぼつ生まれ始めているように思われる。それまではほとんど無視されていた私のような者の言うことにも、少しは耳を傾けてもらえるようになってきた。

三　日本的なるものは西欧近代を超えうるか？

1　「国体」の魔術

大平政策研究会報告では、明治以来、「自らの伝統文化を否定もしくは無視し」ていたとしているが、これは知っていながらあえて虚偽を記してミスリーディングを狙ったものだ。言うまでもなく、明治以来、戦前においては、「自らの伝統文化」を過大に評価し過ぎていた。その点で、『新教育指針』が、「精神方面においては、東洋人の精神、とくに日本人の精神のほうがすぐれてゐると思ふ人々すらあつた」という方が適切である。というか、この表現はかなり控えめで、「思ふ人々すらあつた」レベルではなく、国としてそのように認めていた。即ち、B型の追いつき型近代を採用していたのであり、それを否定して、A型に変えようとしたのが、戦後すぐの近代化論であった。

そこで、B型の典型として、文部省編『国体の本義』(一九三七)を見てみよう。その緒言は、「我が国は、今や国運頗る盛んに、海外発展のいきほひ著しく、前途弥々多望な時に際会してゐる。産業は隆盛に、国防は威力を加へ、生活は豊富となり、文化の発展は諸方面に著しいものがある」(同、一頁)と、現状をきわめて楽観的に自己賛美する。あたかも一九八〇年に、近代化の達成を誇示したのと同じように、この時点で一度目の近代化はほぼ達成されていたという認識である。ただ、二度目の達成が、達成したはいいが、これからどうしようという戸惑いの状態であったのに対して、一度目の達成は「前途弥々多望」という希望に満ちていた。実際にはそれほど楽観視できる時代ではなかったと思われるが。

続いて、その隆盛の由来が「夙に支那・印度に由来する東洋文化は、我が国に輸入せられて、惟神《かむながら》の国体に醇化せられ、更に明治・大正以来、欧米近代文化の輸入によつて諸種の文物は顕著な発達を遂げた」(同)と説明される。ここでは、近代だけが切り離されるのではなく、それ以前の中国・インド文化の輸入の延長上に、相対化して捉えられている。この点は、二度目の近代化が、近代化だけを切り離し、それ以前の歴史を無視するのと異なっている。

緒言はその後、明治維新を賛美した後、しかし、その盛時たる今は、「実に安穏平静のそれに非ずして、内に外に波瀾万丈、発展の前途に幾多の困難を蔵し、隆盛の内面に混乱をつつんでゐる」(同、二頁)と、危機感を示している。それは何故か。本書はその理由を、西欧文化の受容の仕方にあったという。

現今我が国の思想上・社会上の諸弊は、明治以降余りにも急激に多種多様な欧米の文物・制度・学術を輸入したために、動もすれば、本を忘れて末に趨り、厳正な批判を欠き、徹底した醇化をなし得なかつた結果である。(同、三頁)

即ち、多種多様な文化を受容したために、「厳正な批判」や「徹底した醇化」ができていなかったというのである。重要なことは、ここでは「批判」や「醇化」の原理がきわめてはっきりしていることであり、それこそが「惟神の国体」に他ならない。その原理が決して揺るがないものとして確立しているところに、一度目の追いつき型近代がはっきりとB型を取っていることが知られる。ただ、急速に欧米の文化が輸入されたために、その判別ができなかったというのである。

ここで注目されるのは、単に物質的な近代化だけでなく、同時に輸入した思想もまた問題にされていることである。その輸入思想の特徴を、「抑々我が国に輸入せられた西洋思想は、主として十八世紀以来の啓蒙思想であり、或はその延長としての思想である」(同)としているところは注目される。輸入思想の第一としてキリスト教が考えられるが、明治期はともかく、この時点ではすでに定着しているので、それほど問題にはならない。昭和初期に国体を脅かしてきた思想は、まずマルクス主義であり、それは激しい弾圧で、一九三五年にはほぼ壊滅した。その年、天皇機関説が貴族院で攻撃され、それを承けて、岡田啓介内閣は二度にわたり国体明徴声明を出した。『国体の本義』は、そのような情勢を受けて、国体を明らかにするために編纂されたものである。

こうした背景を考えれば、本書はいわば、A型の西欧受容を否定して、B型を徹底するところにその使命があった。そこで、啓蒙期以来の近代の社会思想が、国体に反するものとして槍玉にあげられることになる。それのどこが問題なのか。

これらの思想の根柢をなす世界観・人生観は、歴史的考察を欠いた合理主義であり、実証主義であり、一面に於て個人に至高の価値を認め、個人の自由と平等とを主張すると共に、他面に於て国家や民族を超越した抽象的な世界性を尊重するものである。従つてそこには歴史的全体より孤立して、抽象化せられた個々独立の人間とその集合とが重視せられる。（同）

その根本の問題は、「国家や民族」という歴史的場における特殊性を無視して、抽象的、非歴史的で普遍的な個人に根本の価値を置くところにある。「国体」は、何よりも日本の民族の中で歴史的に展開してきた特殊な国家のあり方である。天皇を中心として、「天皇に絶対随順」し、「ひたすら天皇に奉仕すること」（同、三四頁）に価値が見いだされる。個人と個人の闘争に社会の根源を求める西欧近代の思想とは相容れない。抽象的な個人主義は、あらゆる害毒の源泉となる。

こうして、西欧近代の危険思想の根源は個人主義というところに求められる。「抑々社会主義・無政府主義・共産主義等の詭激なる思想は、究極に於てはすべて西洋近代思想の根柢をなす個人主義に基づくものであつて、その発現の種々相たるに過ぎない」（同、五頁）というのである。ここで注意すべきは、第一に、このような個人主義の否定が、単に日本内在的な立場からなされているわけではない。

「個人主義の行詰りは、欧米に於ても我が国に於ても、等しく思想上・社会上の混乱と転換との時期を将来してゐる」(同、五―六頁)という認識がある。近代の個人主義が共産主義に帰結することへの反動から、西欧でも「全体主義・国民主義の勃興を見、ファッショ・ナチスの擡頭ともなつた」(同、五頁)動向と連動している。第二に、それ故、『国体の本義』は、決して西欧文化の摂取を否定しているわけではない。一方で、「真に我が国独自の立場に還り、万古不易の国体を闡明」(同、六頁)するとともに、他方で、「而も固陋を棄てて益々欧米文化の摂取醇化に努め」(同)ようというのである。

このように、本書は国体の立場を堅持しつつ、西欧の文化の摂取は否定しない。即ち、西欧近代の精神の根底を「個人主義」に見て、それを排除することで、A型を否定し、その代わりに「国体」を置くことでB型の方針を明瞭化させている。この点で本書の方針は一貫していて筋が通っているように見える。必ずしも普遍的原理でなく、特殊な国情に合った精神的基盤を確立するということ自体は、不適切とは言えない。確かに「国体」は、西欧の近代が怒濤のように押し寄せる中で、何とかそれを受け止める精神的基盤を作ろうとした苦心の力作であり、それはそれで検討すべき課題ではある。しかし、フィクションにフィクションを重ねて作り上げた虚像が、本当の精神的な基盤になるのは、所詮は無理なことであった。他の思想を暴力的に弾圧して、根本の精神を唯一の「国体」に絞り込み、それを国民に強制するという力ずくの体制が、成功するはずがない。結局莫大な犠牲を払わされて、その無理を思い知らされることになるのである。

2 「近代の超克」はあり得るのか？

『近代の超克』の座談会は、日米開戦（一九四一）を経て、その翌年に開かれ、『文学界』に各論者の論文とともに掲載されたうえで、一九四三年に単行本として出版された。『国体の本義』の時からさらに情勢は大きく動いているが、根本にある問題は通底している。西欧の近代を受け入れて、追いつき型の近代化を成し遂げてきた日本にとって、その根本の西欧自体が揺らいできたとき、それでは東洋、あるいは日本的なものをそこに差し込むだけでうまくいくのか、という問題である。『国体の本義』では、強引に「国体」を持ち込んで押し通そうとした。しかし、座談会に集まった当時の先端的な知識人たちにとって、さすがにそれだけでは済まされなかった。それだけに、出席者のそれぞれはバラバラな方向を向いて、多岐に亘る議論は十分に深められるに至っていない。それ故、座談会としては成功とは言い難いが、それぞれの論者の意見には今日でも聞くべきところはある。その詳しい検討は、今後を俟たなければならない。

ここでは、近代化の議論を振り返るために、その中にあって驚くほど冷静に状況を把握して論じている中村光男の論文「「近代」への疑惑」を取り上げて考えてみたい。中村は、「現代文化の課題を「近代の超克」といふ言葉で表現したのは、ほかならぬ現代西欧の一部の思想家達」（『近代の超克』冨山房百科文庫、一九七九、一五〇頁）だという事実を指摘し、この言葉が「現代ヨーロッパ人に響いたに違ひない強い実感と明瞭な内容をもつて僕等の胸に響くか」（同、一五一頁）と問いかける。これはきわめて本質に関わる重大な指摘である。

第一次世界大戦（一九一四―一八）に端を発した西欧諸国の混乱は、深刻な終末論的状況となり、ナチズム、ファシズムの勃興を招いた。そのことは、『国体の本義』でも取り上げられていた。シュペングラーの『西洋の没落』(第一巻、一九一八)が衝撃的なベストセラーとなり、その後一九三〇年代へかけて、多くの知識人たちが西洋精神の危機を正面から受け止めて、大きな思想史の転換点となっていた。

だが、その問題を果たして日本人が同じように切実に受け止められるものだろうか。「近代の超克」という深刻な問題自体を、流行現象として輸入しただけではないのか。結局のところ、明治以後の「我国の所謂近代文化現象」(同)はすべて、「底の浅い借物」(同、一五二頁)だったのではないか。哲学や思想にしても、本当の意味での自分の問題ではなく、「単に西欧の哲学者の学説や体系についての知識にすぎなかつたのではなからうか」(同、一六一頁)。中村の指摘を否定できる論者がどれだけいるであろうか。

中村は返す刀で、「古典復活を説き、歴史と伝統を説く人々」(同、一六三頁)に対しても、「かつて西洋を担いだと同じやうな調子で我国の古典を担いでゐる」(同)と、手厳しく批判する。彼らは結局のところ、「時勢の表面的な動きに「気ぜはしく」適合することにのみ汲々として、自分でものを考へる習慣を失つた精神の持主」(同)なのではないかと、糾弾する。

中村の批判は、当時の情勢を考えるとき、きわめて稀有な冷静さを保っている。座談会の多くの論者が時勢に追随し、浮足立っている中で、それから距離を取りながら、的確に問題点を抉り出す。西欧の文化を受容するのに、A型にしても、B型にしても、一見、深層の精神的な基底部分を議論しているように見えながら、実際には、その議論そのものが表層的なところで終始し、本当に基底部分まで深まっていないのではないか。そうとすれば、それは精神的な基盤を欠いて表面だけの近代化で西欧への追いつきを求めたC型と、それほど大きく隔たっていないのではないか。

本書から数年と経たずして『新教育指針』や大塚久雄の論が現われる。そこでは一度は「超克」されたはずの西欧近代が、あたかも輝く救世主のように賛美され、何の疑いもなくその全面的受容に日本の未来を託そうとしている。その間に敗戦という断絶があったとしても、あまりにやすやすと逆転してしまうことに、愕然とせざるを得ない。『新教育指針』が、「日本の近代化は中途半端」と断罪しても、その断罪を通して問題を深めることなく、それこそ「時勢の表面的な動き」に追随した「中途半端」な断罪でしかなかったのではないか。だからこそ、B型の近代化は容易にA型に転換しえたのであり、それはまた、ほとんどまともに議論されないままに、C型に移行することになったのではないか。そして、表層の近代化が西欧に追いついて問題自体が消滅したとき、もはやそこには表層も深層もともに空虚しか残らないことになってしまったのである。

四　可能性はどこにあるのか？

コロナ・パンデミックの問題から出発しながら、それとはだいぶ離れて日本の近代化の問題へと進んできた。しかし、それがパンデミックの現状とどう関わるというのか。もちろんコロナに対しては、その拡大を防ぐのにどうしたらよいか、ワクチンをどう開発し、どう普及させるかなどの、具体的な問題がまず解決されなければならないだろう。しかし、先に述べたように、パンデミックの問題はそれだけ切り離して解決されるものではない。温暖化をはじめ地球環境の悪化を中心とする総合的な問題として考えられなければならない。それは科学技術の範囲で留まるものではなく、それを支える根本の世界観の問題であり、精神的基盤の問題である。表層の近代化を急ぐ中で、空虚なままに置き去られてきた根底の世界観をどう確立していくかの問題である。

仏教に毒箭の喩がある。毒箭に射られた人を治療するのには、まずその毒箭を抜くことが肝要であり、誰が射たのか、どんな素材でできた箭なのか、など問うていたならば、その人は死んでしまう、というのである（『箭喩経《せんゆ》』）。この喩は、ともかく人生の苦を抜き去ることが肝要で、迂遠な形而上学の問題にうつつを抜かすべきでない、という意味だとされる。じつは私はこの喩にずっと疑問を持ってきた。確かに応急手当てとしては、箭を抜くことが必要かもしれない。しかし、それ以上の治療を行うためには、その毒の種類を調べなければならないであろうし、さらなる襲撃を防ぐためには誰が射たかを調べることも不可欠である。応急手当が必要だからと言って、その先に探究すべき問題を無意味と切り捨ててはならない。

日本の近代化は、言ってみれば、次々と現われる新しい事態に対してその時その時の泥縄の応急手当に追われ、それらの根本にある問題を問うことを避けてきたのではなかったか。大平政策研究会の報告で、「自分で進むべき進路を探っていかなければならない」とされた課題は、いまだ果たされているとは思えない。根底となる思想は、「国体」のように、国が無理に作り上げ、上から国民に強制することで成り立つものではない。さまざまな試行錯誤と議論を重ねながら、何よりも私たちの生活感情に密着したところから積み上げていかなければならない。トップダウンでなく、ボトムアップでなければならない。じつは「国体」も単純なトップダウンではなく、ボトムアップ的な面もあったから、大きな力を発揮しえたのである。

最近、少しずつかつての近代化を反省しながら、未来へ向けての方向性を探る動きが見られるようになってきている。佐伯啓思『近代の虚妄』（東洋経済新報社、二〇二〇）は、大きなスケールで西欧近代の位置づけを図りつつ、新しい思想の可能性を探求している。西欧の近代思想の帰結をニヒリズムと見て、そこから生まれる現状をグローバル資本主義と捉える。そして、それを超える思想を西田哲学の「無」に求め、そこから日本思想に可能性を見ようとしている。

それは新しい方向を目指す意欲的な試みであり、大きな一歩をなすものであるが、いくらかなお検討を要するところがある。そもそも西田もまた、日本の近代において、近代化の流れの中で思索し、また過去の日本の思想を捉え直しているのである。そうとすれば、近代の中にも単にニヒリズムに終わらない、可能性を秘めた何ものかがあるのではないのか。そのような面を中心に近代を見直してゆけば、近代に対してこれまでの教科書通りの図式と異なる捉え方の可能性があるのではないか。

例えば、一九世紀という時代を考えてみよう。ヘーゲルやニーチェ、マルクスだけが一九世紀の哲学者ではない。日本の近代への影響を考えれば、コントやスペンサーこそ大きな役割を果たしていた。それだけではない。従来の哲学史でほとんど無視されてきた動向がある。それは、近代になってからこそ、オカルトや心霊学が重要な役割を果たすようになるという事実であり、それを無視して近代を語ることはできない。

「魔術（呪術）からの解放」こそ近代だというウェーバーの呪縛は、実は近代の合理性の裏に広がる大きな領域を封印してしまった。大塚久雄は、文字通り「魔術からの解放」という小文で、きわめて印象的な挿話を取り上げている(大塚、前掲書)。それは新聞記事の引用であるが、秋の信州に「福の神」と称する修験者風の男が現われ、おふだを配って歩く。そうすると、リンゴ農家ではお礼に収穫したばかりのリンゴを寄進するので、男は労せずしてたくさんのリンゴを得られる、というのである。「福の神」はいわばマレビトのようなものであり、農家の信仰心と持ちつ持たれつで、地域のささやかな宗教圏を作ってきた。しかし、大塚はそれを「魔術」(マギー)として、そんな迷信を打破しなければならないという。地域の共同体のささやかな人の触れ合いを、魔術として否定して、そこに形成される合理化された近代とは一体何なのであろうか。

一九世紀思想史の裏側のオカルトや心霊学は、その大掛かりなものとして、魔術からの解放の中で消え去るべき恥部のように考えられてきたが、そうであろうか。とりわけ当時大きな影響を与えたのは、ヘレナ・ブラヴァツキーによって始められた神智学であった。稀代の詐欺師として表の歴史から抹消されたブラヴァツキーは、その後ナチスのオカルト主義や、ひいてはオウム真理教への系譜という面からおどろおどろしく語られる。しかし、いち早く東洋の叡知に目を付け、インド哲学や仏教の近代的再興の出発点を作ったのは、他ならぬ彼女と彼女の協力者ヘンリー・オルコットであった。ドナルド・ロペスの『近代仏教』(Donald Lopez, *Modern Buddhism*, Penguin Books, 2002)は、近代仏教のアンソロジーとして名高いが、その冒頭に出るのはブラヴァツキーである。

このように、ブラヴァツキーに始まる神智学の運動は、二つの点で従来の近代の概念を打ち破る。第一に、それは近代になって表層で進められる合理化、脱魔術化に逆らうように、その底で魔術的なオカルトと結びついて広く根付いて展開していく。そこでは、表層からは消される死後の魂の輪廻や精霊界の秩序などの問題が正面から論じられる。もし表層の近代が唯物論やニヒリズムに行き着くとしても、それは彼らの心霊論にまで及ぶものではない。

第二に、彼らの運動は西欧の枠内に留まらず、アジアをも巻き込んでいく。東洋の哲学の影響を多分に受けながら、今度はそれを東洋へと投げ返し、東洋の思想・宗教の近代化をもたらすのである。このように彼らのハイブリッドなシンクレティズムをもとに、東西の思想のキャッチボールが行われ、相互映発的な発展がなされるのである。

これは従来のように、近代を西欧特有の現象としてどこまでもその枠内で捉えていたのでは、理解できない現象である。これまで、神智学系でただ一人ある程度思想史に名が出てくるのはルドルフ・シュタイナーであったが、彼はこの系統の中でもっとも西欧内在的な思想系譜で活動した人物であり、それだけに西欧近代思想の立場で理解できる存在であった。逆に言えば、ブラヴァツキー、オルコットらに始まる東西混淆の思想は、従来の枠組みではおよそ位置づけがなされえないものであった。しかし、彼らの活動を見れば、近代が西欧に固有で、アジアはそれを輸入しただけだというような見方は、きわめて偏見に満ちた一方的な見方であることが分かる。すでに一九世紀時点で東西の思想交流は非常に大きなものがあり、近代は東西にまたがるグローバルな視点で捉えられなければならない。もっと遡れば、一八世紀啓蒙主義における中国の影響まで視野に収める必要があるであろう。

日本においても、神智学の直接の影響というだけでなく、それ以前から近代における来世論を含めた世界の秩序の大きな構想が展開していた。それは一九世紀の平田派の神道学において見られるものであり、中国における太平天国のシンクレティックなキリスト教受容をも含めて考えれば、一九世紀は世界的な霊性論の全盛時代とも捉えられるのである。

こう見ていけば、近代の持つ多様な可能性は決して払底していない。近代は唯物論とニヒリズムだけではない。危機の時代の中で、総体的な思想が見失われている今日、このような近代のもう一つの可能性を取り出していくことは、私たちにとって不可欠の作業のように思われるのである。従来隠されて、ないもののように扱われてきた近代の底にある「霊性」的な問題に、以下の諸章でいささか立ち入って検討してみたい。

第七章　さまよえる霊魂
——近代の中の来世と霊魂

一　瀕死の来世——『来世之有無』

明治三八年(一九〇五)、日露戦争のさなかに、新仏教徒同志会では雑誌『新仏教』の創刊六周年を記念して、諸家に来世に関するアンケートを実施した。その結果を雑誌の特集号として出した後、単行本『来世之有無』として、同年八月に出版した。「はしがき」によると、アンケートは百八十余人に出し、返事を得たのが八五という。ただし、実際の回答に付された番号は一一五まである。もっとも出張、病気、多忙などの理由で、実質的に返答していない者が二十数名ほどあるので、中身のある返答は九〇通程度になる。それでも「はしがき」よりも多少多いが、最後のほうは締め切りを過ぎてぎりぎりで届いた分であろうか。それに編集関係者一二名の分が別に最後に付されている。設問は、「未来世界の有無」、「其の有無を断ずる理由」、「若し有なりとせば其の状態如何」の三つであるが、三問を分けて返答しているものは少ない。

その返答を分類してみると、来世を明確に有りとしているもの（肯定派）、来世を否定しているもの（否定派）、単純に肯定・否定の一方に分類できないとするもの（中間派）に分けることができる。中間派は、有とも無とも言えるというようなものや、どちらとも言えないとするものなどである。なお、「来世」の意味を解釈し直して、例えば子孫が続くのを来世と見るように、形の上では来世を肯定していても、実質的には現世一元論的なものも、ひとまず中間派に含めておく。厳密な分類ではなく、大雑把な傾向を見るためなので、あくまでも目安である。

肯定派の中には、ただ信じるだけとする信仰派と、それに理論的な根拠を探ろうとする理論派を分けることができる。仏教関係者が多いが、キリスト教者も混じっている。数値だけだと分かりにくいので、以下、まず回答を分類して、該当する人の名前を列挙し、その上で、それぞれの分類の中で、どのような内容のものがあるか、検討することにした。なお、人名を挙げるに当たって、姓は使用されたままの字体により、名は新字体を用いる。カッコ内は、編集同人。

肯定派（三九）

〔信仰派〕山縣悌三郎、石川三四郎、木下尚江、山縣五十雄、前田慧雲、與謝野鉄幹、辰巳小次郎、梅原融、櫻井義肇、島田三郎、南条文雄、丸井圭次郎、近角常観、（伊藤左千夫）

〔理論派〕佐治實然、三並良、人見忠次郎、中村諦梁、本田増次郎、釋清潭、留岡幸助、田中弘之、山内晋卿、廣井辰太郎、亀谷天尊、三島中洲、高木壬太郎、加藤文雅、伊藤銀月、原千代子、湯本武比古、海老名弾正、荻野仲三郎、青柳有美、中島力蔵、中島徳蔵、望月信亨、島地黙雷、

（毛利柴庵）

否定派（二四）

加藤弘之、恵美忍成、堺枯川、鈴木券太郎、藤井瑞枝、山脇貞夫、建部遯吾、石井光躬、下田次郎、斯波貞吉、大瀬甚太郎、谷本富、内田周平、戸水寛人、茅原華山、丸山通一、平井金三、澤柳政太郎、根本通明、（融道玄、境野黄洋、中村膽山、田中治六、加藤咄堂）

中間派（三九）

高島平三郎、志賀重昂、藤岡勝二、清水友次郎、石黒忠悳、関野貞、小具貞子、吉田賢龍、大澤岳太郎、齋藤唯信、野々村直太郎、村上専精、岡田朝太郎、姉崎正治、山路愛山、三輪田真佐子、後藤宙外、平子鐸嶺、棚橋絢子、井上哲次郎、大原慇成、桑木厳翼、桑原隲蔵、（和田覚二、杉村縦横）

〔現世的解釈〕忽滑谷快天、角田柳作、寶山良雄、棚橋一郎、富士川游、渡邊又次郎、中島半次郎、（橘恵勝、高島米峰）

〔詩歌に託す〕幸田露伴、渡辺國武、井上円了、香取秀真、（古川流泉）

1　肯定派

肯定派で信仰派は、例えば、與謝野鉄幹は、「小生は弥陀如来の誓願を信じ申候。時々うはべの心には、疑惑も起り候へども、奥に潜める心は、之をあさましき事に思ひ居り候事、たしかに御座候、草々」など、きわめて真摯な信仰心を告白している者もいる。木下尚江は、「余は、「来世」の予を待ちつゝあることを信ず。……「来世」は猶ほ恋人の如し」と熱い思いを吐露している。

肯定派で理論派は、さまざまな論拠があげられているが、簡単なアンケートであるから、比較的定型的な論が多く、個性的な議論は少ない。仏教の場合、突き詰めていけば、第一義諦では無、世俗諦では有という見方も成り立つので（もっともそのように単純化するのは、それはそれで問題があるが）、一概に有と決められず、中間派的になってしまう。

例えば、華厳学者亀谷天尊（聖馨）は、華厳法界観から「来世は真に有りと信ずるなり」とするものの、その議論を見ていくと、結局「三世共に吾人の心霊上の一念に存在す」ということになるので、はたして通常の意味での来世を認めることになるのかどうか、微妙である。その中で、やや独自の見方を示している者として、漢学者の釋清潭がいる。釋は、「来世は猶雲の如し」とか「来世は人に於ける病気の如し」という。何故かというと、因縁があると次の世に移るが、「因縁が無ければ、何処ともなくブラツイて歩いて居る」という。

数学者の人見忠次郎は、数学者らしい見方を示している。即ち、「単に常識ある者は、一、二、三の数の観念あるも、Imaginäre Grössen（虚数―引用者注）の観念皆無なり。然れども専門家は、即ち之れあるを知りて、研究するにあらずや」と、来世を虚数に譬えて、常識で理解できないから、否定すべきでないとしている。

キリスト教徒では、青柳有美が、「耶蘇は予が仮令ひ如何なる悪事を為すも、予を極楽に導きくるゝものなるべしと信じつゝあり」と、あえて「極楽」という言葉を使ったのが目を引く。神道では、教育者の湯本武比古は「幽冥界」という言葉を使い、「天道又は極楽」を否定して、「余の霊魂は、生前相愛し相親しめる一家族、及び其の子孫を捨てゝ他に行かざること、猶ほ生前の如くなるべし」と、平田派系の神道の立場に立っているものと思われる。

2　否定派

否定派は、肯定派に較べて数は少ないが、中間派の中にも否定はしないが、来世のことを考えるよりも現世をしっかり生きるべきだという現世主義の立場が多く、実質的には否定派的なニュアンスのほうが多い。内容的にも、肯定派よりも否定派のほうが興味深いところが多く、近代化を急ぐ中で、現世中心主義が勢力を持ちつつあった状況を知ることができる。

まず注目されるのは加藤弘之で、「僕は、どう考へても、来世があらうとは思はれぬ。何故ならば、今日迄、科学的に、来世のあるといふ証拠が出て来ないから」と、はっきりと来世否定の立場を主張している。中江兆民が民間の反権力的な立場から唯物論を主張したのに対して、加藤は権力側から社会進化論を用いた科学主義的唯物論の立場を取って、仏教やキリスト教に対して論争を挑んだ。それに関しては、後ほど取り上げることにしたい。それに対して、日露戦争非戦論を唱え、『共産党宣言』の紹介者でもあった社会主義堺枯川（利彦）が、やはり「どうも、そんなものがあり得るとは、思はれません」と述べているのも注目される。

左右両方からの唯物論の攻勢に対して、宗教家たちはどのような態度をとったであろうか。まず注目されるのが、平井金三である。近代宗教史上大きな役割を果たしたにもかかわらず、従来ほとんど無視されてきた平井は、吉永進一による研究で甦った（「平井金三、その生涯」、吉永『神智学と仏教』法藏館、二〇二二)。平井は英学を学び一八八九年のオルコット来日に尽力する。その後、アメリカに渡り、一八九三年のシカゴ万国宗教会議の際には、日本の仏教者たちの通訳に当たるとともに、自らも不平等条約を批判する演説で喝采を博した。帰国後、ユニテリアンに接近し、さらにちょうど『来世之有無』が出された明治三八年頃には、心霊主義に傾倒していた。新仏教徒同志会のメンバーとも親しかった。

平井は、『来世之有無』へはお座なりの回答ではなく、二〇頁を超える大論文ともいうべき文章を寄稿している。それについては、吉永も紹介しているが、ここで改めて検討してみよう。

平井は、「正直《まつたふ》な人間《よのひと》に向ひ連りに来世々々《あのよ〳〵》を説き嚇《おど》かすは、折角健《すこや》かなる心を、疾しからむる者と言はねばならぬ」として、来世を説く人を批判する。そこで、来世と言っても意味が確定しないとして、三つの意味を挙げる。第一は、一瞬後でも今から見れば来世になるという見方、第二は、悟らぬ前から見て、悟った後は来世と言えるというもの、第三は、死後の地獄や極楽があるか、という問題で、ここでは第三の意味が問題になる。それに対して、平井は、「骨も肉《しし》も朽果《くちはて》、聊か痛さ痒さを感《おぼ》ねば、心に煩なんど更に有る事無し、……一口に言へば爰に来世は消へて何物も無し」と結論する。

ここまでで一応の結論に達しているのであるが、その先がいかにも平井らしい議論になる。即ち、「魂《たましひ》とは如何なる者なるやを心得ぬより、来世《あのよ》を設けねば心に済まぬ事となる」として、「魂」とは何かということを問題にする。そして、それに対して、「抑も魂とは、天地《あめつち》の間に空虚も無く、充ち広ごれる力にて、固より有らふ筈無く、而も至る処として有らざる無し」と答える。即ち、魂というのは、天地に満ちた一種のエネルギーであり、それ故、至るところに有るのであるが、特定の物としてあるわけではないというのである。

この後、自らの臨死体験を語り、さらに霊魂論へと進む。そこでは、死者の霊が現われる心霊現象を、分子レベルでの記憶として説くなど、きわめて興味深い説が見える。ここではこれ以上立ち入らないが、同時代的に「霊魂」という問題が大きな論題となっている中で、当時の西洋の心霊術をどのように日本で受け入れていったかという観点からも注目される。

ちなみに、平井はエネルギーの語を使っていないが、丸山通一は、「吾人の活動は、エネルギーの発現」と、エネルギーの語を使っている。丸山は福音普及教会（ドイツの自由派神学に基づく教会）の伝道者であるが、個人の来世を否定し、「現世の事業は現世に完ふすることを勉むべきなり」と、現世主義を明確にしている。また、女子教育の指導者として知られる下田次郎も「エネルギー」を根本に置き、個人の来世を否定している。

このように、当時の先進的な知識人の間では、霊魂の永続や来世の観念は否定される方向が強くなっていた。ドイツに留学した教育学者谷本富は、来世は「智的論理の上には無」だが、「感的論理の上よりは、依然有」としながらも、「小生自身は、今日は此の迷信殆んど根絶致居候」と、来世を信ずることを「迷信」とまで言っている。

こうした現世主義と来世否定論の進展は、仏教者にも大きな影響を与えた。仏教信仰に篤く新仏教運動とも関係の深い教育者澤柳政太郎は、「万法唯心を信じ、森羅万象も、過去際より未来際まで、一心に具はることを信じ、その見地より、一心の外に来世なしといひ得べく候」と答え、「一心」を離れた来世を否定している。

興味深いことに、このアンケートを実施した新仏教徒同志会の主要メンバーもまた、多く来世否定論の立場に立っていた。編集同人のうちで、来世肯定論は、毛利柴庵、伊藤左千夫の二人くらいで、後は否定派か中間派である。同志会の中心人物の一人境野黄洋(真宗大谷派)は、「来世はないものだ、イヤあらうとは思はれぬといふ方がよい」とし、中村膽山などは「無」の一言で片づけている。

さらに、融道玄(古義真言宗)は、「「来世」に対しては、我徒夙に死刑の宣告を下せり」と、来世否定が単に個人的な信念に留まらず、「我徒」、即ち同志会のグループ共有の立場として断定している。そうとすれば、肯定派の二人のほうが同志会の異端であり、来世否定がほぼ共通理解であったことをうかがわせる。一応中間派に入れた人たちも、実質的には否定派に近い内容であり、同志会が全体として来世否定の方向を探っていたと考えられる。

それでは、どうして彼らが来世否定の方向に傾くことになったのであろうか。在家で講演や著作での教化活動で知られる加藤咄堂は、「死生は宇宙の幻影のみ。……吾人は死後に於ける霊魂の存在を信ずる能はず」と、来世を否定し、「吾人は、幻の如き現世の一挙一動も、亦宇宙と共に不滅なるべきを確信するものなり」と、「現世の一挙一動」が「宇宙と共に不滅」だとしている。価値があるのは現世であり、来世ではない。現世の活動こそ永遠不滅だという。同志会における現世主義の動向については、次に中間派の中で、現世主義的解釈をとる立場を取り上げる中で、さらに検討してみたい。

3　中間派

中間派は、不可知論的な立場で、答えられないとするものが多いが、それは実質的には来世のことは分からないから、現世をしっかりと生きるのだ、という現世主義につながることになる。例えば、『論語』の「未だ生を知らず、いずくんぞ死を知らん」はしばしば引かれる（清水友次郎、棚橋絢子、桑原隲蔵など）。これは、来世を否定しなくても、来世のことなど分からないから、ともかく現世をしっかり生きるべきだという主張になる。このように、不可知論は、多くの場合現世中心主義に立ち、この点で、来世否定派と軌を一にする。

例えば、志賀重昂は、「小生の如き大俗物は、此の如き問題に応答すべき資格あるものに無之」としながらも、戦場でのキリスト教徒の真摯な態度を称賛する一方、仏教者の活動を批判している。その上で、「来世とか、其有無とか、及状態とかを問答するよりは、更に仏教徒の尽くすべき事業、目前に山積致居候と確信致居候」と、もっと現実への対応をしっかりすべきだと説いている。仏教学者村上専精（真宗大谷派）もまた、「自分は不可知であるといふより外はない。コンナ不可知的問題を敢て穿鑿せんよりも、寧自己の本分を尽すやうにするがよいと思ふ」と答えている。

そうした中で注目されるのは、来世を現世と違う世界に求めるべきではなく、来世と言ってもじつはこの現世の中にあるという立場であり、実質的には来世否定の現世主義と同じことになる。中間派の中で、「現世的解釈」という分類を設けた所以である。その一つは、現世において子孫が継続していくことこそ来世だという解釈である。それを代表する回答として、臨済宗の学僧で、後に駒澤大学学長となった忽滑谷快天のものが挙げられる。忽滑谷の回答は、一〇頁以上の長編で、さまざまな来世説を挙げた上で、それらを否定し、「吾人の所謂来世は確実に在る、即ち子孫である」と「子孫来世説」を立てる。それならば、子孫がいなければどうなるのか。『我』の範囲を拡張すると、一家族より一種族となり、一社会となり、一国民となり、全人類を『我』の中に含むやうになる」のであり、それ故、「吾人の来世とは、一民族若しくは一人種、一人類の未来といふことになる」というのである。

この立場を取る人は何人もあるが、その中でも、教育者(耐久学舎校長)寶山良雄が、「来世の有無如何の問題は、寧ろアナクロニズムに属せずや」とまで言って、その問題自体を厳しく批判し、「我の先祖は第一の我にして、我の子孫は第二の我なり」と論じている。

それでは、同人たちはどうであろうか。橘恵勝(時宗)は、「来世はある」としながらも、「現在主義に立脚する」ことを明らかにし、具体的に、「大和民族の歴史的生命の実在」を挙げている。新仏教運動の中心人物の一人である高島米峰は、「吾等は、汎神論的実在観を立脚地とし、自己の活動、社会の進化の上に、永遠の生命あり」と、その立場を明確にし、杉村縦横(楚人冠)もまた、「来世の有無の如きんば姑く措きね、即今是れ有か是れ無か」と問うている。

以上、『来世之有無』に寄せられた返答を分類して、その主要なものについて検討してみた。そこから知られることは、肯定論・否定論・中間論のさまざまな立場があるものの、肯定論にはそれぞれの宗教や宗派が説いてきたことに対して、新しい論拠を挙げて積極的に主張していく面が弱いと言わなければならない。

それに対して、反対派のほうが科学に基づいた唯物論やエネルギー論を持ち出すことで、新たな近代的な理論装備をもって攻勢を強めている感が大きい。中間派と言っても、実際は死後の来世の問題をさておいて、現世主義の立場のものが多い。来世に対して「迷信」として根絶したり、「死刑の宣告」を下したり、「来世の有無」という問題自体を「アナクロニズム」として葬り去ろうとする傾向が顕著である。

とりわけ、新仏教徒同志会の同人たちも、多くが否定派や中間派でも現世主義に立っていることは注目される。同志会の綱要には、「我徒は信仰及道義を振作普及し社会の改善を力む」と、「社会の改善」ということが謳われるとともに、「我徒は迷信の勦絶を期す」と、迷信撲滅を正面に出し、さらに「我徒は従来の宗教的制度及儀式を保持するの必要を認めず」と、伝統的な制度や儀礼に挑戦状を叩き付けている。

そのような立場から、まさしく「新仏教」を生み出そうとしているのであり、それは伝統と因習にとらわれない「近代」の仏教でなければならなかった。早くに日蓮宗の改革に着手した田中智学は、「死人ヲ相手ニスルヲ止メテ活タ人ヲ相手ニスベシ。葬式教ヲ廃シテ婚礼教トスベシ」（『仏教夫婦論』、一八八七）と主張して、葬式仏教否定論を主張していた。仏教は死者のためのものではなく、生者のためのものだ、という主張は、そのまま近代の仏教や仏教学の主流となり、二〇世紀の終わりころまで常識のように通用することになった。

こうした近代仏教の現世主義が、近代化の中で仏教が時代に対応しながら新しい発展をしていくことを可能にしたことは事実であり、その歴史的意味を否定するつもりはない。しかしそれによって、仏教界がじつは葬式仏教によって寺院の経済基盤を確立しながら、その下部構造を隠蔽して、表層の近代化を誇るという二重構造を作ることになった。その構造全体が今日問い直されることになっているのである。

誌の駁論を読む」を掲載して、『禅宗』誌の批判を再批判している。加藤の清澤への再批判は同誌一〇四号(同年一〇月)の「因果応報論に関する答弁一束」に示され、それに対して再び清澤の側から「善悪の因果応報論に付て再び加藤先生に質す」(同誌一〇六号、同年一二月)が掲載されたが、それで打ち切りになったようである。

そこでまず、加藤の最初の論を見ておこう。そこでは表題の通り、仏教の因果応報説が槍玉に挙がっている。加藤の主張は、次のようなものである。

道徳ハ本来天地自然ニ存スルモノニアラズ。之ヲ換言スレバ道徳夫レ自身ハ決シテ天則ニアラズシテ、唯吾人々類ガ社会ヲ組成スルニ至リ、社会ノ維持進歩ノ要具トシテ天則的ニ(多少人力ヲ仮テ)発生進歩シタルモノナレバ、此道徳ノ標準タル善悪邪正ヲ以テ天地自然ニ存スル所ノモノト認ムルコトハ決シテ出来得ベカラズ。(句読点は引用者。以下同)

即ち、道徳は自然の「天則」ではなく、「社会ノ維持進歩ノ要具」として発生進歩したものであるから、自然法則である「天則」とは異なる性質のものだというのである。それ故、確かに社会的善悪には「因果応報」はあるが、その「社会的応報」は、天則のように絶対不変のものではなく、「社会ノ文野(文明と野蛮――引用者注)開未開ニ由テ相異ナルノミナラズ、時アリテハ全ク相反スル」ものと見られることになる。

加藤はこの立場から、仏教は人間社会の善悪の因果応報を自然法則である「天則」と同じレベルで考えていると批判する。即ち、仏教では「天地自然ニ善悪ノ行為ヲ裁断賞罰スル所ノ自然力アリト誤認セルヨリ起リタルモノナレバ、全ク妄想空理ニ属スルモノト云ハザルベカラザルナリ」と、強く非難している。このように、加藤の批判は社会の法則を自然法則と切り離すことで、その固定化を否定し、社会進化論に基づきながら、「天則」に縛られない社会の構築を可能とするものである。

この説は、後に丸山眞男が『日本政治思想史研究』で提示した図式と考え合わせると興味深い。丸山は、荻生徂徠が人間社会の秩序を自然秩序から切り離したところに近代化の指標を見、それによって、自然界と人間界の「理」の一貫性を説く朱子学の前近代を克服したとみた。この丸山テーゼは、日本で朱子学が隆盛に向かうのは徂徠以後であることなどを考えると成り立たないことは明らかだが、戦後長い間、近代化を目指す日本の進歩主義を縛ってきた発想であった。この加藤の主張には、自然と人間社会の秩序を切り分けるところに近代的合理主義の根本を見るという、丸山的な発想の源泉が明確に見て取れる。

加藤の仏教批判はもう一つ重要な意味を持っている。

人ノ福祉ヲ見レバ之ヲ前世善業ノ果ナリトシ、又人ノ災厄ヲ見レバ之ヲ前世悪業ノ果ナリトシテ、因果ノ応報ハ争フベカラズ抔説クガ如キハ、其不稽ノ甚ダシキノミナラズ、之ニヨリテ、功ナキ人ヲ賞シ、罪ナキ人ヲ貶スルニ至リテハ、社会ノ生存上ニ害ヲ及ボスコト、決シテ少カラザルナリ。

ここで言われていることは、現世の幸不幸を前世の善悪に由来するものと見ることが、現世における差別を合理化し、固定化することへの批判である。啓蒙主義に出発し、社会進化論へと進んだ加藤にとって、あくまでも社会は実力本位でなければならず、それが近代社会の原則であった。それ故、身分的固定化を肯定する理論となりうる因果応報説は認められるものではなかった。

この批判は、この後社会的差別批判の中で定着し、仏教の因果応報・輪廻説は封建的、差別的として糾弾され続けることになった。実際、近世に被差別者への布教の際にその論法が使われたのも事実である。そこから、仏教側もその理論を裏に隠し、仏教は本来現世主義だという主張を前面に出すようになった。それがなお今日も続き、仏教界には輪廻説への躊躇が続いている。この点でも、加藤の批判はその後の仏教批判の大きな論点となるものであり、仏教側の現世主義の主張を呼び起こすものであった。

3　清澤満之の批判

それでは、このような加藤の論に対して、清澤はどのように反論するのであろうか。「加藤先生ニ質ス」は、九項目を挙げて加藤の論の批判をしている。

1　「先生自家ノ論拠」ではなく、「局外中立一物不係ノ公平場裏ニ論判」することが必要。

2　一つの立場から、「他ノ諸説ハ悉ク非真理ナリト断言シタマフハ余リ性急ノ独断」。

3　十分に仏教の立場を提示して、「自家撞着ノ存スル所ヲ指摘」すべきである。

4　「天則ハ其限界ナク無辺無量」であり、善悪因果も、「禽獣ハ固ヨリ野蛮ノ民族ハ之ヲ認識セザレドモ」天然に存するものである。

5　加藤の論に、「(多少人力ヲ仮テ)」とあるが、これと天則との関係はどうか。

6　「道徳上ノ因果」が「人類社会ノ進歩発達ノ間ニ生ジタルモノ」としても、それもまた「天則ノ一種」ではないか。

7　「禽獣界ノ動作ガ天則的ナラバ人類界ノ動作モ亦天則的」ではないか。

8　仏教の因果応報が「有害」というのならば、むしろ「先生ノ説コソ却テ有害」ではないか。何故ならば、人間社会に問題を限るならば、「遠ク過去未来ノ生活ニ亘リ又広ク我社会外ノ境域ニ入リテ其制裁ヲ為スコト能ハザル」からである。

9　人間社会の多様性に従って因果応報も多様だというのは、因果自体は不変でも、「境遇ノ縁」の相違によるのであり、「中心一条ノ正義正道ノ脈絡」は貫通している。

以上の九項目が清澤の批判である。そのうち、1—3は議論の仕方に関するもので、4以下が内容的なものである。その中で、4—7は、自然界の「天則」としての因果と、人間社会の因果を分けることへの批判である。清澤の立場は必ずしも独創的なものではなく仏教の基本的な立場を踏まえたものであり、そこでは人間だけが特別視されることはなく、人間も六道輪廻する衆生(有情)の一つの形態に過ぎない。それ故、その立場からすれば、人間の社会だけ特別の法則があるわけではない。清澤の反論は、仏教の立場からすれば正しいであろう。ただ、それが近代化を急ぐ社会の中で納得されるかどうかというと、そこが疑問である。

8、9は、因果応報説に対する社会的機能に関する批判である。善悪に対する応報を現世内だけで考えるとすると、その枠の中で善悪に対する賞罰応報がなされないまま終わる場合が出るであろう。その場合、仏教の三世因果説では「我社会外ノ境域」での応報まで立てるので、応報が完結する。これも理論的には成り立つが、近代社会の中で、三世の因果と言って、何処まで説得力があるか、ということが問題になるであろう。

この清澤の反論に対して、もう一度加藤―清澤の応酬があるが、特に新しい論点が出ているわけではないので、立ち入らない。

このように、清澤の反論は、仏教の立場からすれば筋の通ったものであるが、そのような仏教の発想自体が前時代的と断罪されてしまえば、それまでのことになってしまう。『来世之有無』で、新仏教徒同志会のメンバーなど、新しい仏教を目指す人たちが、来世を否定して現世主義に立つのも、こうした近代という時代に対応するものであった。

4　清澤満之の霊魂論

清澤満之は、これ以前に『宗教哲学骸骨』(一八九二)を出版しているが、その中で霊魂論が大きく扱われている。同書は、有限と無限の対比の上に、有限なる我々が如何にして無限なる仏に到達し得るかという霊魂開発論が中心的に論じられている。即ち、端的に「宗教の要は、無限力の活動によりて有限が進みて無限に化するにあり」と言われている。ここで、「霊魂」ということが大きな問題となる。

同書の第三章は文字通り「霊魂論」と題されている。霊魂に関する諸説として、素朴に霊魂の実在を認める霊魂有形説、最終的に唯物論に帰着する霊魂無形説を批判し、霊魂を自覚の本体とする霊魂自覚説を採用している。その霊魂は無限に向かって進化してゆかなければならない。しかし、それは一人の人が現世の間に達し得るものではない。現世を超えて、何か「一体貫通」するものがあって、はじめて実現し得ることである。それは何であろうか。

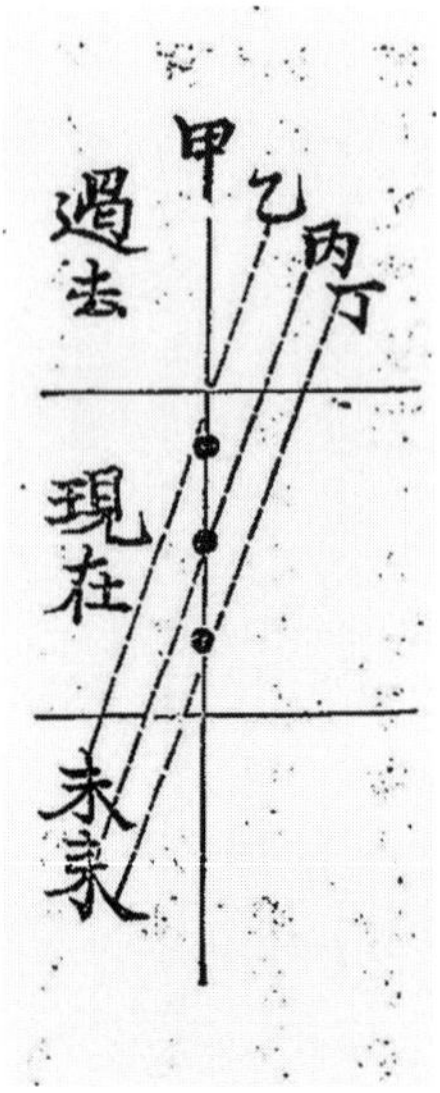

図 7-1 「一体貫通」の図(『宗教哲学骸骨』初版，47 頁より)

第四章「転化と遺伝」では、この問題が扱われる。一つの見方は、親子関係を通して、遺伝によって次第に進化していくというものである(『来世之有無』における忽滑谷らの主張に同じ)。しかし、それでは「一体」ということができない。あくまでも「正系」は、それぞれの個人が「一体の過去現在未来に亘りて進化すべきもの」である。それに対して、親子の遺伝を通して進化するのは「傍系」として位置づけられる。

このことは、図7-1のように示される(初版本、四七頁)。即ち、甲は甲として過去世・現在世・未来世の三世に亘って「一体貫通」し、そこに有限から無限に向かっての進化が可能となる。その甲に対して、乙・丙・丁などもそれぞれ「一体貫通」しながら、現在世で甲と交わるのであり、親子の関係もこのような現在世での交わりの一つとされる。

このように、初期清澤の体系では、有限なる霊魂の「一体貫通」性が前提とされ、それが無限へと近づいていくことを、三世の世界の中で捉えている。そこから見れば、加藤との論争における清澤の立場は明瞭であり、一貫している。加藤に対する清澤の二度目の批判には、「三世因果の規律も亦一定不変の大法にして、善因善果、悪因悪果の理法は天然自然必然不改の天則天律たるを失はず」と、三世因果説の正当性を主張している。

しかし、それでは三世因果説が十分な説得力を持つかというと、やはり難しそうである。加藤が論難するように、自然と社会の秩序をまったく同一レベルの「天則」として捉えるのは困難であろう。だがそれでは、加藤の論のほうが正論で、三世因果説のような理論は「迷信」として滅びるしかないのであろうか。それでは、この頃からかえって「霊魂不滅」が大きな論題となってきたことが説明できない。

その点を明らかにするには、加藤が主張するような自然と社会の法則の相違とは別に、自然・社会を含めた現世的法則と宗教の真理とを同じレベルで論じてよいのか、ということが問われなければならないであろう。三世の因果が主張できるとすれば、そのような科学的な自然法則とは異なる宗教的な真理の領域の問題になるであろう。この論争で清澤は、すべての真理を一律の「天則」と見ることで、かえって宗教的な真理に独自の価値を与えることに失敗したように思われる。

清澤は明治三三年(一九〇〇)に浩々洞を開き、弟子たちと共同生活をしながら、翌年に機関誌『精神界』を発刊して、精神主義の運動を始めたが、同三六年には没している。この時期は、清澤の後期として、その独創的な思想がもっとも発揮されたが、その際、宗教の超世俗的な価値を世俗的な道徳と異なる次元に見いだそうとするようになった。同時にそこでは三世の因果説や来世の浄土への言及が少なくなり、現世において、絶対無限者である阿弥陀仏とどのように関わるかという問題に集中するようになった。現世重視でありながら、かつ世俗道徳に同化されない宗教性を発揮できる新しい思想が目指されているのである。その門下たちもまた、現世における信に重点を置く傾向をさらに強め、もともと浄土教が持っていた来世主義は大きく転換することになった。

三　霊性と霊魂——南方熊楠・高橋五郎と神智学

1　来世論・霊魂論の変容

このように、明治後期の霊魂や来世の議論は仏教にとってはいささか受け身の防戦が主であり、次第に現世主義が優勢になっていった。しかし、それによって宗教的なるものが完全に放逐されたわけではない。既存の教学の枠を超えながら、宗教的なるもの、霊的なるものの探求は続いた。そのことは、清澤の晩年にも明瞭にうかがわれた。

井上円了の『霊魂不滅論』(一八九九)もまた、自然科学を受容しながら、どのように霊魂論が成り立つかを探求している。井上は自然科学の三大原則として、物質不滅・勢力恒存・因果相続を挙げ、それらは精神現象を物質に還元する唯物論に帰着するものではなく、逆に精神的なるものの実在と霊魂不滅を証明するという。円了は、この宇宙そのものが活物であるとして、「宇宙勢力論」を唱え、

「我々の死は宇宙の大精神より分派したる小精神が其本家本元へ還りたる道理」(同、七一頁)だとする。そして、それを仏教の真如の一元論と結びつける。ここでは三世因果説が否定されるわけではないが、それに固執するよりも、近代科学と結びつきやすい生命論的な発想に軸足を移している。

キリスト教側でも、柏木義円の『霊魂不滅論』(一九〇八)では、やはり唯物論を駁しながら、「人は心霊に於ては、其無限の発展を望んで止まないのであるが、併し誰も現世に於ては決して其完全に達し得ないのである」(同、四四頁)として、来世は心霊の発展という積極的、発展的な意味を持つものとされている。

このように、生命論的な発想を受け入れながら、霊魂は死後も来世において進化発展したり、宇宙的大生命に還っていくというような発想が新たに形成され、展開していく。翻ってみれば、清澤の三世因果説もまた、有限な霊魂が無限なるものに近づいていくという霊魂進化論的な発想に基づいていた。こうした動向は、伝統的な宗教の教理教学を逸脱しつつも、近代科学ともそれほど矛盾せず、現世の中での活動も肯定できる利点を持っていた。それが、大正生命主義と言われるような形で、次の時代に花開くと考えられる。

このように、一見近代の現世主義、合理主義の中に抹殺されたかに見えた宗教性が、新しい形で再編されていく。それをここでは、狭い意味での宗教に捉われずに、広い精神世界を探求していくということで、大まかに霊性的(スピリチュアル)と呼ぶことにする。実際、その過程で、一九世紀の欧米で流行現象となっていた心霊術や神智学などの霊性的な動向が影響してくる。ここでは、その早い段階での独創的な展開を、南方熊楠に見てみたい。

2　南方熊楠の霊魂論

南方熊楠の独創的な思想が、真言宗の僧侶土宜法龍《どきほうりゅう》との往復書簡の中で展開されていることは、よく知られている。いわゆる南方マンダラと呼ばれるものは、明治三六年（一九〇三）七月一八日に書かれた長大な法龍宛ての書簡の中に述べられている。両者の往復書簡は、かつては飯倉照平・長谷川興蔵編『南方熊楠・土宜法龍往復書簡』（八坂書房、一九九〇）が知られるのみであったが、京都高山寺から多量の法龍宛の熊楠の書簡が発見され、出版されるに及んで（奥山直司・雲藤等・神田英昭編『高山寺蔵南方熊楠書翰』藤原書店、二〇一〇）、ようやく新たな展望が開けつつある。近年、唐澤太輔、安藤礼二、小田龍哉などの新しい研究が続々と発表されている。

南方マンダラが披露された明治三六年は、熊楠の独創が大きく花開いた重要な年であったが、実はその前年明治三五年（一九〇二）もまたきわめて成果の大きい年であった。それは、翌年の南方マンダラへの地ならしというだけでなく、独自の意味を持つように思われる。何故ならば、この年の前半の書簡のやり取りの中で霊魂論の問題が繰り返し取り上げられ、独自の体系化が試みられているからである。

もともと熊楠はロンドンにいるうちに、「予は実は大発明をなせり」として、「人間死後」のあり方を分類して論じていて、死後や霊魂問題への深い関心を知ることができる（明治二七年七月一六日書簡）。熊楠は明治三三年、帰国して和歌山の実家などに一時滞在した後、那智に隠棲するが、この頃改めて霊魂や死後の世界の問題に関心を深める。それが理論的に大きく展開されるのは、明治三五年三―四

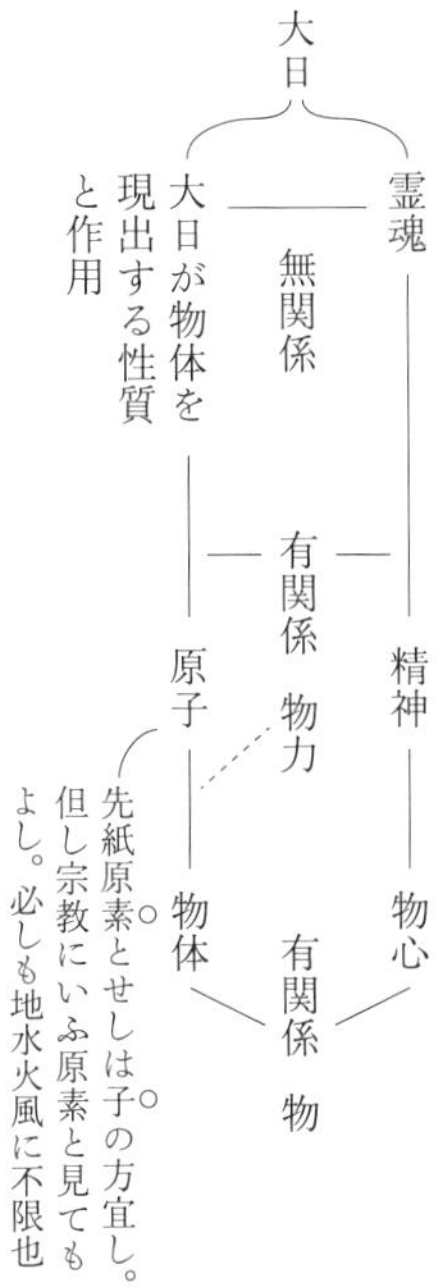

図 7-2　霊魂の体系化(『高山寺蔵南方熊楠書翰』269 頁より)

月に歯の治療のために和歌山に滞在した期間であり、同年三月二五日の二通の書簡(高山寺本26・27)にもっともよくまとめられている。

熊楠はそれを図7‐2のように表わしている(『高山寺蔵南方熊楠書翰』二六九頁)。熊楠は、霊魂(soul)と精神(spirit)と心(mind)を分ける。霊魂は「不滅不生にして常照光明」であり、「大日中心内のもの」である。その霊魂が精神に化し、「精神が原子とふれて物心と化し、……原子は精神とふれて物力を生じ、物体を顕出す」というのである。「物心」というのは、純粋な精神ではなく、物質的なものと関わって生ずるからであり、「人心も物心の一種」であるが、動物や植物、ひいては死物（土石など）にもあるという。死後、物心は精神界に入るが、直ちに霊魂に至ることはできない。そこには「悟」が必要とされる。

熊楠の霊魂論は、単純に人間の精神的要素を一つとするのではなく、霊魂・精神・物心などに分け、そこに大日如来から発する世界生成と絡めて段階を立てて、世界生成を逆転させることで、心の上昇を立てていくという構造になっている。人間以外の生物、ひいては無生物にまで「物心」を認めるところには、熊楠のアニミズムを見ることができる。また、迷いの世界の展開とそこから悟りの世界への逆転という発想には、仏教的な世界観を組み込もうとする態度が明らかである。実際、同日付けのもう一つの書簡の同様の図では、苦・集・滅・道の四諦の構造を書き加えている（『高山寺所蔵南方熊楠書翰』二六一頁）。

熊楠は、この大日からの世界生成の図を「猶太のマンダラ」を模したものと述べている。確かにそれはユダヤ教神秘主義カバラのセフィロトの樹を思わせる。熊楠がセフィロトの樹に関心を持つに至った過程では、神智学の影響があったのではないかと推測されている（唐澤太輔「南方熊楠は「猶太教の密教の曼陀羅」で何を表現しようとしたか――セフィロトの樹との比較」『比較思想研究』四五、二〇一八）。ブラヴァツキーの大著『シークレット・ドクトリン』は、カバラをその発想の源泉として用いていて、セフィロトの樹も重視されている（田中恵美子、ジェフ・クラーク訳『シークレット・ドクトリン　宇宙発生論（上）』神智学協会ニッポン・ロッジ、一九八九、補遺四四二―四四六頁）。熊楠はロンドン時代には神智学のようなオカルト的な神秘主義に対して批判的だったが、帰国後は霊的問題に対して深い関心を持ち、ブラヴァツキーを読むようになっていた。

熊楠の霊魂論は、それまでの仏教やキリスト教の既成宗教の中で論じられたものと異なり、長いイギリス滞在によって、欧米の新動向に通じた上で、それを法龍との交流から得た密教の世界観と結び付けた個性的なものになっている。心的要素に霊魂・精神・物心のような重層性を認めるのは、神智学で人間の心のあり方に七層を立てるのと共通する。また、仏教の重層的な八識論をも思わせる。ただし、法龍が阿頼耶識論を提示したのに対して、熊楠はその点に関する知識が欠けていて、十分な対応ができていなかった。

熊楠は民俗誌に関する論文などは公表したが、その思想の中核は私的な書簡の中で展開していたために、長くその思想は知られず、ようやく最近になって明らかになってきた。例えば、最近、高山寺より熊楠の書簡一点が発見されたが、そこには「猶太のマンダラ」から「熊楠マンダラ」へと展開する過渡的な図が描かれている。それを新たに「蟻のマンダラ」と名づけて研究が進められている(拙稿「蟻のマンダラ」、志村真幸編『南方熊楠の生物曼荼羅』三弥井書店、二〇二四所収)。欧米の霊性的な世界を受け入れながら、仏教と結びつけて新しい霊魂論や来世論を形成し、それがさらに南方マンダラと呼ばれる世界観に結実することは、今日改めて注目されるだけの価値を具えている。

3　神智学と霊魂不滅論——高橋五郎の場合

神智学は一九世紀の欧米の霊性的な動向の中でも、科学・哲学・宗教・芸術・社会運動などが混然として新しい精神界の運動となり、しかもその中で東西の知の融合が目指された(第六章参照)。神智学の日本への影響は吉永進一の研究に詳しく(吉永、前掲書)、熊楠のみならず、新仏教徒同志会のメンバーを始め、日本へも少なからぬ影響を及ぼしている。ただし、全面的に神智学にのめりこむような思想家は少なく、表面的に目立つものとはならなかった。

その理由はさまざまに考えられる。第一に、オルコット来日に沸いても、上座部仏教の立場に立っていたために、大乗仏教を標榜する日本の仏教者は必ずしも同調しなかったことが挙げられる。第二に、インド(スリランカを含めて)がイギリス領であり、言語的にも英語がそのまま通じ、かつブラヴァツキーやオルコットが現地に活動の拠点を置いたのに対して、日本はそのような直接的な関係が薄かったということも考えられる。第三に、一八八四年にブラヴァツキーに対するマハトマ(尊師)の手紙が虚偽であることが暴露され、翌年、心霊学会のホジソンによる調査報告書でトリックだと結論されたことは、神智学の評価を大きく貶めることになった。心霊学が疑似科学とすれすれながら、ある程度アカデミズムに入り込む余地を持っていたのに対して、神智学は最初からアカデミックな研究から排除されることになった。そのために、正面から神智学を受容することが困難であった。

その中で、神智学(当時は「霊智学」「霊智宗」などと呼ばれることが多かった)を批判しながらも、大幅に取り入れた高橋五郎の『霊魂実在論』(一九一二)に触れておきたい。高橋は黎明期の英文学者として、多くの西洋の古典的名著を翻訳紹介し、キリスト教徒として聖書の和訳にも関与したが、明治の終わり頃からは心霊学や神智学などの霊性的な動向に関心を深めるようになった。『霊魂実在論』もまさしくそのような時期に書かれたものである。

本書は、プラトンから仏典まで、東西に亘る多数の古典を引きながら、霊魂不滅を証明しようとするが、その際に、しばしば「霊智宗」に言及している。本書は次のような七章からなる。

第一章　霊魂不滅といふ事の意味
第二章　霊魂とは何ぞや
第三章　最近霊智宗の霊魂論を評す
第四章　本仏教の霊魂論を評す
第五章　霊魂の所在及び功用
第六章　霊魂の実質及其不死不滅なる事
第七章　霊魂と宇宙魂　死後の状態――天国或は極楽の真相

高橋は、これ以前に『新哲学の曙光』(一九一〇)第九章において神智学を「霊智宗」として紹介している。同年には、ブラヴァツキーの『神智学の鍵』*The Key to Theosophy*(一八八九)が宇高兵作によって『霊智学解説』として翻訳されている。『霊魂実在論』第三章では、これらの成果に基づきながら、神智学の霊魂論を論じているが、そこではその説を「甚だ雑駁にして多少玉石混淆の観なきに非ず」(『霊魂実在論』四〇頁)と批判的に見ている。それに対して、第四章で仏教の霊魂論を対置している。高橋は神智学を「新霊智宗」と呼んでいるが、それは「中世霊智宗」であるスウェーデンボルグと対比するのであり、スウェーデンボルグも批判対象としている。

高橋は、最終的に「人死すれば、霊魂は其の真体に復帰し、其真宅に還り去るといふは、古来天下万国の哲人が直覚的に梧入したる所の真理」(同、一二三頁)として、永遠の宇宙魂に帰入するという結論に至るが、その間にスウェーデンボルグや神智学の説をたびたび詳しく引用して、その関心の深さが知られる。

神智学がどのようにして、どの程度日本に浸透したかは、なお検討の余地が大きい。大逆事件で処刑された幸徳秋水が獄中で完成させた遺著『基督抹殺論』(一九一一)は、そのネタ本として神智学協会二代会長となったアニー・ベサントのキリスト教批判書『キリスト教――その証拠、起源、道徳、歴史』(Annie Besant, *Christianity: its evidences, its origin, its morality, its history*, 1876)のほとんど焼き直しとも言えるところが多い(拙稿「帝国の確立と宗教」、島薗進他編『近代日本宗教史』二、春秋社、二〇二一)。もっともこれはベサントが神智学に入る以前の著作であるが、幸徳がそれを神智学のルートを通して知ったことは十分に考えられる。なお、『基督抹殺論』を出版したのは、新仏教徒同志会の中心人物の一人で、幸徳と親交のあった高島米峰の丙午出版社であった。

近代の霊魂論は、こうして唯物論、仏教、キリスト教、神智学などが絡む中で、蛇行しながら展開することになった。近代は決して単純に科学的合理主義の方向にまっすぐ進んだのではない。その裏に錯綜しながら隠蔽された非合理的なさまざまな動向を見据えていかなければ、真の近代の全体像は見えてこない。例えば、昭和前期の狂気のような潮流もまた、決して偶然的、一時的なものと見るべきではなく、裏に隠された面と深く関わっている。表面からはうかがい知れない近代の底辺で錯綜し、醸成されてきたものがどう展開したのか。それを白日の下に曝して解きほぐし、しっかりと検証してゆくことが、近代を捉え直していくために不可欠である。

第八章 世俗／カルト／霊性

——近代国家と宗教

一　カルトと国家

世界平和統一家庭連合、即ちかつての統一教会（正式には世界基督教統一神霊協会）の問題は、政界を巻き込む大騒動となった。統一教会の活動は古く、一九五〇年代までさかのぼり、強力な反共主義の宣伝により、アメリカ・日本の政界にも食い込んだ。私が大学に入った一九七〇年前後の全共闘全盛時代にも、関連団体である原理研究会・勝共連合は人数は少ないものの、一部の学生に支持されていた。一九八〇年代には、霊感商法や合同結婚式が話題となったが、それ以上問題となることはなかった。

戦後日本でカルト化した宗教教団が引き起こした事件としては、一九九五年のオウム真理教の地下鉄サリン事件がもっとも大きなものであった。オウムは、それより少し前の新左翼系の革命運動が連合赤軍などで過激化して自滅した後、一部の学生や青年層に信者を増やした。ヘッドギアを装着した瞑想の様子は異様であったが、チベット仏教などに基づく教理とともに、高学歴のエリート層にも食い込み、新霊性運動とか新新宗教などと呼ばれ、一部の研究者の間でも高い評価を受けた。

オウムは真理党を作って政界進出を試みたが失敗し、坂本弁護士一家殺人事件などの殺人を繰り返す中で、サリンを製造してハルマゲドンを自作自演しようとして暴発することになった。それは、反体制的な新左翼系の暴力革命論の自滅を踏襲するようなところがあった。ただ、その主体が政治運動ではなく、宗教に変わったところに大きな時代の転換があった。

統一教会は、オウムのようなにわか作りの教団と異なり、第二次世界大戦後の早い時期から着々と勢力を伸ばしてきた。韓国・アメリカ・日本など国際的に広い範囲にわたるとともに、単なる宗教活動だけでなく、政界に食い込むとともに、新聞雑誌などのメディアや諸種の事業を経営し、学界にも影響力を及ぼした。新宗教の教団が信者向けにさまざまな事業を興すことは多く見られるが、これだけ大規模に世界的に展開しているのは他に見られない。反共という一点を売りにして、右派の政治家・学者などに浸透したと考えられる。

宗教教団が独自の政党を作って政界に進出するのに成功したのは、創価学会＝公明党だけであり、他はすべて失敗している。なぜ公明党だけが成功したかは、必ずしも十分に解明されているわけではない。現在活動している教団を研究するのは、資料的にも制約があり、難しい。自民党に神道政治連盟が影響力を持っていることも知られているが、これもその基盤となる神社本庁が伏魔殿と言われるような状態で、その内実はうかがい知れない。

近代主義の理論では、世俗化が進む中で宗教の勢力は小さくなるというのが通説であった。人々の思考が合理化すれば、宗教に頼ることなく、正しい判断を行うことができるようになるというのである。こうした宗教の軽視は日本では明治期から見られ、それも民間の運動ではなく、国家の指導者の側もそのような立場を取っていた。

戦後は、国家神道への警戒から、一層宗教排除が進み、また、いわゆる「進歩的知識人」の側もマルクス主義の唯物論が先導することで、宗教の問題が隠蔽された。その中で、宗教を認める立場としても、プロテスタンティズムに近代的な宗教の理念型を見るウェーバー理論が幅を利かせた。近代の合理化とは、何よりも魔術(呪術)からの解放(脱魔術化)であり、信教の自由と引き換えに、宗教は私事に閉じ込められ、公的な場で論ずべきものではなくなった。そうした状況では、政治に宗教が関わるのは前近代の名残としか見られず、公明党の進出も単なる偶発的な挿話に過ぎないものとしてまともに問題にされなかった。

だが今日、否応なく宗教と政治の問題が正面に据えられなければならなくなっている。それは、近代的な価値観の限界の露呈と裏腹の関係にある。近代の合理主義が蓋をしてきた宗教が、じつは世界を動かすのではないのか。宗教を含めた新しい価値観はどのように形成されるのか。近代の終焉の後で、新しい世界観をどう作り出すことができるのか。

世界の情勢を見ても、九〇年代には冷戦の終了とともに、宗教回帰の現象が広く見られるようになった。旧共産圏は、多く東方教会に復帰し、中東のイスラームやアメリカのキリスト教では、原理主義的な運動が政治的にも大きな勢力となった。当初はそのような動向は、近代主義の行き過ぎに対する一時的、局所的な反動として受け止められた。

しかし、次第に一時的現象ではないことが分かってきた。その中でリベラルな近代主義にはっきりとした反対を示す宗教勢力が、しばしば強力な政治力を発揮するようになった。その端緒は一九七八年のイラン革命であり、近代法ではなく、イスラーム法による統治が注目された。そうなると、近代的な社会体制はあくまでも選択肢の一つであり、絶対的な優越性を持つものと言えないことになる。

こうして西洋近代がこれこそ普遍的妥当性を持つものとして提出した自由、平等、人権、民主、平和、政教分離などの理念は、まったくその普遍性を失うことになる。男女は本当に平等なのか。それさえも否定する価値観が成り立ち、実際男尊女卑を明確化して実践する国家も出現した。そうなると、普遍的に妥当する倫理の基準はあるのだろうか。近代の行き着く先は世俗化や脱魔術化ではなく、再魔術化であり、宗教の再公共化であった。かつてのウェーバー的な世俗化論に対して、次項に見るように宗教の公共性の議論が改めて注目されるようになった。

ロシアのウクライナ侵攻は、価値観の問題を一層鮮明にした。確かに他国への侵攻は許されてはならない。しかし、その後の経緯を見ていると、欧米側が民主主義対独裁主義のような形で自己正当化して、ロシアを一方的な悪者視するのが正しいのかどうか、疑問となる。欧米の価値観の一方的な押し付けに対して、ロシアや中国が反発するのは、それはそれで一理あるのではないか。西洋近代的価値の普遍妥当的な正しさは根拠を失っている。近代的な国家や社会が目標とされた時代は終わり、ポスト近代の価値観の混乱の時代に突入している。

その中で、カルト的な宗教が国家に強い影響力を持つだけでなく、国家あるいは政治そのものがカルト化するような方向も見えるようになってきた。そのことは、近代社会の最先端を走っていたはずのアメリカの変貌に典型的にうかがわれる。近代のリベラリズムに対抗して現われたポスト近代の旗手がドナルド・トランプであった。二〇二一年一月にＱアノンの陰謀論を信奉するメンバーを核とした一団が連邦議会議事堂を占拠した事件は、まさしく民主主義以後の時代を象徴するものであった。

ＳＮＳを使ってのフェイクニュースの垂れ流しは、もはや今日至るところで見られるようになり、ポスト近代の合言葉とも言うべきポスト真実を現実化した。今や真実はどこにあるのか分からない。こんなバカなことが真実であるはずはないと思っても、それではそれが虚偽だという証拠はあるのかと言われれば、相手を納得させる証拠を示すのはきわめて難しい。二〇二〇年の大統領選における選挙不正の主張は、合理的に考えれば成り立たないはずなのに、その後も多数の共和党員が同調した。

そこでは、妊娠中絶反対のように、キリスト教原理主義と共通する主張も重要な役割を果たして、そのような宗教勢力と一体化しているが、旧来の共和党の保守主義とは一線を画する。伝統的な保守主義は、民主党と対立しながらも、議会制民主主義を共通の前提として、その中で政策を争うのであり、その点で近代の価値観を共有していた。しかし、トランプ派は伝統的な保守派と異なり、陰謀論とポスト真実に基づくポスト近代的な新しい政治集団ということができる。それは、政治そのもののカルト化と考えるべきものである。

トランプと近似した国家指導者は世界の各地に現われるようになってきた。日本では、故安倍晋三元首相の信奉者たちは、従来の保守主義と異なるポスト近代的なカルト的性格を持っていた。ＳＮＳを多用したインターネット右翼（ネトウヨ）は、次々とフェイクニュースを垂れ流し、個人攻撃や嫌韓嫌中のヘイト攻撃を繰り返した。従来型の知識人と異なるアジテーター的な発言者が、彼らのために特化された雑誌を通して宣教者的な役割を果たした。その結果、安倍チルドレンと呼ばれる大量の若手議員を擁するに至った。安倍が「戦後レジームからの脱却」をスローガンにしたのは、自覚的に戦後の近代主義を乗り越えようという宣言であった。安倍派が統一教会ともっとも密接に関係していたことは、必ずしも不自然ではない。それは従来の保守主義が近代的、合理的な価値観を前提とするのとまったく異なっている。新しいタイプの政治集団であり、ポスト近代的な方向を示すものと言える。安倍の死後も、無法状態となったSNSが選挙を左右するのは、当たり前となっている。

かつてナチスはフェイクニュースを最大限有効に活用して政権の座にのし上がり、近代的価値観をユダヤ的なるものとして否定することで、ポスト近代の先駆となった。しかし、あまりに時代に先走って急進的であったために、孤立して自滅した。今ではポスト近代は幅広く受け入れられる状況となっている。近代主義と異なる体制が生まれても不思議ではない。今は一時的にその動向が抑えられているようだが、それが最終的にどのような方向に向かうのか、もう少し時間をかけて見極めなければならない。宗教的カルトとの緊密な関係や、さらには政治自体のカルト化は、おそらくもっとも中心的なポスト近代の動向となるであろう。

だが、それ以外の道がないのであろうか。近代のリベラリズムが終わり、この後はポスト近代のカルト主義しかないのであろうか。そこには何か見落としてきたものがあるのではないか。近代は必ずしも合理化、脱魔術化の方向だけに進んだわけではない。近代の中で抑圧され、隠されてきた別の可能性があるのではないか。第七章では、従来無視されてきた近代の霊魂論の展開に焦点を当てた。もう一度日本の近代の中で、宗教や霊性がどのように扱われていたか、改めて検討する必要がありそうだ。

二　世俗化と宗教――カサノヴァ説を手掛かりに

近代社会は世俗化、合理化され、宗教が政治に直接関与しない政教分離体制に向かうと考えられてきた。しかし、現実は必ずしもそのような方向に向かっていない。そこで、従来の世俗化論はもう一度問い直されなければならなくなっている。この点で大きな問題提起を為したのは、ホセ・カサノヴァの著作『近代世界の公共宗教』（津城寛文訳、ちくま学芸文庫、二〇二一。原著は一九九四）であった。本書は、従来曖昧であった近代の世俗化の概念を明確化し、必ずしも政教分離に向かわない公共宗教の可能性を考える。本書を手掛かりに、近代の世俗化の問題を再考し、そこから日本の近代の問題を捉え直してみたい。

まず、カサノヴァは、世俗化を論ずるために、前近代の西洋キリスト教世界の構造について、次のように注意する。

「この世界」を、「宗教的」領域と「世俗的」領域との二つに分けるこの構造的分け方は、「この世界」と「別の世界」というもう一つの分け方と、はっきり区別しておかねばならない。……空間的には、「別の世界」（天上）と「この世界」（地上）がある。しかし「この世界」自体がさらに、宗教的な世界（教会）と世俗的な世界そのもの（サエクルム）とに分かれる。（カサノヴァ、前掲書、五二―五三頁）

このことは、次のように示すことができるであろう。

この世界（地上）――世俗的領域（サエクルム）
　　　　　　　　　└宗教的領域（教会）
別の世界（天上）

この図式はきわめて分かりやすく、日本の前近代（私の言う「大伝統」）においても妥当する。「この世界」は現世、別の世界は来世または異界と言い換えてもよいであろう。必ずしも時間的な来世に限らず、現世と異なる世界は同時的にも存立する。

ここで混乱しやすいのは、「この世界」の「宗教的領域」と「別の世界」がトータルな形で宗教の扱う世界（領域）となり、「この世界」の「世俗的領域」と対置することが可能という点である。宗教が強力であるのは、「別の世界」を支配することで、「この世界」に力を及ぼすからである。来世の運命を左右することで、現世の振舞いを規制することになる。キリスト教世界では、この宗教の支配が強力で、現世の世俗的領域をも圧迫するが、日本の場合、それに較べると世俗の王権の力が強く、神仏とほぼ同等の力を持っていた点が異なる。

それでは、「世俗化」とはどのような現象であろうか。カサノヴァは言う。

> 概念としての世俗化が指し示しているのは、「この世界」におけるこの二元論的なシステムと、この世界と別の世界とを媒介する秘跡的な構造とが漸進的に壊れてゆき、ついには中世的な分類システムがまったく消滅し、その領域の空間を構造化する新たなシステムに取って代わられる、

という実際の歴史的プロセスである。……これからは、ただ一つの「この世界」、すなわち世俗的な世界しか存在しなくなり、宗教はそのなかに自らの場所を見出すしかなくなるだろう。（同、五四頁）

先の図式を使えば、こうなるだろう。

- この世界（地上）
  - 世俗的領域（サエクルム）
  - ×宗教的領域（教会）
- ×別の世界（天上）

宗教的領域がなくなるわけではないが、それは世俗的領域の一部になってしまうということである。それは次のように言い表される。

世俗化論の核となる中心的命題は、社会の近代化のプロセスを、世俗的な領域——主として国家、経済、科学——が宗教的領域から機能的に分化して解放され、同時に宗教の方は新たに見出した宗教的領域の内部で分化して特殊化する、そういうプロセスとして概念化したところにある。（同、六三頁）

これを世俗化の第一の意味として、それに二つの下位命題がくっついているという。「一つは宗教の衰退説であり、……もう一つは宗教の私事化説」（同）である。宗教の衰退説は中心的命題の結果として考えられるものであるが、科学の発展やそれに伴う唯物論の進展によって宗教が批判されるようになるという面があるので、その点では、中心的命題と独立しているところもある。もう一つの私事化は、カサノヴァがその著作の中心課題として論ずるところである。

彼によれば、中心的命題である諸領域の分化は、「近代の構造的な一般的趨勢」(同、四三六頁)として認められる。宗教の衰退はヨーロッパにおける「優勢な歴史的趨勢」ではあるが、「近代の構造的な趨勢ではない」(同、四三九頁)。そして、「宗教の私事化」もまた、「近代の構造的趨勢ではない」(同、四四一頁)のであり、むしろ「近代的な個人の自由や近代の分化した構造を危険にさらす必要のない公共宗教が、近代世界においてありうる」(同)と、公共宗教は肯定的に見られている。

今日の宗教の再公共化の動向を見ていると、このカサノヴァの見通しはいささか甘かったようにも見える。原理主義的な宗教国家は、世俗化論の中心的命題そのものを否定し、宗教による社会諸分野の再統合を目指しているようであり、それ故、そこにポスト近代が現実化しつつあるとも言える。

しかし、近代を振り返るうえで、カサノヴァの世俗化論はかなりの有効性を持っている。とりわけ日本の明治期の近代化を考える際に、カサノヴァの論を参照することは有意義である。近代日本は宗教的領域を抑えて、強力に世俗化を推し進めることで近代化を図ろうとした。しかし、その強引さの中にほころびが生ずることになる。以下では、日本の近代化と世俗化のあり方を、カサノヴァの論を手掛かりとして考えてみたい。そしてその上で、抑圧された宗教的な領域を拠点とすることで、別様に国家を構想することはできなかったか、その可能性を探ってみたい。

三　近代日本の世俗化とその行方

1　近代日本の世俗化

日本の場合、近世と近代では世俗化の状況はかなり異なる。近世においては、仏教は寺檀制度を通して公共性を持つものであり続けたが、カサノヴァの議論とは少し異なる意味での宗教の世俗化が進行している。それは、宗教が通俗化、平易化することで庶民に広く普及するという意味で、それも宗教の世俗化ということができるのではないだろうか。庶民を対象とした通俗講義や庶民向けの書籍の出版は、仏教はもちろん、心学や新宗教、さらには儒教や神道でも見られる。確かに一八世紀の合理主義的な啓蒙思想家には、山片蟠桃のようにかなり徹底した宗教否定論も見られるものの、全体を通して、近世はこのような形でむしろ宗教が広く世俗社会の中に浸透する時代と見ることができる。

一九世紀になると、平田派の神道が尊王攘夷運動の中核を担い、いわば宗教の再公共化の様相が強くなる。維新の勝利により、その宗教的高揚は極大にまで達した。神仏分離や神祇官の設置はその大きな成果であり、神道は国教の地位を獲得した。ところが、神祇官はまもなく神祇省として太政官の下に移された上で、廃止された。開国して近代的国家を目指そうという中で、神道は時代錯誤的と見られたこと、神道界内部の勢力争いで混乱したこと、仏教は弱体化したと言っても大きな勢力を持ち、その完全排除は無理があったこと、などの理由が考えられる。そもそも維新政府の中軸となった長州藩士は、必ずしも神道に好意的とは言えず、むしろ合理的、世俗的な視点からの国家建設を目指していた。

その後、明治五年(一八七二)には、新たに教部省が設けられ、今度は仏教をも取り込んで、国家公認の宗教布教者である教導職を設け、その養成機関として大教院・中教院・小教院を設置した。ところが、教導職の従うべき原則として示された三条の教則が神道的であったことから、浄土真宗系の諸派が島地黙雷をリーダーとして反対して脱退し、それも失敗に帰することになった。

島地は欧米の宗教事情を視察し、政教分離と信教の自由をその主張の柱とした。

政教ノ異ナル固ヨリ混淆スヘカラス。政ハ人事也、形ヲ制スルノミ。而シテ邦域ヲ局レル也。教ハ神為ナリ、心ヲ制ス。而万国ニ通スル也。(「三条教則批判建白書」『島地黙雷全集』一、一五頁)

(「政」(政治)と「教」(宗教)の違いはもともと混同してはいけない。「政」は人間の行為であり、外に現われた「形」を制御するもので、地域を限定している。「教」は人為を超えたはたらき(神為)であり、内面的な「心」を制御するもので、万国に通ずる。)

ここに見られるように、明白に政教分離を主張し、その理由として、政治は外面の形、宗教は内面の心を扱うものとして、両者を分けた。その上で政治が内面の心の問題に立ち入れないというところから、信教の自由が成立することになる。実際それは大日本帝国憲法第二八条「日本臣民ハ安寧秩序ヲ妨ケス及臣民タルノ義務ニ背カサル限ニ於テ信教ノ自由ヲ有ス」に反映されることになった。

島地は、内面の心こそ万国共通の根本的な問題であり、外形を扱う政治より優位に立つと主張したかったものと思われる。それに基づく信教の自由の獲得は大きな成果と言えよう。だが、結果としては、まさしくカサノヴァの言う「私事化」であり、宗教を全人間的で公共的な問題から、私事の心に閉じ込めることになってしまう。いわば公的な国家形成からの仏教の脱落である。もっとも、現実には仏教は葬式仏教として一定の公共的な役割を持ち続けるのであるが、少なくともそれは表立ってのことではなく、むしろ前近代の名残として隠蔽されることになる。

こうして幕末・維新期の宗教的高揚の熱は急速に冷めてゆく。これ以後の日本の近代国家の建設は、まさしくカサノヴァの挙げる世俗化の三つの意味がすべて当てはまる。そこでは、仏教がまず私事化するとともに、神道の宗教的な部分は教派神道として同じく私事化し、公的領域から宗教を切り離して、国家は完全に世俗化した。こうして宗教は近代日本の表面から消え去り、世俗的な諸分野の一部として極小化される。そこまでは、お手本通りの純粋な世俗国家と言うことができる。しかし、本当に宗教なしにやっていけるのであろうか。単純にそう断定できない問題が含まれて、複雑な様相を生ずることになった。

そのあたりをもう少し立ち入って検討してみよう。憲法制定のために、欧米の制度を精査した伊藤博文は、大胆にも宗教に代えて天皇を中心に置く構想を立てる。

> 抑《そもそも》欧洲に於ては憲法政治の萌芽せる事千余年独り人民の此制度に習熟せるのみならず、又た宗教なる者ありて之が機軸を為し、深く人心に浸潤して人心此に帰一せり。然るに我国に在ては、宗教なる者其力微弱にして一も国家の機軸たるべきものなし。仏教は一たび隆盛の勢を張り上下の人心を繋ぎたるも、今日に至ては已に衰替《すいたい》に傾きたり。神道は祖宗の遺訓に基き之を祖述すとは雖《いえども》、宗教として人心を帰向せしむるの力に乏し。我国に在て機軸とすべきは独り皇室あるのみ。是を以て、此憲法草案に於ては専ら意を此点に用い、君権を尊重して成るべく之を束縛せざらんことを勉めたり。（「憲法草案審議開会演説」、瀧井一博編『伊藤博文演説集』講談社学術文庫、二〇一一、

一八頁。傍線は引用者）

西洋の憲法は世俗の法ではあるが、その根底にはキリスト教という宗教の千余年の伝統がある。それに対して、我が国にはそれに代わる精神的な機軸がない。仏教も神道もそれだけの力はない。そこで、宗教ではダメであるから、宗教ならざる皇室（天皇）をもってその代わりとしようというのである。いささか飛躍のある論法のようであるが、それが伊藤が考え抜いた末の唯一の道であった。こうして天皇は、西洋でキリスト教が担ってきた重い役割を負わされることになるのである。

このような経緯で、明治憲法はその文面を見る限り、宗教に頼らない純粋な世俗法として成立した。超越的な神仏の力を排し、第一条の「大日本帝国ハ万世一系ノ天皇之ヲ統治ス」から始まって、天皇を中心に置く「帝国」としての法整備の基本が作られる。

しかし、本当に世俗領域で完結することができるのであろうか。そこには無理があるのではないか。憲法第一条の万世一系説は、憲法自体の中では十分に説明しきれない。南北朝問題を考えれば分かるように、歴史的事実としても「万世一系」は成り立たない。それに、神武天皇などの初期の天皇は、考古学から見て成り立たない。それでも強弁して押し通すことはできるかもしれない。しかし、歴史的事実として成り立ったと仮定しても、それは偶然そうなったということかもしれないので、理論的な必然性は持たず、将来にわたって天皇家が存続するという保証はない。それでは、万世一系とは言えない。

そうなると、万世一系の必然性を保証するものは、世俗的な憲法の枠の中にはなく、その外に見いださなければならない。明治憲法の公式の注釈書とも言うべき伊藤博文『憲法義解』によると、「古典に天祖の勅を挙げて『瑞穂の国は、是れ吾が子孫《うみのこ》の王《きみ》たるべき地《くに》なり。宜しく爾皇孫《いましすめみま》、就《ゆ》いて治《しら》せ』と云へり」（岩波文庫、二〇一九、二一頁。引用の漢文は書き下しにした）と、いわゆる「天壌無窮の詔勅」がその根拠の一つとして挙げられている。これは、『日本書紀』の「一書」に見えるもので、アマテラスが皇孫ニニギを地上の瑞穂の国に遣わす時に与えた詔勅で、これが万世一系の根拠となるのである。この詔勅は、第九章で取り上げるように、すでに憲法の「告文」や『教育勅語』にも用いられていた。万世一系説の要となる詔勅である。

当時すでに祭神論争は決着して、アマテラスが天上の最高神と定められていた。そのアマテラスによって「吾が子孫」が王となることが命ぜられているのであり、未来永劫にわたり「吾が子孫」以外のものが王となることはできない。ここに万世一系でなければならない必然的な根拠が与えられることになる。しかし、それはすでに憲法外であり、ただちに宗教的とは言えないにしても、少なくとも世俗の領域を超えた神話的世界に入り込むことになる。宗教を持ち込まず、純粋世俗の天皇に精神的支柱を求めようとしても、その天皇の根拠づけとなると、結局のところ世俗性を超えなければならない。そして、世俗を超えた根拠を持つ天皇もまた、純粋に世俗的存在ということができなくなってしまう。世俗国家たらんとした近代日本は、こうして大きなディレンマを抱えることになった。

2　参照系なき道徳——国民道徳論

中伝統としての明治日本の精神構造は、天皇を頂点とする家父長制国家として、ピラミッド構造を持っていた。その体制が「国体」と呼ばれる。もっとも日の当たる近代性を象徴するものとして、大日本帝国憲法が制定されたが、それを支えるためには教育勅語の道徳が必要であった。それらはいずれも世俗の領域に属し、まさしく世俗化の達成とも言える。それらは現世的であり、私はそれを顕在化しているという意味で、「顕」の領域と呼んでいる。

しかし、それだけでは完結せず、現世を超えたものが求められる。家父長制国家は祖先崇拝によって支えられる。天皇の祖先崇拝として意味づけられた神道が国家神道である。それは、先に挙げた「天壌無窮の詔勅」による天皇政権の万世一系性を保証する。それに対して、臣民の祖先崇拝は仏教式で行われる。もっとも仏教は国家制度の枠内に入らない「私事」になるが、実質的にはそれがあってはじめて社会の安定性が保たれる。こうして神道や仏教もまた、天皇を頂点とする家父長制国家に組み込まれることになる。これらは、現世領域に留まらないという意味で、「冥」の領域と名付けることができる。こうして憲法・教育勅語・神道・仏教が近代日本を支える四肢構造をなすことになる。それは第一章の図1－3のように示すことができるであろう。

神道や仏教はこのように近代世俗国家である日本を裏から支えることになるが、その位置づけは微妙である。神道の役割は限定され、宗教性を否定されることで、政教分離に反しないものとして国家体制の中に組み込まれる。非宗教としての神道に残されたのは、道徳と儀礼という二つの領域であった。維新期の神道がその宗教性を発揮して、政治をも左右する力を持っていたのに対して、大幅な戦線縮小である。それに対して、仏教は実質的には臣民の祖先崇拝を引き受けることで生き残るが、あくまでも民間の「私事」の宗教として国家から切り離される。日陰に追いやられ、その意義さえも十分に認められないことになる。

こうして、裏側に曖昧な領域を残しながらも、表向きはどこまでも世俗性を貫徹した近代国家であろうとしたのが、明治国家であった。その「顕」なる領域のうちでも、憲法はあくまでも法的規定であり、それをもって臣民の精神構造を形成することはできない。そこで注目されるのが、教育勅語によって基礎が作られた道徳の領域である。伊藤が望んだように、天皇が日本の精神的支柱であるためには、国家の家父長である天皇をすべての臣民が敬愛し、従順にその命に随うのでなければならない。教育勅語に範を取った道徳のシステムは国民道徳と呼ばれ、国民道徳を議論する国民道徳論は明治の終わり頃から盛んになり、昭和にまで続く。国会図書館データベースで「国民道徳」を書名に含む書籍を検索すると、もっとも古いものは伊藤武寿『国民道徳論』(一八九二)で、その後昭和に至るまで、きわめて多数の著作が著されている。

その中で、ここでは井上哲次郎の『国民道徳概論』(一九一二)を取り上げてみよう。明治の終わりに、大逆事件の後、国体や国民道徳の必要が大きく叫ばれるようになる。井上は教育勅語の公式に近い注釈書『教育勅語衍義』を著わし、体制側を代表する哲学者であった。その『国民道徳概論』は、内容的にももっとも体系化され、標準的な国民道徳論として、それだけの権威と影響力を持つものであった。

同書は全一五章からなる。章名を挙げると、以下の通りである。

第一章・国民道徳の意義　第二章・国民道徳と倫理学説　第三章・国体と国民道徳　第四章・神道と国体　第五章・神道の起原、発達及び傾向　第六章・武士道の歴史、特質及び将来　第七章・家族制度と祖先崇拝　第八章・家族制度と個人主義　第九章・家族制度と社会主義　第十

章・忠孝一本と国民道徳　第十一章・国民道徳の変化及び将来　第十二章・国民道徳と人道　第十三章・国民道徳の基礎　第十四章・日本戦捷の原因　第十五章・国民性批判

このような章名を見ていけば、その内容はほぼ明らかであろう。第七章あたりまでで中心的な内容は終わり、その先は応用的な問題を扱っている。同書の基本は、万世一系の天皇を中心とする日本の「国体」を基本として、その上に国民道徳を築こうとするところにある。天皇は国家の家父長(井上は、「家長」と呼ぶ)であり、そこに家族道徳の基本である「孝」と国家道徳の基本である「忠」が結びつき、忠孝を中心とする道徳が形成される。これは、教育勅語に示されたものであり、国民道徳は勅語を敷衍したものになる。

ここで注意されるのは、倫理と国民道徳の関係(第二章)である。倫理が普遍性を持つのに対して、国民道徳は日本独自の「国体」に基づくものとして、万人に関わるものではない特殊なものである。もともと島地の宗教の私事化にしても、伊藤の憲法案にしても、近代日本は欧米の近代をモデルにして、普遍性を持つことを目指していた。あくまでも日本は近代国家としての世俗国家であったはずだ。ところが、国民道徳になると、このような普遍性を求めることができなくなる。日本の国体だけ特別であり、それは普遍的な倫理と異なる原則に立つことになる。そうなると、近代の世俗国家から逸脱していく。実際、そこでは西洋近代のシンボルとも言うべき個人主義や社会主義が否定される(第八、九章)。このことは、後の『国体の本義』まで一貫して、自由主義者や社会主義者を弾圧する根拠となる。

だが、こうしてその独自性を強めると、何か問題が起こった時に他を参照することができなくなる。

参照系なしにひたすら閉ざされた我が道を進むしかないとしたら、これほど危険なことはないであろう。実際、日本の近代は次第に狭隘な迷路に入り込み、自滅することになる。それは、あえて言えば、国家のカルト化の実例であったとも言える。

本書の神道観（第四、五章）についても簡単に見ておこう。井上によれば、日本の神話は「祖孫相続の精神」（『国民道徳概論』一〇二頁）で一貫しているという。それが歴史時代につながり、万世一系となるのである。そして、古神道は、「祖先崇拝――祖孫相続の精神を伴うて居る祖先崇拝、言換れば、祖先崇敬」であるという（同、一〇八頁）。その神道には「道徳的方面と宗教的方面」（同、一三六頁）があるという。道徳的方面は「概して現世的、実際的」（同）であるが、「同時に国家的」（同、一四一頁）である。他方、井上は、「政策上、神社を宗教以外のものとすることは或は已むを得ない」（同、一四七頁）として、国家神道の非宗教性を受け入れつつも、神道に宗教的方面があることを認めている。

ところで、井上は祖先崇拝を家長制と結びつけて国民道徳の重要な要素とする（第七章）が、興味深いことに、その祖先崇拝が仏教によって担われていることには一言も触れない。それどころか、儒教は家族制度と祖先崇拝を含むが、「仏教はそれ（祖先崇拝――引用者注）が無い」（同、八頁）と断定している。これははなはだ不思議なことであるが、島地があくまでも宗教を「心」の問題として内面化したのを考えると、葬式仏教の持つ祖先崇拝的性格は、当時まったく隠蔽されてしまっていたことが知られる。

四　霊性国家は可能か

1　神道は再生できるか――折口信夫

伊藤博文のプランでは、天皇はキリスト教に代わる精神的支柱として位置づけられるが、それは決して熱狂的な天皇崇拝を求めるものではなく、むしろ憲法に基づく近代的な世俗国家の確立こそが目指されるところであった。だが、教育勅語から国民道徳論の流れは、憲法の規定を超えて次第に天皇を絶対視し、崇拝対象とする方向へと向かった。日本独自の「国体」が正面に押し出されると、他と比べるものがないままに突っ走るカルト国家の様相を呈し、自滅することになった。いわば、近代をほとんど飛ばして、一気にポスト近代にまで飛び込んでしまったとも言える。その中で、宗教の役割は極小化され、神道は非宗教で、神社は天皇の祖先崇拝の場としてのみ意味を持たされた。

第二次世界大戦の敗戦とともに、国家体制の立て直しが急務となり、GHQの指示のもとに、もう一度近代的な世俗国家を目指すことになる。戦後憲法には人権、平和などの近代の理念がたっぷりと盛り込まれる。しかし、それがはたしてどれだけ考え抜かれたものかは、いささか疑わしいところがあった。このことは第九章で新憲法の前文を検討しながら考えてみたい。

ここで注目したいのは、その際に政教分離を過剰なまでに徹底して、公共分野から宗教を排除したことである。第二〇条は、「信教の自由は、何人に対してもこれを保障する。いかなる宗教団体も、国から特権を受け、又は政治上の権力を行使してはならない。(2)何人も、宗教上の行為、祝典、儀式又は行事に参加することを強制されない。(3)国及びその機関は、宗教教育その他いかなる宗教的活動もしてはならない。」とあって、あまりにくどい。例えば、第二三条が、「学問の自由は、これを保障する。」だけで終わっていて、きわめて素っ気ないのと対照的だ。

その背景として、国家神道への警戒ということが指摘されている。GHQのいわゆる「神道指令」(一九四五)によって国家神道は解体されるが、じつはこの指令には奇妙なところがある。そこでは、「国家指定ノ宗教乃至祭式ニ対スル信仰或ハ信仰告白ノ(直接的或ハ間接的)強制ヨリ日本国民ヲ解放スル」ことを第一の目的とする。確かに、国家神道は「祭式」を含むが、非宗教であることを公言していたのであるから、いささかピントがずれている感を拭えない。すでに見たように、西洋のキリスト教に対応するのは、神道ではなく、天皇であり、神道はその一部として機能したものである。神道指令は、国家神道をキリスト教と同等の役割を果たした宗教と見ているところがある。いわば、天皇の身代わりに神道の首を差し出したようなものである。それによって天皇の戦争責任は不問に付されることになった。

ともあれ、これによって神道は戦争遂行のイデオロギーの中心のように捉えられて指弾を受けるとともに、国の庇護を失って、放り出されることになった。混乱して停滞する神道界にあって、これこそ神道再生の好機ととらえて神道界を鼓舞したのが折口信夫であった。折口は戦後矢継ぎ早に「神道の友人よ」「民族教より人類教へ」「神道宗教化の意義」「神道の新しい方向」などの論考を発表し、新しい神道を目指すべきことを熱烈に説いた。

折口は、これまでの神道非宗教論に対して、「神道は宗教である」(「神道の友人よ」、安藤礼二編『折口信夫天皇論集』講談社文芸文庫、二〇一一、三二頁)と断言する。しかし、それに続けて、「だが極めて茫漠たる未成立の宗教だと思う」(同)と補足する。これはいささか意外に聞こえるかもしれない。神道は日本の歴史とともにある古い宗教だというのが常識であろう。しかし、折口はそうではないという。本格的には未成立の未熟な宗教だというのである。

どうしてそういうことになるのだろうか。「神道の根柢も枝葉も倫理である。……こうした考え方で、私どもは神道の学的生活を営んで来なかったか」(同、三三頁)と問いかける。これはまさに先に見た国民道徳論の中に神道を組み込んできた近代への反省である。神道は道徳として、また天皇の祭祀儀礼として位置づけられ、国家の保護を受けるとともに、その宗教性を排除してきた。それでよかったのか。

天皇を頂点として、その下に神道を位置づけようとしてきた。ところが、「天皇は先に御自ら「神」を否定し給うた」(「民族教より人類教へ」、同、四二頁)のである。そうであれば、天皇頼みの神道は、宮廷から切り離されて進んでいかなければならない。「宗教としては先輩である仏教や、友教である宗派神道の中から信仰の情熱を学び、又内省して自分を省みて見なくてはならない」(同、四三頁)。そうすることで、小さな地域で生まれたキリスト教が世界宗教に発展したように、「神道の中にある普遍化すべき要素を出来るだけ広めてゆくこと」(同、四〇頁)もできるというのである。

このように、折口は国家神道の解体を積極的に受け止め、これこそ神道が本当の宗教となることのできる絶好のチャンスだというのである。戦後の停滞した神道界の中で、突出した高揚ぶりである。折口の言う「宗教」は、今までの政治化した神道に対して、どうやら島地黙雷が仏教に関して実現したような私事化のようにも見える。しかし、「私どもは、宗教を持ちながら、其を体系化していなかった」（「神道の友人よ」、同、三三頁）と言うのを見ると、体系的な理論化ということをも含むようである。このように、折口は必ずしも世俗化した社会の中での私事としての神道というに留まらないスケールで、「人類教」として普遍化できるものとして神道を構想していたのである。

戦後の神道は、神社本庁として宗教法人化する（一九四六）。だが、折口の求めたような宗教化が本当に実現したかというと、その方向は全く異なっていた。宗教として自立するよりも、戦前の国家神道に復帰することを求め、政治に密着する方向を選んだ。それが神道として最も適切な道なのかどうか。幕末の平田派神道は、じつは多様な理論化の可能性を模索していた。それについては、第一〇章で取り上げることにしたい。しかし、その方向は維新後断絶する。神道とは何であり、その進むべき道はどこにあるのか。折口の投げかけた問題は、何ら解決することなしに、今日まで引きずられている。

2　霊性国家を目指して――鈴木大拙

戦後の思想界は、折口のような少数者を除いて、宗教への関心を失う。その点では、戦前の世俗化の流れをそのまま引き継いで、それがさらに過剰となる。社会では、「神々のラッシュアワー」と呼ばれるほど、新しい宗教が人々を引き付けているのに、知識人の世界ではまったく関心を持たれなかった。同様に、天皇制もまた、人間天皇から象徴天皇になったものの、いわゆる「進歩的知識人」の間では、遠からず消えてなくなるものとしか見られなかった。こうして極端な世俗化の中で、宗教も天皇もなくなった未来が理想のように描かれた。その中で、宗教を認め、天皇を認める論者は時代遅れとして嘲笑の対象にしかならなかった。

そのような時代にまったく逆行して、国家の霊性化を主張し、その中に天皇を位置づけ直そうとしたのが鈴木大拙であった。大拙は、戦争終結とともに、堰を切ったように、これまで発表できなかった戦争否定や平和主義の文章を発表し、新しい日本の建設を目指して若い人に呼び掛ける意欲的な言論活動を開始した。すでに七〇代後半であった。

『日本的霊性』(一九四四)に続く霊性論は、戦後、『霊性的日本の建設』(一九四六)、『日本の霊性化』(一九四七)と立て続けに出版されて、いわば霊性三部作を構成する。その三部作は、まさしく時代の転換点にあって、その節目に対応している。『日本的霊性』は戦争末期であり、『霊性的日本の建設』は敗戦後、『日本の霊性化』は新憲法発布後である。そして、『日本的霊性』が過去の日本、とりわけ鎌倉時代に「日本的霊性」が顕現していたとするのに対して、戦後の二著は、逆に日本はこれから霊性化されなければならないと主張する点で、きわめて実践的な問題意識に貫かれている。

しかし、『日本的霊性』は主著として讃えられるにもかかわらず、その延長上に論じられた戦後すぐの霊性論は、ほとんどまともに取り上げられることがなかった。確かに大拙にはオポテュニストの面があり、戦争中は戦争肯定の言辞を弄し、戦争が終われば平和主義を掲げるという批判もある。それは認めざるを得ないところもあるが、それでも国家のあり方にまで踏み込んだ言動は、これまでなかったことであり、戦後の大拙の活動は、改めて取り上げる価値があるように思われる。

ここでは、『霊性的日本の建設』を取り上げてみよう。本書が注目されるのは、そこに明確な形で霊性的な天皇論・国家論が提示されていることである。本書は、同名の論考を第一篇とし、それ以前の「日本的霊性的自覚」を第二篇として合わせたものであるが、天皇論・国家論を含むのは第一篇であるから、そちらを中心に見てみたい。第一篇は五節からなっている。即ち、一・知性、二・自由、三・霊性的自覚、四・日本的霊性的自覚と神道、五・「力」と「国体」、となっている。このうち、一―三は、自由などの新たに日本で受け入れた近代的概念が、霊性的自覚に基づくべきことを主張する。霊性的自覚については、だいたいのところ、『日本的霊性』を継承して、必ずしも本論で新たな説が提示されているわけではないが、「霊性」という概念をどう理解するかは重要なので、簡単に見ておきたい。

大拙は、「知性」と「霊性」を対照させる。知性の特徴は二元性にある。それが私たちの日常である。しかし、そのような二元化では理解できないような事態がある。それが霊性の領域である。大拙はもちろん仏教的、禅的なものを前提として考えているが、本書においてはそれだけでなく、一神教的な宗教を例として取り上げている。神と人間との関係は、切り離されつつも結びついている。それは、「矛盾そのものが、そのままで、自己同一性を具有する」（『鈴木大拙全集』九、四三頁）というのである。そこには、西田哲学の絶対矛盾的自己同一が思い合わされる。

大拙は、このような霊性的自覚が「自由、自主的選択、個性的行動など云ふものの根源」（同、四五頁）に当たるとする。とりわけ大拙は「自由」の問題を霊性から説明する。新しい時代の精神の自由は、知性ではなく、霊性に基礎づけられなければならない。そこに、自由などの西洋近代に由来するように見える新しい理念が、じつは西洋近代の知性的立場に基づくものではなく、それより根源に遡って捉えようという大拙の意図が知られる。

ところが、日本はもともと「日本的霊性」を保有しながら、それを発揮することができなかった。

それは何故か。大拙はそれを神道のせいだという。それが第四節の課題である。大拙は神道に対してきわめて厳しい。「神道は一種の愛国精神又は愛国情緒にすぎないと考へてよいこともある。霊性的生活の消息に到りては殆んど没交渉だとも云ひ得られる」(同、九三頁)と、霊性的自覚に達しないとする。そして、それが日本を無謀な戦争に導いたというのである。

大拙の神道批判は、『日本の霊性化』にも一貫している。そこには、戦争責任を神道に押しつけ、仏教の側は責任を免れるかのような一方的な決めつけが見られ、後味が悪い。ただ、大拙が前提としている神道は、戦前の国家神道に則って理解されたものであり、その点では折口が批判したものと一致する。当時の神道理解としてはやむを得ないところもあったと言わなければならない。

さて、以上のような霊性論の議論を経て、第五節において、いよいよ霊性的な政治論、国家論が展開される。「個性の尊重、道徳的自主自由主義、人間の人格的価値など云ふものを実現させて行くのが、今後の吾等の務である」(同、一三七頁)のだから、「日本の現勢下において実行するには如何なる考へ方をすべきであらうか」(同)ということが問題になるのである。

ここで大拙が持ち出すのは、華厳の事事無礙法界の考え方である。事事無礙をどう理解するかは厄介な問題であるが、ここではその原理的な探求はさておいて、それがどうして国家・社会の問題に適用されるかという点に絞ってみよう。大拙は言う。

個己は個己としてのみ立ち行けるものでない。一の個己は他の個己を予想し肯定することによりてのみ可能である。自己本位はまた他己本位でなくてはならぬ。それで事事無礙となるのである。政治的に云ふ個人主義はそのままに全体主義に通ずるものでなくてはならぬ。また全体主義は個

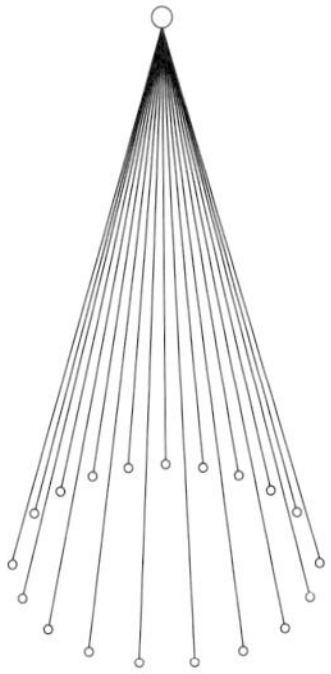

図8-1　天皇と国民との二元的論理（『鈴木大拙全集』9, 146頁より）

人主義を否定して可能なものではない。理事無礙でなくてはならぬ。人格的道徳的個己自主的な集団組織を政治の実際面に働かすこと――これが事事無礙法界の人生生活の上に実現した曼陀羅でなくてはならぬ。（同、一四一頁）

「個己」（自己）と「個己」（他己）の関係である「事事無礙」と、「個己（＝事）」（個人主義）と「全体（＝理）」（全体主義）の関係である「理事無礙」が、いささか混乱して説かれているので、分かりにくい。大拙は「理事無礙」を「事事無礙」の前段階として、最終的に否定されるものと見ているようであるから、「個人主義」と「全体主義」の相即という立場は超えられなければならない。全体主義は、それを組織する「力」が必要になるが、本来、「法界はそれ自身で完全な組織体」（同、一四二頁）であるから、それに外から力を加える必要はない。

　ところが、戦前の日本は、「天皇は万民を離脱し……天皇と国民とは二元的論理の対象」（同、一四五―一四六頁）となってしまっている。それは図8－1によって表わされる。しかし、それは事事無礙にならない。事事無礙の法界曼陀羅は、図8－2のように表わされる。後者に関して、大拙は次のように説明する。

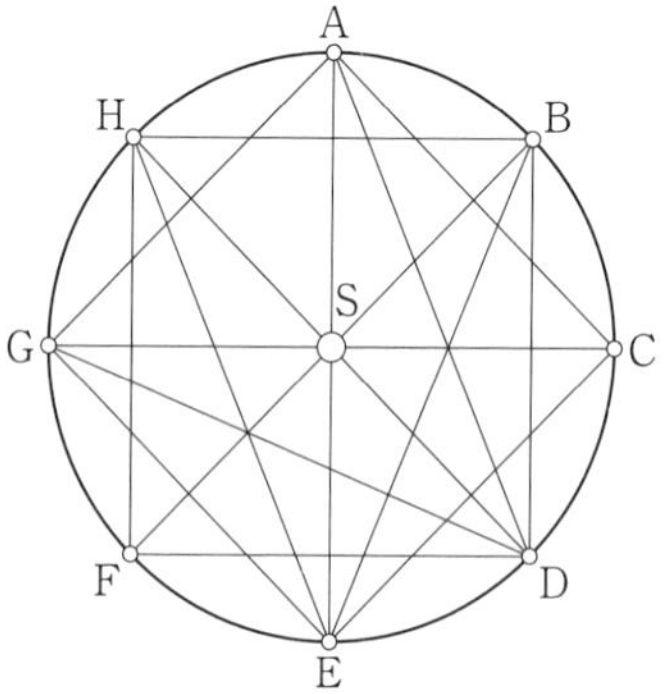

図 8-2　事事無礙の法界曼陀羅（『鈴木大拙全集』9, 148 頁より）

> ＡＢＣＤ等は「万民」であり、「億兆」である。併し彼等は一一の個己である、……中心のＳは、周辺のＡＢＣＤ等を全面的に外廓的に総括したものを、内面的に反映せしめたのである。……大円相は国民全体を包むものであるが、包むと云ふだけでは、これと指さして示すべき具体性の事が見られぬので、中心部にＳを置いた。Ｓが即ち国体の中心である天皇である。（同、一四八—一四九頁）

このように、新たな天皇像は万民と上下関係ではなく、水平な個己の関係の中心点として位置づけられるというのである。

このような大拙の霊性的な国家論・天皇論は、いくらでも突っ込みどころのある欠点だらけの議論である。例えば、華厳が戦争中に大東亜共栄圏の理論化に大いに用いられたことはよく知られている（石井公成「大東亜共栄圏の合理化と華厳哲学（一）」『仏教学』四二、二〇〇〇）。大拙は『華厳経』入法界品梵本の校訂出版（一九三四—三六）など、早くから華厳研究を進めてきた。しかし、戦前・戦中のイデオロギー形成に用いられた思想を、十分な反省なしに戦後体制の基盤として滑り込ませてよいものだろうか。

ここでは、これ以上その検討に立ち入ることはしない。ただ言いたいのは、たとえ欠点だらけでも、戦後の状況の中で、あえて時代に逆らいつつ、戦前の国体論の頑迷な固持でもなく、霊性的な国家論・天皇論を提示した意義は十分に評価しなければならない。その点で、折口の戦後天皇論と並び立つだけの意味を持つと思われるが、議論の対象にもならず、埋没してしまったのは不幸なことであった。

その説が冷淡に無視されたせいか、『日本の霊性化』も基本的な論調は変わらないものの、天皇論などを含む大胆な国家論は後退する。そして、「世界を動かす新しき思想は米国で生れて育て上げられるより外ありません」（『鈴木大拙全集』八、三二一頁）と、手放しの米国賛美が表明されている点が新しい。米国の自由や平和の思想は、「その根源は霊性的なもの」（同、三九二頁）だというのである。彼らにとって、「霊性的なるものはキリスト教」（同、三九三頁）である。日本が霊性化できないのに対して、米国こそキリスト教によって霊性化に成功した国と見られている。大拙がその後、米国へと活動の中心舞台を移すのは、このような日本への絶望と米国への希望があったからではなかっただろうか。

今日、先に述べたように、単純な政教分離に基づく純粋世俗国家は必ずしも最善とは言えなくなっている。だからと言って、宗教国家を目指すのが適切かどうかは疑問であろう。ただ、強い宗教的な理念ではなく、大拙が「霊性」というような、世俗の知性的合理性を超えた理念を掲げて、国家を考えていく道もあり得るのではないだろうか。

マルクス主義が思い描いた世界史は、科学的な法則に従って、万人が幸福になる理想社会が訪れるというきわめて夢想的なものであった。だが、それほど科学は好都合なものではない。それどころか、そのまま放置すれば人類を滅亡させる恐れさえもある危険なものである。それを統御する理念は、科学の中にはない。科学をより大きな秩序の中に位置づけていくことが必要だ。とすれば、そのような大きな秩序はどこに見いだされるのか。世俗の秩序が世俗の枠内だけで調和的に発展していくということが成り立たないならば、それを統御するには、世俗を超えたより大きな価値観が必要とされるのではないだろうか。それを「霊性」と呼ぶことに抵抗があるならば、他の言葉でもよい。

次章でも取り上げるが、ユネスコ憲章前文では、次のように言われていた。

政府の政治的及び経済的取極のみに基く平和は、世界の諸人民の、一致した、しかも永続する誠実な支持を確保できる平和ではない。よって平和は、失われないためには、人類の知的及び精神的連帯の上に築かなければならない。（文部科学省のサイトによる）

「政治的及び経済的」な公共空間の法則だけでは本当の平和は築けない。もっと根底にあるものを、ここでは「知的及び精神的連帯」と呼んでいる。「知的」という側面は結局のところ知性のレベルであるとすれば、それを超えるものとして「精神的」と呼ばれる領域の重要性がここに指摘されている。自分の幸福だけでなく、人はなぜ他の人たちの幸福をも願うのか。自己だけでなく、他己も問題にされるのはなぜなのか。暴力や利害だけが人を動かすのではない。私たちの世界は政治や経済だけで成り立っているわけではない。それを超えた精神領域にスポットを当て、そこから理想を描き出すのでなければならない。それが、大拙の言う「霊性」ではないだろうか。そうとすれば、時代錯誤の夢想のように見られてきた大拙の霊性的国家論は、改めて真剣に問い直されなければならないだけの価値があるのではないだろうか。

第九章

夢みる憲法
――前文から読む戦後憲法

一　前文の役割

憲法改正の議論が喧しくなってきている。だが、改憲か護憲かという二項対立論は、いかにも不毛である。唯一提示されている自民党の改憲案は問題点が多く、十分な検討を要するにもかかわらず、その議論は進んでいない。護憲派は、結局は憲法に対する議論を封じるだけで、憲法について真剣に考えているようには見えない。第九条が攻防の焦点になるとしても、そのように一部の条項にだけ焦点を当てることは、憲法の全体像を見失って、理念なきつぎはぎ憲法にしてしまうだろう。私は現行憲法がそのままでよいとは考えていない。しかし、それは部分を手直しするだけで済まない問題である。全体の理念をどう捉え、今後、どのような理想と目標をもって日本が進んでいくかということをしっかりと見定め、その上で、その理念に基づいて個別的な条項を検討することが必要であろう。

憲法制定の経緯とその理念は、その前文に説かれる。例えば、フランス人権宣言（一七八九）は、その後の近代憲法の源泉となるものであるが、その前文にはこう説かれている。

国民議会という形に組織されたフランス人民の代表者たちは、人の諸権利についての無知、忘却または蔑視が公共の不幸と政府の腐敗の諸原因であるにほかならないことにかんがみて、一つの厳粛な宣言のなかで、自然で、譲り渡すことができず、そして神聖な人の諸権利を表明することを決意した。それは、この宣言が社会のすべての構成員の前につねに提示され、彼らの権利と彼らの義務をたえず彼らに想起させるためである。それは、立法権の行為および行政権の行為が、すべての政治制度の目的と継続的に比較されることによって、よりいっそう尊重されるためである。それは、市民の要求が、これからは単純で争いえない諸原理にもとづくことになるため、つねに憲法の維持とすべての人々の幸福に向けられるようにするためである。（データベース『世界と日本』、田中明彦訳による）

「人権の無知、忘却または軽視が不幸な生活と政府の腐敗の唯一の原因」という強烈な表現が、まさしく革命後の高揚を伝えている。それが第一条の「人は、自由かつ権利において平等なものとして生まれ、そして生存する。社会的区別は、共同の利益にもとづいてのみなされることができる」という天賦人権論につながる。その第一条は、フランス一国内でなく、普遍的にあらゆる「人」が主語とされていることが、その後の世界における人権思想の源泉として、大きな役割を果たすことになる。

高橋和之編『新版世界憲法集　第二版』（岩波文庫、二〇一二）によって、各国の憲法の前文を見ていくと、そっけないものもあるが、かなり力を込めて書かれているものもある。その中で、日本国憲法の前文は、それほど長いわけではないが、理想を高く掲げている点で目を引く。もちろんGHQの原案をほとんど手直しもなく、そっくり受け入れているので、はたして本当に真剣に日本側がそれを検討したのかどうかさえ、疑わしい。それに、読み込んでいくとおかしなところがいろいろと出てくる。そうではあるが、やはりそこに憲法の理念が語られていることは間違いなく、それが戦後を先導していくことになったことは事実である。そのおかしなところも含めて、戦後思想の原点としての憲法前文をしっかり検討することが必要である。そして、その検討により、意外にもそれが霊性的問題と関わっていることが浮上してくるのである。

二　「普遍」を求めて――憲法前文の思想

1　上諭のマジック

まず、前文の前に、天皇の名によって、この憲法の制定の過程が記された上諭と呼ばれる文書が付されていることに注意したい。ともすれば憲法を考える際に無視されがちであるが、ここに戦後憲法の合法性が示されている。

朕は、日本国民の総意に基いて、新日本建設の礎が、定まるに至つたことを、深くよろこび、枢密顧問の諮詢及び帝国憲法第七十三条による帝国議会の議決を経た帝国憲法の改正を裁可し、ここにこれを公布せしめる。

御名御璽

昭和二十一年十一月三日

（以下、内閣総理大臣吉田茂以下の全大臣の署名）

上諭が重要なのは、日本国憲法は大日本帝国憲法の正当な手続きにもとづく改正であり、決して旧憲法を廃棄して、新たな憲法を制定したわけではないことが明示されているからである。即ち、「枢密顧問の諮詢」と「帝国議会の議決」を経て、天皇が裁可するという手順を踏んでいる。帝国憲法第七三条によれば、憲法改正の発議は天皇がするのであるから、改正の主体はあくまでも天皇であり、国民ではない。

帝国憲法の上諭では「将来若此ノ憲法ノ或ル条章ヲ改定スルノ必要ナル時宜ヲ見ルニ至ラハ、朕及朕カ継統ノ子孫ハ発議ノ権ヲ執リ、之ヲ議会ニ付シ、議会ハ此ノ憲法ニ定メタル要件ニ依リ、之ヲ議決スルノ外、朕カ子孫及臣民ハ敢テ之カ紛更ヲ試ミルコトヲ得サルヘシ」（読点は私に付す）と記されている。それによれば、憲法の「改定」はきわめて重大で、軽々しくなすべきことではなく、どこまでも「朕及朕カ継統ノ子孫」たる天皇が主導権をもって行わなければならない。戦後の「改定」もこの大権の発動によってなされたのである。上諭を見る限り、一点非の打ちどころがなく、帝国憲法に基づく神聖天皇の行為である。

ところが、戦後の改正は、一部の条項の「改定」に止まらず、もとの憲法を完全に骨抜きにするもので、内容的に見ればまったく別の憲法になっている。中でも重要なことは、天皇が発議しながら、自らの主権を放棄する内容になっていることである。日本国憲法の天皇条項では、神聖天皇の絶対性は失われ、第九六条によれば、今後の改正に当たっても、天皇の実質的権限はなく、国民が投票によって憲法を変える主体となる。

このように、戦後憲法は、天皇のいわゆる「人間宣言」の延長上に、天皇が自らの権限をもって、自らの権限を放棄するという仕組みになっている。革命でもクーデターでもなく、平和裏に天皇自身の発議によって主権が天皇から国民に移譲され、いわば権力の「禅譲」がなされるのである。ふつうに考えれば、天皇が権力を放棄して、旧憲法が廃止され、それから新たな主体である国民が国会を召集して、新しい憲法を制定する、という手順が考えられるだろう。しかし、ここではそうではない。あくまでも憲法は継続しているのであり、新憲法は本当は「新」ではなく、「改定」である。

このことを示すのが、上諭である。ここには、正統的な手順を踏みながら、気が付いてみれば主体が変わっているという手品のようなトリックが仕掛けられている。そのトリックは、上諭の中で「日本国民の総意」と出てくることで示される。第一条の天皇の存在を認める根拠となるこの言葉は、ルソー的な「一般意志」とも違う曖昧さのうちに、権力の移譲を正当化する。神聖天皇の絶対的行為でありながら、それが「国民の総意」に基づくという重層性を仕込むことで、主体の転換をソフトランディングしようとしているのである。

それはきわめて巧妙と言わなければならないが、同時にその巧妙な曖昧さは、そのまま戦後の曖昧さとして問題を残すことになる。戦後は戦前と断絶しているように見えながら、どうやらその根底でつながっていそうでもある。何が断絶して、何が継続しているのか。それを見極めることは困難であるが、今日不可欠な課題である。

ところで、この上諭はまた、ある意味ではその後起こる押しつけ憲法論をあらかじめ封じる役割を果たしている。実質的にGHQが作ったものだとしても、手続き上はきちんと帝国憲法の規定を踏んでなされていて、そこに瑕瑾はない。正当な手順をもって天皇が自発的に発議し、裁可したと自ら言っているのであるから、それに難癖をつける理由はない。それを押しつけというのは、責務を果たした天皇に対する侮蔑であり、戦前的に言えば不敬である。ただし、憲法が発効してからは、今度は民意によって、手続きを踏んで改定可能となったのであるから、そこで改正議論は自由になしうることになるわけである。

2　憲法前文の「普遍」

さて、そこで前文である。前文は、前半と後半に分かれる。前半は国民主権を謳い、後半は平和主義を掲げる。まず前半を見てみよう。

日本国民は、正当に選挙された国会における代表者を通じて行動し、われらとわれらの子孫のために、諸国民との協和による成果と、わが国全土にわたつて自由のもたらす恵沢を確保し、政府の行為によつて再び戦争の惨禍が起ることのないやうにすることを決意し、ここに主権が国民に存することを宣言し、この憲法を確定する。そもそも国政は、国民の厳粛な信託によるものであつて、その権威は国民に由来し、その権力は国民の代表者がこれを行使し、その福利は国民がこれを享受する。これは人類普遍の原理であり、この憲法は、かかる原理に基くものである。われらは、これに反する一切の憲法、法令及び詔勅を排除する。

ここでは、主語は「日本国民」であって、「われら」と一人称でその意思が表明されている。公式の英訳（法務省日本法令外国語訳データベースシステム）によれば、最初の「日本国民は」からしてWe, the Japanese people と訳されて、それが繰り返されているから、全体として「日本国民」が一人称であることは明白である。天皇が制定し、改正した憲法であれば、天皇が一人称の主語でなければならないはずなのに、「国民」が一人称として語りだし、一人称の転換が起こっている。「主権が国民に存することを宣言」するのは、天皇ではなく、国民であるし、「この憲法を確定する」のも国民である。前文の中には天皇は姿を現わさない。

このことは、また別のところでおかしさを生むことになった。前文に国民主権を強調するのであるから、国民の権利・義務から条文が始まるのが自然であろう。ところが、冒頭の第一条から第八条まで天皇に関する規定が続くのである。前文に一言も触れられなかった天皇が、いきなり本文の最初に出てきて、読む者をとまどわせることになる。そして、肝腎の国民主権に関しては、第一条で「天皇は、日本国の象徴であり日本国民統合の象徴であつて、この地位は、主権の存する日本国民の総意に基く」というところに、さらりと「主権の存する日本国民」と触れられるのみで、独立した条文としては規定されていない。本文のみ読むならば、日本国家にとって、天皇こそ中心的な存在であるかのように取られても、不自然ではないであろう。

この天皇問題は別途考えるべき問題であるから今は立ち入らず、前文後半に進みたい。

日本国民は、恒久の平和を念願し、人間相互の関係を支配する崇高な理想を深く自覚するのであつて、平和を愛する諸国民の公正と信義に信頼して、われらの安全と生存を保持しようと決意した。われらは、平和を維持し、専制と隷従、圧迫と偏狭を地上から永遠に除去しようと努めてゐる国際社会において、名誉ある地位を占めたいと思ふ。われらは、全世界の国民が、ひとしく恐怖と欠乏から免かれ、平和のうちに生存する権利を有することを確認する。
われらは、いづれの国家も、自国のことのみに専念して他国を無視してはならないのであつて、政治道徳の法則は、普遍的なものであり、この法則に従ふことは、自国の主権を維持し、他国と対等関係に立たうとする各国の責務であると信ずる。
日本国民は、国家の名誉にかけ、全力をあげてこの崇高な理想と目的を達成することを誓ふ。

最後の「この崇高な理想と目的」というのは、英訳にthese high ideals and purposesとあるから、第一の国民主権と第二の平和主義の二つを含むことが分かるが、日本語の文章だけでは、単数と取ることが可能である。しかも後者の平和主義を論じた流れの中につながっていくので、そちらに重点が置かれていると見ることも無理ではない。国民主権を「国家の名誉にかけ」「全力をあげて」求めるというのもおかしいから、よけい単数的に平和主義を指しているという印象が強くなる。

じつは、前半部分は国民主権を言いながらも、そこに「政府の行為によつて再び戦争の惨禍が起ることのないやうにすることを決意し」と、あたかもその重点が戦争否定にあるかのような文言が入り込んでいる。「諸国民との協和」も英訳ではpeaceful cooperation with all nations（諸国民との平和な協力）であり、全体として、戦争否定、平和主義に重点が置かれているという印象は必ずしも間違いとは言えないであろう。本文でも、天皇条項に続いて、第九条の戦争放棄が来るのであって、国民の権利を述べるのは、その後に回されている。

ところで、ここで注目したいのは、この前文に二回「普遍」という言葉が出てくることである。一つは前半部分で、リンカーンのゲティスバーグ演説を模して国民主権を説いた後で、「これは人類普遍の原理であり、この憲法は、かかる原理に基くものである」と謳っている箇所である。もう一つは後半部分で、平和主義を掲げた後、段落を変えたところで、「政治道徳の法則は、普遍的なもの」と述べているところである。

後者は、いささか文脈が捉えにくい。「政治道徳の法則」が何なのか、はっきりしない。英訳を見ると、We believe that no nation is responsible to itself alone, but that laws of political morality are universal とあるから、not only A but also B に近い構文であり、「いかなる国も自国に責任があるだけではなく、政治道徳の諸法則は普遍的であると我らは信ずる」ということになる。ここでは、自国の利益を追求すると同時に、利益追求だけでなく、道義的に普遍的な法則に従う責任があるということが言われている。この法則は複数形であるから、具体的内容は、その前の段落にあること、即ち、「平和を維持し、専制と隷従、圧迫と偏狭を地上から永遠に除去」し、「全世界の国民が、ひとしく恐怖と欠乏から免かれ、平和のうちに生存する権利を有すること」を指すと考えられる。このように、英語だとすんなり通るのに、日本語では分かりにくい箇所が少なくない。

いずれにしても、ここでの「普遍」は、「平和」ということをキーワードとしながら、その内容を具体的に展開した上で、それが自国内に閉鎖されるものでなく、「他国を無視してはならない」という対他関係の中で、「いづれの国家」にも通用する普遍的な国際倫理として捉えられることになる。このように、前文は「平和」「普遍」ということを大きなテーマとして提示しているが、その内実は決して単純ではなく、十分な検討を要する。

以下まず、明治憲法との対比において、戦後憲法の「普遍」がどのような意味を持つのかを考えてみたい。次に、戦後憲法の「普遍」が当時の世界の思想状況の中で、どのように位置づけられるかを検討してみたい。戦後憲法に関しては、さらに論じなければならない問題は多いが、それは別の機会に回したい。

三　「普遍」よりも「永遠」——明治憲法の理念

明治憲法は、戦後憲法以上に複雑な構成になっている。即ち、条文の前に、告文《こうもん》・勅語・上諭の三つの文書が付されている。前文はないが、これらの三つ（三誥《さんこう》と称する）に、憲法制定の理念が述べられている。

まず、告文であるが、これは憲法制定を皇祖神に報告する文書である。憲法を発布した明治二二年（一八八九）二月一一日朝、発布に先立って、天皇が宮中三殿を参拝し、憲法発布を報告した。その文章が「告文」である。これについては、第五章で触れたが、改めてここで検討してみたい。以下に、句読点を付するとともに、「皇祖」「皇宗」等の改行をなくした形で引用する。

皇朕レ謹ミ畏ミ、皇祖・皇宗ノ神霊ニ誥ケ白サク、皇朕レ天壌無窮ノ宏謨ニ循ヒ、惟神ノ宝祚ヲ承継シ、旧図ヲ保持シテ、敢テ失墜スルコト無シ。顧ミルニ、世局ノ進運ニ膺リ、人文ノ発達ニ随ヒ、宜ク皇祖・皇宗ノ遺訓ヲ明徴ニシ、典憲ヲ成立シ、条章ヲ昭示シ、内ハ以テ子孫ノ率由スル所ト為シ、外ハ以テ臣民翼賛ノ道ヲ広メ、永遠ニ遵行セシメ、益々国家ノ丕基ヲ鞏固ニシ、八洲民生ノ慶福ヲ増進スヘシ。茲ニ皇室典範及憲法ヲ制定ス。惟フニ此レ皆皇祖・皇宗ノ後裔ニ貽シタマヘル統治ノ洪範ヲ紹述スルニ外ナラス。而シテ朕カ躬ニ逮テ時ト倶ニ挙行スルコトヲ得ルハ、洵ニ皇祖・皇宗及我カ皇考ノ威霊ニ倚藉スルニ由ラサルハ無シ。皇朕レ仰テ皇祖・皇宗及皇考ノ神祐ヲ禱リ、併セテ朕カ現在及将来ニ臣民ニ率先シ、此ノ憲章ヲ履行シテ愆ラサラムコトヲ誓フ。庶幾クハ神霊此レヲ鑒ミタマヘ。

この告文では、皇祖・皇宗（皇室の祖先神たるアマテラスと歴代の天皇）の広大な偉業を称えつつ、それを承けた天皇が、ここにその精神をいよいよ発揮させるために憲法を制定するので、皇祖・皇宗の神霊がそれを見守ってくれることを祈願するという流れになっている。

最初に言われている「天壌無窮」は、言うまでもなく、「天壌無窮の詔勅」であり、アマテラスが、皇孫ニニギを地上に遣わす時に述べた、「葦原千五百秋瑞穂の国は、是、吾が子孫の王たるべき地なり。爾皇孫、就でまして治らせ。行矣。宝祚の隆えまさむこと、当に天壌と窮り無けむ」という神勅である。これは、『日本書紀』の一書に見えるもので、古くはそれほど注目された形跡がないが、本居宣長の『玉くしげ』には、「天照大御神の御末にまし〳〵て、かの天壌無窮の神勅の如く」（岩波文庫、一七頁）と用いられている。

帝国憲法制定期になって、「天壌無窮」が改めて注目されることになり、教育勅語にも「天壌無窮ノ皇運ヲ扶翼スヘシ」と言われている。「天壌無窮の神勅」は、アマテラスに由来する皇統による支配の正統性を主張するものであるが、それとともに、ここではそれが過去の歴史の正当化に留まらず、未来永劫を含めて「永遠」であることが強調されている。実際、「永遠」という言葉が、告文にも上諭にも使われており、それは戦後憲法前文における「普遍」の強調ときわめて明瞭な対照をなしている。時間的に不変である「永遠」と、空間的に世界に通用する「普遍」と、二つの憲法はまったく異なるベクトルを志向している。

「天壌無窮」であり「永遠」である内容は、もちろん皇統の一貫不変性であるとともに、もう一つ重要な要因を含んでいる。それは、「内ハ以テ子孫ノ率由スル所ト為シ、外ハ以テ臣民翼賛ノ道ヲ広メ」と言われるように、皇統の子孫だけの問題ではなく、「臣民翼賛ノ道」が同時に含まれていることである。皇統は皇統だけでは維持されない。「臣民翼賛」があってはじめて成り立つ。それによって、「国家ノ丕基ヲ鞏固ニシ、八洲民生ノ慶福ヲ増進」することができる。君民のうるわしい協力こそが「永遠」の内実を作るというのだ。このことは、勅語でも上諭でも強調されている重要なポイントとなる。それは、教育勅語などで「国体」と言われるものに他ならない(三詔を含め、憲法では「国体」という言葉は使っていない)。

このように、一貫した天壌無窮の皇統と、それを翼賛する臣民の共同体である日本国家の秩序は永遠不変であるが、それぞれの時代に即応した形態を取るのであり、「世局ノ進運ニ膺リ、人文ノ発達ニ随ヒ」、その点では自在に変化が可能である。憲法制定もまさしくそのような不変の本質である国体に基づき、時代に応じてもっともふさわしいものとして採用されたのである。時まさに文明開化の時代、日本は先進的な欧米の文化を採用し、文明国としての姿を示さなければならない。それが憲法である。

だからこそ、天皇自身が、「臣民ニ率先シ、此ノ憲章ヲ履行シテ愆ラサラムコト」を誓うのである。同様のことは、教育勅語にも、「朕爾臣民ト倶ニ拳々服膺シテ咸其徳ヲ一ニセンコトヲ庶幾フ」と言われている。ところが、この点には実はいささか厄介なところがある。教育勅語の場合にはあくまでも自発的な道徳原理であるから、自ら率先して遵守することは問題にならないが、憲法に関して、天皇が遵守を宣言するということになると、天皇自らが憲法内で規定され、制約された存在であることを認めることになってしまう。そうなると、天皇の絶対無制約性が損なわれることにならないか、という疑問が生ずる。この問題は、天皇機関説論争に結び付く。もっとも、当初は憲法というハイカラなものを天皇も受け入れるのであるから、臣民はみな拳拳服膺して、有難く頂戴するように、ということであり、それによって天皇が制約されるという意図はなかったであろう。

この点に関して注意すべき点は、「皇室典範及憲法」と記され、憲法が皇室典範と並べられ、それも皇室典範のほうが先に置かれていることである。告文に出る「典憲」は「皇室典範及憲法」のことであるが、やはり「典」が先に来ている。皇室典範の制定は憲法と同日であるが、憲法に従って制定された法律ではなく、憲法から独立している。憲法第二条に「皇位ハ皇室典範ノ定ムル所ニ依リ皇男子孫之ヲ継承ス」とあるように、憲法の前提となるものとされている。このことは、天皇の権威の根拠が憲法を超え、憲法に制約されないことを示す点で重要である。皇室に関するさまざまな規定は、皇室典範を根拠として制定され、やはり憲法の制約を受けない。戦後の皇室典範は憲法に従属する法律となったことで、憲法が唯一の根拠となり、一元化されることになった。

憲法制定に関して、告文でもう一つ重要なのは、先に触れた「永遠」の語が、具体的には「典憲」に関して「永遠ニ遵行セシメ」と言われており、「天壌無窮」の国体の永遠性ではなく、「典憲」の永遠性の宣言となっていることである。これは、憲法が単に「世局ノ進運」や「人文ノ発達」による時代即応的なものというだけでなく、今後はもはや変わることがなく「永遠」に持続するものと考えられているということである。勅語に「不磨ノ大典」と言われるように、この憲法は完璧なものであり、一応、改定の手続きは定められているものの、上諭には、「朕カ後嗣及臣民及臣民ノ子孫タル者ヲシテ永遠ニ循行スル所ヲ知ラシム」「朕カ現在及将来ノ臣民ハ此ノ憲法ニ対シ永遠ニ従順ノ義務ヲ負フヘシ」と言われるように、ご丁寧にも、二度にわたって憲法に対する「永遠」の従順が求められている。

つまり、三誥の歴史観によれば、二重の永遠性があることになる。第一に、「天壌無窮」であり、「万世一系」である皇位の永遠性と、「臣民翼賛」の不変性である。しかし、それだけに留まらない。第二に、憲法の制定は時代に即応したものであるとともに、近代文明に則った憲法は、まさしく「天壌無窮」で「万世一系」である天皇支配のもっとも完成した形態であり、それ故、その憲法は「永遠」に続く「不磨の大典」だというのである。

このような二重の「永遠」を謳う明治憲法は、しかし半世紀と少ししか持たなかった。戦後憲法が、いろいろと批判されながらも八〇年もの寿命を保っているのと較べると、はなはだ皮肉な結果と言わなければならない。それは何故だったのだろうか。

もちろんその理由はいろいろと考えられる。ここで注目したいのは、確かに「永遠」を主張するものの、それはあくまでも日本国家の国体に関することであり、そこに他国との関係は出て来ないことである。三誥の中に、外なる他者としての他国との関係は一言も触れられていない。日本における天皇体制が「永遠」に確固として確立されたとしても、それはあくまでも「八洲」に限られるのであり、その枠を出て、外に向かって通用するものではない。

このことは、日本の植民地政策がイデオロギー的に苦労したことにも関係するであろう。植民地とした朝鮮に対して、いくら「内鮮一体」を唱え、皇民化教育を進めたとしても、「八洲」を外れた地域においては、そもそも天皇の権威が成り立つ論拠がない。その点を補うために「八紘一宇」論が展開されることになるが、明治憲法に従う限り、あくまでも天皇の永遠性は、「八洲」という限定された地域に限られていて、世界に開かれる方向性を持たない。

この点で、欧米諸国の植民地政策が、キリスト教的な神の普遍性と一体化していたことと大きく相違する。かつて大英帝国は多数の植民地を有して世界に君臨したが、植民地独立後もイギリス連邦として英国国王／女王を頂点とする体制を今日まで維持している。英国は、国王／女王を国教会のトップに頂く一種の政教一致体制を取る。その信仰は旧植民地に強制されたわけではないが、その緩やかな政教一致体制が、国王／女王の権威を高める役割を果たしたことは十分に考えられる。天皇が旧植民地や被侵略国から嫌悪・憎悪の目でしか見られないことと較べると、その相違の由来について考えるべき問題は大きい。

戦後憲法は、明治憲法とまったく対照的に、自国の歴史に一切触れることなく、世界に開かれた「普遍」のみを根拠として展開する。永遠の歴史のみを持ち、外との接点を拒否して自国内に閉じ籠ろうとした明治憲法と、外に開かれた普遍性のみを根拠として、自国の歴史から目を背けた戦後憲法と、両者はまったく正反対の方向を向いている。しかしながら、ともに一面のみに目を向け、両面を総合する知恵を持たなかった点では一致する。以下では、再び戦後憲法前文の「普遍」の問題に戻って、その「普遍」にどのような問題があったのかを、もう少し立ち入って検討してみたい。

四　「普遍」は何に由来するか――憲法前文の系譜学

1　憲法前文の「普遍」再考

第六章において、「追いつき型」とされた日本の近代が、戦前には日本・東洋を根底に置こうとして失敗し、戦後は、今度は根底から西洋化する方策を取って、結局行き詰らざるを得なかったことの問題点を論じた。このことは、まさしく明治憲法と戦後憲法の問題に直結する。明治憲法は、憲法という近代的な法体系を「永遠」なる天皇支配＝国体によって基礎づけようとした。それに対して、戦後憲法の「普遍」である国民主権と平和主義はひとまずは西洋近代の啓蒙の理念に基づくものと言える。

それと同時に第六章では、そもそも近代＝西洋と断定できるのか、という疑問をも提示した。神智学に見られるように、単純に西洋に限定されない、東西融合のもう一つの近代があったのではないか、という可能性を示した。そこから考えると、戦後憲法の「普遍」もまた、単純に西洋の「普遍」を受容したとは言い切れないのではないか、という疑問が生ずる。その点も検討が必要である。

上述のように、戦後憲法の前文には「普遍」が二回用いられている。ここでは、第二の「普遍」について、改めて整理しておきたい。これは、「政治道徳の法則は、普遍的なもの」という箇所であり、対外関係について、協調主義と平和主義の「普遍」を主張している。しかし、先にも述べたように、いささか複雑で分かりにくい。前文の第二段落は三つの文からなるが、そのそれぞれがまた、複合的である。

第一文は、「日本国民は、恒久の平和を念願し、人間相互の関係を支配する崇高な理想を深く自覚するのであつて、平和を愛する諸国民の公正と信義に信頼して、われらの安全と生存を保持しようと決意した」というのであるが、この一文も前後二つの内容を含んでいる。前半は、日本国民が恒久の平和を念願するということであり、後半は、「平和を愛する諸国民の公正と信義に信頼」するという他国との関係を述べる。

第二文は、「専制と隷従、圧迫と偏狭を地上から永遠に除去しよう」という決意であるが、それが平和と結びつけて考えられている。第三文は、「全世界の国民が、ひとしく恐怖と欠乏から免かれ、平和のうちに生存する権利を有する」ことの確認である。第二文と第三文は、基本的人権に関する決意であり、それが「平和」という大きな枠の中に含みこまれる構造になっている。

この第二段落を受けて、第三段落では「いづれの国家も、自国のことのみに専念して他国を無視してはならない」と、対他関係のあり方が明確化され、その上で、「政治道徳の法則」の「普遍」なることが言われることになる。

このように、前文の後半は、平和ということを基軸に、その具体的内容として、一つは基本的人権の確立ということ、もう一つは他国との関係の構築ということが含まれ、それらが「政治道徳の法則」ということになるのである。

2　憲法前文と国連憲章前文

基本的人権と平和ということは、憲法条文の中でも中核的な柱となるものだが、前文でその両者が一体化した形で論じられているのは、何故であろうか。恐らくそこには、連合国から国際連合へと世界的な大きな流れの基軸となる思想が反映されたものと考えられる。

よく知られているように、国際連合の英語名 United Nations は、もともと第二次世界大戦における連合国を意味するものであり、その理念は反ファシズムというところに求められた。連合国側はナチスの暴虐に対抗するという大義名分のもとに、この戦争が単に一国の利害のための戦争ではなく、まさしく人類の「普遍」の理想の実現のためにやむを得ないものであることを訴えた。その中核となるのが、世界平和の実現と基本的人権の尊重ということであった。

連合国の理念の形成の最初に位置づけられるのは、チャーチルとルーズベルトによる大西洋憲章（一九四一）であるが、その第六条には、「「ナチ」ノ暴虐ノ最終的破壊ノ後両国ハ一切ノ国民ニ対シ其ノ国境内ニ於テ安全ニ居住スルノ手段ヲ供与シ、且ツ一切ノ国ノ一切ノ人類カ恐怖及欠乏ヨリ解放セラレ其ノ生ヲ全ウスルヲ得ルコトヲ確実ナラシムヘキ平和カ確立セラルルコトヲ希望ス」（国立国会図書館のサイトから、電子展示会「日本国憲法の誕生」のページによる）とあり、そこには、既に戦後憲法前文に反映される「恐怖及欠乏ヨリ解放」の文言が見える。

一九四五年、戦争終結とともに連合国会議は国際連合憲章を発効させ、連合国は国際連合に衣替えして活動を開始することになった。国連憲章の前文は、まさしく憲法前文のモデルとなるものである。以下、段落の改行を省いて、引用してみる（傍線は引用者）。

われら連合国の人民は、われらの一生のうちに二度まで言語に絶する悲哀を人類に与えた戦争の惨害から将来の世代を救い、基本的人権と人間の尊厳及び価値と男女及び大小各国の同権とに関する信念をあらためて確認し、正義と条約その他の国際法の源泉から生ずる義務の尊重とを維持することができる条件を確立し、一層大きな自由の中で社会的進歩と生活水準の向上とを促進すること並びに、このために、寛容を実行し、且つ、善良な隣人として互に平和に生活し、国際の平和及び安全を維持するためにわれらの力を合わせ、共同の利益の場合を除く外は武力を用いないことを原則の受諾と方法の設定によって確保し、すべての人民の経済的及び社会的発達を促進するために国際機構を用いることを決意して、これらの目的を達成するために、われらの努力を結集することに決定した。（国際連合広報センターのサイトによる）

ここでは、基本的人権の尊重を平和主義と結びつけるところに基本的理念を置いている。これはまさしく憲法前文に連なるものである。というよりも、憲法前文は、日本が国連憲章の精神を遵守することを明確化することで、将来の国連加盟への地ならしをしているとも言える。憲法前文の「平和を維持し、専制と隷従、圧迫と偏狭を地上から永遠に除去しようと努めてゐる国際社会」というのは、国連のことであり、そこで「名誉ある地位を占めたいと思ふ」というのは、国連加盟を念頭に置いたものとも考えられる。あたかも、明治憲法が、不平等条約の改正を念頭に置いていたことが思い合わされる。

そうではあるが、国連憲章前文が、連合国軍が推し進めてきた基本方針の踏襲で、理想を高く掲げつつも、それなりに実現可能な目標を設定しているのに対して、憲法前文のほうはいささか力み過ぎとも言えるほど理想を高く掲げた宣言で、おそらく当時としてもかなり現実から浮いたものであったのではあるまいか。しかも、日本語版は英語版に較べてもさらに強いニュアンスの言葉を並べている。例えば、「日本国民は、恒久の平和を念願し、人間相互の関係を支配する崇高な理想を深く自覚するのであつて」という箇所は、英語ではWe, the Japanese people, desire peace for all time and are deeply conscious of the high ideals controlling human relationship. であり、日本語の「恒久の平和」とか「崇高な理想」という言葉がいかにも重々しい強い表現であることが分かるであろう。

単なる表現だけでなく、内容的に見ても、いささか大袈裟すぎる感がないわけではない。国連憲章前文では、各国相互同士の協力による平和の実現が求められていて、そこでは、「大小各国の同権」が謳われるが、実際、国連総会ではそれが実現して、アジア・アフリカ諸国の発言力が高まることになった。それに対して、憲法前文の書き方は奇妙なところがある。即ち、「平和を愛する諸国民の公正と信義に信頼して、われらの安全と生存を保持しようと決意した」というのは、あまりに一方的な「信頼」であり、そんなに信頼しきって、自らの「安全と生存」を任せてしまっていいのだろうか、という疑問を免れない。

まして第三段落に至ると、「いづれの国家も、自国のことのみに専念して他国を無視してはならないのであつて」云々というところになると、話は大きくなって、日本のことだけでなく、世界中のすべての国の一般法則へと広がっていく。そこに「政治道徳の法則」の「普遍的」性格が言明される。だが、一国の憲法、それも敗戦国で自国の過去の反省から出発しなければならないはずなのに、「各国の責務」にまで言及することができるのだろうかと、首をかしげざるを得ない。国連のような国際機関の宣言であれば、「いづれの国家」「各国の責務」を論ずるのに不思議はない。しかし、敗戦国の憲法前文の中に、いきなり世界各国の責務まで含む普遍性が主張されても、何とも対応のしようがないであろう。「各国」ではなく、敗戦国としての日本がどうすべきか、日本の責務が何なのか、ということが問題なのではないだろうか。

ここでは「各国」共通の「普遍」に問題を解消し、問題を一般化することで、「日本の責務」が消えてしまっているような印象を免れない。それは下手をすると、一種の責任逃れにもなりかねない。信頼に値するかどうかも分からない「平和を愛する諸国民の公正と信義」に「われらの安全と生存」を任せようというのは、あまりに無責任ではないだろうか。あるいは「平和を愛する諸国民」は具体的にアメリカとその同盟国のことを念頭に置いているのだ、と言われるかもしれない。もしそうとしたら、前文の理想主義は崩れ、腐臭漂うパワーポリティクスに堕することになる。そうなれば、そこには「普遍」は成立しない。

3　憲法前文とユネスコ憲章前文

確かに憲法前文としては、大上段に振りかぶって、世界の「各国の責務」まで説くのには違和感を覚えざるを得ない。しかし、「普遍」の問題として、世界へ向けてのメッセージと考えるならば、ここに説かれたことは、高い理想主義を掲げたものとして、それはそれで十分に価値のあるものである。国連憲章前文が、現実を踏まえてかなり実務的な文章であったのに対して、ここでは現実を超えて、あえて言えば夢想とも言える理想的な世界を構想している。まさしくそれは、「人間相互の関係を支配する崇高な理想」とも言える。

諸国との間に相互に信頼関係が成り立つようになれば、「平和を愛する諸国民の公正と信義に信頼して」、自国の「安全と生存を保持」できるようになれるだろう。それは遠大な理想的世界の姿である。「いづれの国家も、自国のことのみに専念して他国を無視してはならない」というあまりに当然すぎる基本原理を、本当に「いづれの国家」も遵守し、「各国の責務」として受け止めるならば、どんなにか平和で素晴らしい世界が実現するか分からない。

こうした理想的な世界は、確かに「いづれの国家」にとっても努力目標である。まさしく、「崇高な理想と目的」と言ってよい。しかし、努力目標として掲げることと、そこへ向かって現実的な道筋を付けていくこととは別である。いくら日本が、「全力をあげて…達成することを誓ふ」と言っても、一国だけで実現できることではない。「いづれの国家」もが協力しなければならない。それは一国の憲法の範囲を超えた問題である。

このような夢想的とも言える理想主義的な平和主義を、ＧＨＱによる日本の武装解除のための作文として、矮小化して見るのは適当でない。もしそうならば、「いづれの国家」とまで問題を広げる必要は全くない。むしろそこには、政治的な策略を超えた、より大きなレベルの理想が表明されていると言ってもよい。憲法研究者古関彰一が、前文は「きわめて哲学的、理念的、思想的かつ宗教的ですらある」（『日本国憲法の誕生　増補改訂版』岩波現代文庫、二〇一七、三四三頁）と指摘するのも、無理のないところである。

古関は、前文が必ずしも本文と連携したものではなく、「日米のフレンズ（クエーカー教徒）の人々がかかわったのではないか」(同、三四四頁)と推測している。クエーカーは平和主義で知られ、GHQの中にはボナー・フェラーズなど、熱心なクエーカー教徒がおり、当時の皇太子の家庭教師となったエリザベス・ヴァイニングも名高い。日本では、新渡戸稲造がもっとも名高く、矢内原忠雄は無教会主義ではあるが、新渡戸の影響を強く受けている。しかし、クエーカーとの関係は推測に過ぎないようで、確実な証拠があるわけではない。

ここではむしろ、このような理想主義的な平和主義の源泉として、ユネスコ(国際連合教育科学文化機関)憲章の前文との関係に注目したい。ユネスコ憲章は、終戦後早くも一九四五年に採択され、翌年国連の下部機関としてユネスコが正式に設置された。その憲章前文は、「戦争は人の心の中で生まれるものであるから、人の心の中に平和のとりでを築かなければならない」というはじめのほうの一文によって名高い。平和の実現は、物質的要素のみでは達成されない。「心」こそもっとも重要である。

このようなユネスコ憲章前文の基調は、次のところにもっとも端的に見ることができる。

政府の政治的及び経済的取極のみに基く平和は、世界の諸人民の、一致した、しかも永続する誠実な支持を確保できる平和ではない。よって平和は、失われないためには、人類の知的及び精神的連帯の上に築かなければならない。(文部科学省のサイトによる)

これは、国連の下部組織でありながら、「政府の政治的及び経済的取極のみに基く平和」を求める国連に対する厳しい批判である。しかし、この言明はきわめて適切である。政治・経済的レベルでの平和は、所詮は力と力のぶつかり合いの妥協でしかない。冷戦下での平和がそれをよく示している。それは、パワーポリティクスとして捉えられた現実主義であり、パワーバランスが崩れれば、たやすく侵略支配を招くことになる。

現実の場面での平和は、確かにこのような冷厳な事実を前提として政治的交渉によって作られるものであろう。しかし、理想として考えられた平和は、そのように軍事力や政治権力の強弱によって左右されるものではない。そうとすれば、それは政治次元だけでは達せられない。「人類の知的及び精神的連帯」があってはじめて本当の意味での平和が達成されるというユネスコ憲章前文の言明は、きわめて重いものがある。そして、最終的な理想を掲げるという点からいえば、政治のみの解決を求める国連よりも優位に立つものと言うことができる。

戦後憲法前文が、はたしてユネスコ憲章を参照していたかどうか、定かではない。しかし、時間的前後関係から見れば、憲法関係者がユネスコ憲章を見ていたことは間違いない。そして、平和の実現に精神的要素を重視し、理想主義を掲げる点で、両者は近似している。例えば、ユネスコ憲章では、こう言われている。

　文化の広い普及と正義・自由・平和のための人類の教育とは、人間の尊厳に欠くことのできないものであり、且つすべての国民が相互の援助及び相互の関心の精神をもって果さなければならない神聖な義務である。（同前）

「すべての国民」に対して、「相互の援助及び相互の関心の精神」を重視し、「神聖な義務」として各国に迫っている。それは世界の「各国の責務」を迫る憲法前文とよく似ている。このようなユネスコ憲章の精神的要素重視の理想主義の姿勢を考えると、憲法前文の基本理念も理解しやすい。

憲法前文では、「いづれの国家も、自国のことのみに専念して他国を無視してはならない」ことが

「政治道徳」の問題として提起されている。それは国際政治を権力構造としてでなく、「道徳」の問題として見ようというのである。すでに見たように、それは現実の国際関係の場においては、夢物語のようにあり得ないことである。「平和を愛する諸国民の公正と信義に信頼して」などと言っても、信頼できるかどうか分からない「諸国民」を勝手に信頼するのは、誰もが犯罪など犯すはずがないと信頼して、無防備に夜道を歩くようなものである。

しかし、それを目指されるべき世界の理想として捉えるならば、決しておかしなことを言っているわけではない。それはまさしく「人間相互の関係を支配する崇高な理想」であり、そこで目指されている平和は、パワーバランスの上に築かれる一時的な政治的平和ではない。「自国のことのみに専念して他国を無視」することのない「平和を愛する諸国民」が相互に「公正と信義」に立って信頼しあう関係を結ぶことによって成り立つ「恒久の平和」なのである。

政治の原理としての憲法に、そんな夢物語を持ち込むな、という批判は当然あるであろう。だが、ユネスコ憲章で見たように、本当の平和は政治のみによっては達せられない。本当の永続的な平和が、「人類の知的及び精神的連帯」の上にはじめて成り立つのであれば、それらの要素を考慮して、永続的な平和を求めようとするのが間違っていると言えるであろうか。もしそうならば、ユネスコの活動など無意味ということになってしまう。

そして、そのことを憲法の中に織り込むのは、決しておかしなことではない。そもそも政治を他の領域から切り離して、政治だけで成り立つと考えるほうがおかしいのではないか。それは政治屋の仕事であって、本当の意味の政治家とは言えない。多くの国の指導者は、同時に最高の文化人であり、科学や芸術・宗教にも通じている。そうであってはじめて、大きな展望を持った政治が成り立つ。目先の利害だけで国を動かす政治屋に政治を任せるのは、むしろきわめて危険なことである。それ故、憲法が単なる目先の政治的利害を超えて、高い理想を掲げることは、十分理のあることである。むしろそこに、単なる政治領域だけでなく、科学・芸術・宗教などの諸文化をも含む総合的な観点から、国のあるべき姿、追求されるべき未来像が示されるのは、望ましいことである。

五　憲法前文の問題点

以上のように、憲法前文が「普遍」の立場から、単なる政治性を超えたあるべき平和の理想像を示すこと自体は否定されるべきではない。しかし、だからと言って、憲法前文がこのままでよいのかというと、そうは言えない。最後に問題点を箇条書きにして挙げておき、詳細な検討は別の機会に委ねることにしたい。

1　既に触れたように、憲法前文は、世界各国が共通して求めるべき「普遍」的な理想としては、意義あるものとも言えるが、それでは日本が何をなすべきかという、具体的な日本のあるべき姿と理想への道筋が示されていない。

2　それと関連して、これも先に指摘したことだが、明治憲法が自国の特殊性に閉じ籠った「永遠」を求めるのに対して、世界に開かれた「普遍」を求めることにより、正反対のベクトルを目指した。しかし、そこには今度は日本の過去の歴史や文化をどう受け止め、どう発展させるかという歴史への視点が見えてこない。

3　ユネスコ憲章前文では、「戦争は人の心の中で生れるものであるから、人の心の中に平和のとりでを築かなければならない」として、心の中に「平和のとりで」を築く前提として、「戦争は人の心の中で生れる」ことの危険への認識がある。それによって、単なる夢想的な理想論ではなく、いかにして「心のとりで」を築くかという問題が具体的に提示され、現実の活動が可能となっている。ところが、憲法前文では、まったく楽天的な性善説に立って、他国を信頼しようとする。その認識の甘さは大きな欠陥である。

4　これらの問題点を考えると、いまの前文をそのまま未来へ向けての理想として掲げ続けることに疑問が持たれる。憲法の改正は、単なる個々の条目を個別的にいじるのではなく、その前文からして、全体を検討し直すことが必要である。前文では、今後百年先を目指して、目標とされる理想を掲げると同時に、それが単に夢想に終わらず、一歩一歩実現していけるような道筋を示すように改正されなければならない。その理想をもとにして、憲法全体をもう一度しっかりと点検し、必要な条目を改めていくような、大きな計画が必要である。

5　ユネスコ憲章前文の思想の由来の検討も必要である。その思想的源泉として、神智学に由来する一九世紀以来の思想系譜があることが、岩間浩によって指摘されている（『ユネスコ創設の源流を訪ねて――新教育連盟と神智学協会』学苑社、二〇〇八）。もちろん神智学―新教育連盟という線に限られるわけではなく、それを一つの大きな軸としながら、第一次世界大戦後に展開された文化的平和主義の流れを受けているものと考えられる。そのような思想系譜は、十九世紀の神智学以来、東西融合の霊性論として展開されてきたことに注意すべきである。トルストイ、ガンディーなどの重要な平和思想家にしても同様であり、決して西洋だけの狭い枠組みの中で展開されたものではない。また、狭い範囲の政治的な問題だけではなく、思想・宗教・芸術・科学などを含む総合的な運動として、豊かな内容を持ってきた。そのこともしっかりと踏まえて検討し直すことが必要である。

6　ところが、日本は近代以来、西洋を模倣し、あるいは西洋に反発するというように、あくまでも西洋文化だけを近代化のモデルとしてきた。そのことは戦後も変わらなかった。そこには非西欧的地域への視座が欠けていた。また、政治を政治だけの狭い領域に押し込め、政治屋の跋扈を招くことになった。総合的な文化の中で政治を捉え直し、国際関係も考えていかなければならないのではないか。

以上、第Ⅱ部では駆け足で日本の近代に当たる中伝統・小伝統の中核的な問題を、霊性論的な観点から取り上げてきた。意外にも戦後憲法前文まで、その観点から捉えられることが分かった。最後の第一〇章では、もう一度視野を広げて、改めて大伝統まで含めて、霊性論的な問題の方向性を見定めてみたい。

第一〇章 きずなとしての霊性
――境界を越えて結びあう

一 菩薩と国家

1 政教分離という罠

鈴木大拙の英文著作『大乗仏教概論』（原著一九〇七。佐々木閑訳、岩波文庫、二〇一六）は、思索的大乗仏教と実践的仏教の二部からなり、その理論面は大拙自身が英訳した『大乗起信論』の仏性論が大きな位置を占めている。それに対して、実践面の中心として掲げられたのが菩薩論であった。この菩薩という実践の立場は、近代日本の仏教解釈の中で長く忘れられていたものであり、大拙の大きな問題提起は必ずしも十分な評価を受けず、孤立したまま忘れられることになった。

近代日本で仏教の社会的活動は必ずしも十分に評価を受けてこなかった。実際は教育においても社会福祉においても、仏教の果たした役割は大きかったにもかかわらず、一般的評価として、キリスト教の社会活動が高く評価されるのに対して、仏教の側はその後塵を拝するように扱われてきた。

それは何故であろうか。一つの大きな理由は、仏教が近代の早い時点で政教分離論を受け入れ、政治に口を出さないのが純粋な宗教のあり方だとされたことが大きい。島地黙雷によって信教の自由と政教分離が確立した時、政治はあくまでも外なる「形」を扱うもので、人間の本質たる「心」は宗教の領域だということで、宗教は政治を超える尊いものであるはずであった。ところが、現実には外へ向かって発展できない宗教は、「心」の世界に閉じ込められ、その活動を自己規制することになった。

後に、天皇本尊論や天皇阿弥陀同体説などが形成され、仏教が国家政治に関わろうとする方向が模索されたが、それは国家政治の側に取り込まれるだけになり、宗教の独自性を主張できなかった。おそらく国家と宗教の関係を正面から問うことができたのは、日蓮宗の在家運動家田中智学だけであっただろう。『仏教夫婦論』（一八八七）などで、仏教の近代化に着手した智学は、ダルマパーラの三度目の来日時（一九〇二）に会談し、意気投合した。

智学の『宗門之維新』（一九〇一）は、「侵略的態度」による折伏《しゃくぶく》（相手を論破して法を広めるやり方）を主張して、日蓮宗が日本を統一し、さらには世界を制覇することを目指す。それは天皇による政治的軍事的統一であるとともに、その究極には国立戒壇において天皇の『法華経』帰依が表明されることで、全世界が『法華経』に帰依することになるとする。

そこではなお十分に明確化されていなかった天皇論は、『世界統一の天業』（一九〇四）においてさらに展開する。ここでは、日本の皇統はインドの転輪聖王の子孫であり、日本民族はその指導下に『法華経』の護持と流布を使命とする選ばれた民であるとする。それ故、本当の「国体」は天皇ではなく、『法華経』に求められなければならない。国体論者として知られる智学であるが、突き詰めていくとその思想は仏法の優位に極まることになる。政教分離に則っておとなしく国家に従う宗教を超えて、智学の思想・宗教は国家にとっても危険な逸脱・暴走となっていき、孤立することになる。ここではこれ以上立ち入らないが、この智学の理想をある意味で受け継いだのが戦後の創価学会であり、国立戒壇における天皇の宣言によって、国全体が『法華経』に帰依することが目指された。

だが、このようなごく一部を除いて、政教分離という名のもとに宗教が国家社会の問題に口出しできないような状況が続き、戦時の仏教は無批判な戦争協力に陥った。そこから、敗戦後はさらに政教分離が強められ、公共的問題に嘴を入れずに私的領域に籠ることこそ理想的な宗教のあり方とされるようになった。強力に平和運動を推進しようとした藤井日達らは、国内での勢力は伸び悩み、海外での活動に力を入れるようになった。

2　菩薩と国家——最澄の場合

このように政教分離を楯に政治や社会から目を背けることを理想とする仏教観は、仏教史解釈の上にも反映される。いわゆる鎌倉新仏教中心論によれば、新仏教が政治から距離を置いたという点が高く評価され、王権と対等に近い形で仏教が対峙するような顕密仏教のあり方は堕落形態として否定的に見られた。しかし、それが歴史の実態とかけ離れた見方であることは、第三章に述べた。中世の仏教は、国家と神仏が緊張関係に立つ両極を構成し、その枠の中に生活や文化が形成されていた。

それに対しては、中世の仏教の勢力の強大さは単に歴史的事実として、仏教寺院が権力を握っていたということであって、思想の問題にはならないと言われるかもしれない。はたして仏教には国家社会と関わる思想はなかったのであろうか。もちろん、古代に重視された『金光明最勝王経』のように、護法の国家を守護するという経典もある。しかし、もっと大きな理念として考えるならば、菩薩という思想を考える必要があるであろう。

菩薩についての立ち入った検討はここでは行わない。拙著『冥顕の哲学1　死者と菩薩の倫理学』（ぷねうま舎、二〇一八）などを参照していただきたい。ポイントだけ述べておこう。菩薩の観念は、最初はブッダの前世譚（ジャータカ）として、過去世のブッダがなした善行の物語の中で発展した。菩薩は、六波羅蜜（布施・持戒・忍辱・精進・禅定・智慧）を実践するが、中でも他者に対する贈与を求める布施の徳はその中心となる。そこから、菩薩の実践はまた、自利・利他併修として特徴づけられる。

もともと菩薩はブッダの前世に限られていたが、それが大乗仏教になると、誰でも菩薩たりうるとされるようになり、それが大乗仏教の大きな特徴とされる。初期仏教の理想が自らの悟りを求めることであったのに対して、大乗仏教では自利とともに他者を利する利他が大きな目標として掲げられるようになった。

自分の利益だけでなく、他者の利益も図るというだけであれば、一般的な道徳に過ぎないであろう。しかし、当然ながら大乗仏教では、その利益は最終的には悟りに至ることであり、自分だけではなく、他者をも悟りに導くことが目標とされる。その目標は、現世の範囲だけでは到底達せられない。菩薩の修行と実践は、過去世から現在世を通って未来世に至る三世の中で、継続していかなければならない。このような菩薩の理想はさまざまな大乗経典に説かれる。とりわけ日本人になじみの深い経典として、『法華経』や浄土信仰を説く『無量寿経』などが挙げられる。

日本においても、このような菩薩の思想と実践は早くから受け入れられた。奈良時代には、行基が菩薩と呼ばれたことがよく知られている。おそらくその根底には法相宗の教義があったと考えられる。しかし、思想として自覚的に菩薩の問題を取り上げたのは、最澄（七六六／七六七―八二二）が最初であろう。最澄は東大寺で受戒後、自らの意思で比叡山に籠る（七八五）。その時の願文は、若い最澄の真摯な宗教的情熱を伝えている。そこではこう誓われている。

願わくは、かならず、今生無作無縁の四弘誓願に引導せられて、周ねく法界を旋らし、遍く六道に入り、仏国土を浄め、衆生を成就して、未来際を尽すまで、恒に仏事を作さんことを。

（願わくは、かならず今生で因縁を超えた誓いである四弘誓願に導かれて、法界全体に行き渡り、六道〔地獄・餓鬼・畜生・修羅・人・天〕のすべてに入り、仏の世界を浄めて〔浄土とし〕、衆生の願いを成就して、未来世の果てまで、常に仏としてのはたらきをなそう。）

四弘誓願は、「衆生無辺誓願度、煩悩無尽誓願断、法門無量誓願学、仏道無上誓願成」（異なるバージョンあり）の四つの誓願であり、自利利他の完成を誓い、すべての菩薩に共通する広大な誓願である。ここからも知られるように、広大な世界すべてに行き渡り、未来の果てまで衆生救済のはたらきを実現させていくというのである。最澄は仏道修行の出発点に立って、このような菩薩の広大な誓いを立てたのである。

今日の常識から見れば、最澄のこのような誓願は宗教的ではあっても、あまりにも現実離れをしているように思われる。しかし、最澄はそれを現実の場に生かす道を模索していた。それが晩年になって一気に噴き出す。最澄の晩年は二つの論争に明け暮れした。一つは教義に関する三一権実論争であり、法相宗の徳一との間で激烈に戦われた。もう一つは大乗戒壇論争である。菩薩の実践という観点からは、後者が注目されるので、それについて少し詳しく見ておこう。

鑑真が日本に戒律をもたらしたことはよく知られている。それは『四分律』と呼ばれ、法蔵部という部派で用いられたものであるが、中国ではいくつかある戒律のうち、最終的に『四分律』を用いることに統一され、それを鑑真が齎したのである。この戒は二五〇項目からなり、具足戒と呼ばれる。それを受戒(授ける側からは「授戒」)することで教団(僧伽、サンガ)の一員である比丘となり、その戒を守って生活することになる。

ところが、最澄はこの具足戒の授戒を否定する。その理由は、それが小乗の部派に由来するもので、大乗仏教にふさわしくないからだという。そこで最澄がそれに代わる大乗の戒として持ち出したのが梵網戒である。梵網戒は『梵網経』という中国で撰述された経典に基づくものであり、大乗菩薩の守るべき戒として十重四十八軽戒(十の重罪と四十八の軽罪)を挙げている。これだけでは実際に僧団を維持する戒律としては不十分である。ただ、『四分律』による具足戒だけでは大乗菩薩としての精神という面が不足するので、その面をはっきりさせるために梵網戒が用いられ、『四分律』と梵網戒は併用されるのがふつうであった。梵網戒はまた、在家者にも授けられ、鑑真来日時には、聖武上皇らも受戒している。

このような従来の授戒方式に対して、最澄はそれでは大小乗の併用であり、純粋な大乗とは言えないと批判する。大乗菩薩の立場に立つならば、大乗戒である梵網戒だけでよいというのである。これは破天荒の主張である。梵網戒は在家者にも共通し、しかも実際に僧団を運営するには不十分であるから、それだけで一人前の出家者である比丘の戒とするのはあまりに無理が多い。だが、最澄はその点にこそ大乗菩薩の道が示されているというのである。

最澄は、弘仁九年(八一八)から翌年にかけて、三回にわたって梵網戒による授戒のための大乗戒壇開設を求めて嵯峨天皇に上表文を提出した。それらは、それぞれの条目数に従って、六条式・八条式・四条式と呼ばれ、『山家学生式』としてまとめられている。最初の六条式はこう書き始められている。

国宝とは何であろうか。道心(悟りを求める心)を宝とする。道心がある人を国宝と名づける。それ故、古人は言っている、「直径一寸の宝玉が十枚あろうとも国宝ではない。照千一隅(千里を照らし一隅を守る)の人が国宝である」と。また古えの哲人が言っている、「言葉で語れても実行ができない者は国の師である。実行できても言葉で語れない者は国の用(はたらき)である。実行できて言葉でも表現できる者が国宝である。このように三種あるうちで、言葉で語ることもできず実行もできない者は国の賊である」と。そこで、道心のある仏弟子を西(インド)では菩薩と称し、東(中国)では君子と号する。悪い事は自分のほうに向かうようにして、好い事は他に与え、己を忘れて他者を利するのは、慈悲の極みである。仏陀の教えの中で、出家に二種類ある。一は小乗の類であり、二は大乗の類である。道心の仏弟子は、この後者の類である。今私たちの東の島国(日本)では、小乗の姿をした出家だけがいて、大乗の類はおらず、大乗の道は広まっていない。

「国宝(国の宝)」は物ではない、人である。今日こそ改めてそう主張したいような言葉である。「照千一隅」は、一九七〇年代頃になってはじめてそのように読まれるようになったのであり、それまでは「一隅を照らす」と読まれていた。「千」を「于」と解していたのである。今日でも、天台宗では「一隅を照らす」運動を行っている。「一隅を照らす」というのであれば、世の中の大きなことはともかくとして、まず身近の小さなことで善行を行おうということになり、もちろんそれはそれでよいことである。

けれども、この六条式の文脈では、それでは話が通らない。国宝と言われるような人は、千里の先まで見通すとともに、足元のごく小さなところをもしっかりと確保している、というのでなければおかしい。即ち、世界の全体にまで目が行き届き、先の先まで見通せる洞察力がありながら、だからと言って手近のことを疎かにしないという両面があって、はじめて「国宝」と言えるだけの理想的な指導者なのである。「一隅を照らす」ことは大事だが、それだけでは国を導く精神界の指導者と言うことはできない。ここで言われる「古人」はもとは司馬遷の『史記』であるが、それを直接引用したのではなく、天台六祖湛然の引用に基づいているという（『日本思想大系4　最澄』の薗田香融の補注）。

最澄の重要な言葉の一節がこのように長く誤解されてきたことは、その思想の正当な評価を妨げてきた。最澄の主張はきわめて雄大である。そのことは、その後の文を見れば知られる。即ち、「道心有るの仏子」として、インド（仏教）の菩薩と中国（儒教）の君子とが、名が違うだけで同じものとされている。何故ならば、どちらも自分のことは後回しにして、他者の幸福を優先させるからである。その菩薩のトップが国宝であり、君子のトップが君主となる。精神世界も世俗世界も同じ菩薩の精神に基づいて、協力していくのである。

それを成り立たせるのが、梵網戒であり、四条式では、そのことを「真俗一貫」と呼んでいる。

「真」は仏法の世界であり、「俗」は世俗の世界である。梵網戒が出家者のみならず、在家者にも用いられるというのは、戒としては問題になる点であるが、それをプラスの方向に取り、どちらも他者のために活動するという点で、手を携えていかなければならないというのである。出家者は「出家菩薩」と呼ばれ、在家者は「在家菩薩」と呼ばれる。

この菩薩の精神は、中央で指導的な立場に立つ「国宝」に要請されるだけでない。「国師」や「国用」は各地域に派遣され、それぞれの地域で指導者となる。彼らは国から法服や布施を与えられるが、それを自分で使わず、池や農業用水を整備したり、荒地を耕作地にしたり、橋や船を作ったり等々、人々のために使わなければならないというのである。そのような精神をもって人々を導いていくことこそ、菩薩のなすべきことである。

こう見ていくならば、ここには国家と仏教、世俗と精神界の協力関係が正面から説かれ、理想の国家社会のあり方が提示されているということができる。先に述べたように、近代の仏教観では、世俗を離れて専ら修行するのが仏教の本来のあり方であり、世俗国家と関わることは堕落のように見られてきた。それ故また、仏教には見るべき国家論・政治論はないとされ、国家論・政治論は近世の儒教以後の問題として論じられるのが普通であった。しかし、最澄の場合を考えれば、日本の仏教が高度な国家・政治理論を持っていたことが知られるであろう。日本の国家論・政治論は最澄を出発点として論じられなければならない。

それでは、最澄の菩薩国家論が、その後どのように継承されたのであろうか。菩薩の精神は日本の仏教の中で継承され、例えば千観(九一八―九八四)は『十願発心記』(九六二)で、諸仏と同じような力を身につけて、衆生を救済したいという願いを起こしている。また、『方丈記』には養和年間(一一八一―八二)の大飢饉の際に、仁和寺の隆暁(一一三五―一二〇六)が死者の供養に奔走した様子が描かれている。このように菩薩の精神は受け継がれるが、ただ、最澄のような国家論を展開しているわけではない。

そこで、少し別の面から見てみよう。第三章に述べたように、中世には王権と神仏が緊張関係をもって対峙する体制が確立した。最澄の理想が実現したとは言えないが、国家が世俗的な王権だけでは動かず、もう一つの極として宗教的、あるいは霊性的な力を要したことは注意されなければならない。そのバランスの中に、権力の暴走を防ぐ仕組みが蔵されていた。近代になると、天皇の一元国家へと向かうことでバランス構造が崩れ、権力の暴走が始まるのである。

中世的な体制を利用しながら、菩薩の理念の実現に奔走したのが、叡尊(一二〇一―九〇)、忍性(一二一七―一三〇三)の師弟であった。彼らは国家の支援を受けながら、被差別者やハンセン病患者の救済に努め、橋や道路の整備をするなどの社会事業を推進した。しかし、彼らの営為は、近代になると仏教が国家と癒着したとして批判され、悪しき例のように見られることになった。なお、日蓮(一二二二―八二)は、『法華経』を中核とした宗教国家の確立を目指して、独自の政教関係論を展開したが、忍性を批判しながら、それと異なる国家と仏教のあり方を探求したものと見ることができる。

二　神道の可能性――世界／死者／皇国

1　『三大考』のもたらしたもの

仏教が国家社会への積極的な働きかけを持つことは確認されたが、それでは神道の場合はどうであろうか。今日、中世神道の研究が大きく発展し、従来と異なる神道像が描かれるようになった。ここではそれに立ち入らないが、ただしばしば誤解されるように、神道が直ちに強い日本主義や天皇主義を取るわけではないことに注意しておきたい。確かに南北朝期の北畠親房や慈遍においては天皇論が大きく発展するが、吉田兼倶によって確立された唯一神道の理論では、天皇論はほとんど注目されない。時代を下って、垂加神道や平田派の神道では確かに天皇中心体制を認めるようになるが、それでもなお開かれた可能性を持っている。ここでは焦点を近世後期から近代への転換期に当て、国学・神道系の思想の形成を国家観・天皇観と絡めて検討してみたい。

本居宣長がその後の国学・神道系の思想の大きな拠りどころを提供したことは事実であるが、その世界観に関しては必ずしも十分でなかった。その世界観は、基本的に『古事記』に書いてあるものをそのまま受容するというもので、死後に行く「黄泉」も「きたなく悪しきところ」と見ている。それでは、世界観として十分なものとは言えない。それを補うために、宣長は『古事記伝』の末尾に弟子の服部中庸の『三大考』(一七九一)を収めた。

それは十枚の図をもって世界の順次の生成を示し、天《あめ》―地《つち》―泉《よみ》という三層構造を明らかにしている。しかし、世界観というだけでなく、それは同時に神々の世界と人間の世界、そして死者の世界という霊的な世界構造でもある。しかもその中に皇国日本の位置づけが明確に示されている。仏教と異なる独自の世界観がここに確立することになる。それをめぐって宣長門下ではそれが宣長の考えと違うというので大きな論争となったが、平田篤胤に引き継がれ、さらにその門下に影響していくことになるのである。

十の図の展開を簡単に見ておくと（図10－1、10－2）、第一図は天地もいまだ定まらない虚空が円で示され、その中に天之御中主神など三柱の神が生れる。そこに「一物」が生じ（第二図）、それが上下に延びて天地のもととなっていく（第三図）。やがてそれが上方の天、中間の地、下方の泉（黄泉）となるが、三者はいまだ分かれずにつながっている（第四図）。次第に三者の間がくびれ、また地には海と陸ができる。ここで注目されるのは、陸の中で皇国は外国に較べて天にもっとも近くにあり、天浮橋を通して天とつながるという特別の位置づけを持つということである（第五図）。

第六図を経て第七図になると、天に天照大神が生まれ、高天原を支配する。天＝高天原は抽象的な場所ではなく、天体としての太陽である。泉は天体としての月であり、地は地球である。第八図では、三者をつなぐ帯はますます細くなり、第九図にいたってついに天・地・泉は完全に分離する。天（日）は天照大御神、地は皇御孫命《すめみまのみこと》、泉（月）は月読命《つくよみのみこと》がそれぞれ支配する。このことは、皇御孫命（天皇）が日本のみの支配者ではないことを意味する。また、死者の屍は地上に留まりながら、魂は泉に下ることになる。こうして最終的に世界の構造が確立する（第十図）。

天（高天原）＝太陽＝天照大御神の支配
地　　　　＝地球＝皇御孫命の支配
泉（黄泉）　＝月　＝月読命の支配

この『三大考』を基にしながら、それを改変したのが平田篤胤の『霊能真柱《たまのみはしら》』（一八一二）である。本

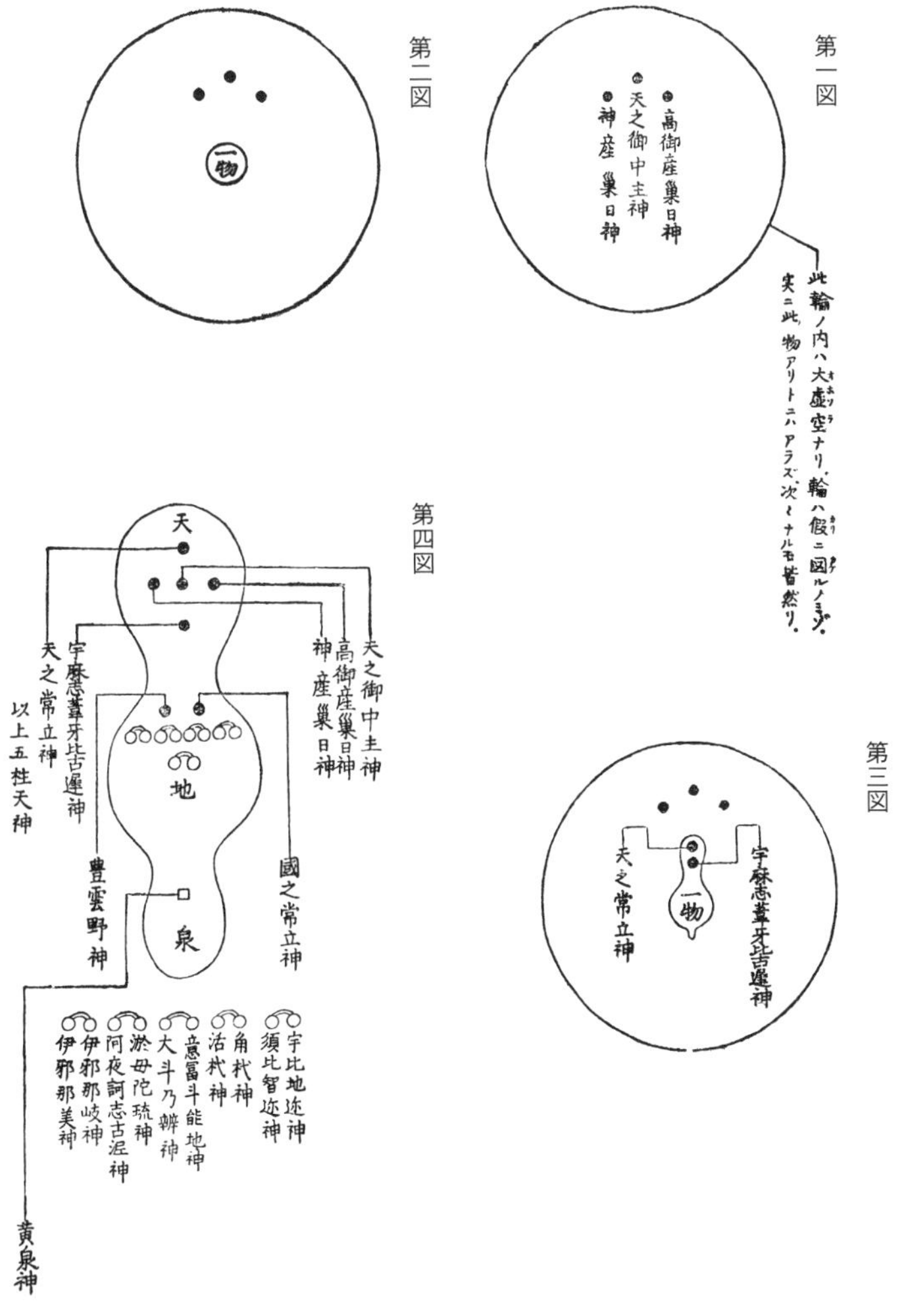

図 10-1 『三大考』の図．第一図から第四図（『古事記伝』岩波文庫，1944 年より）

第五図

第六図

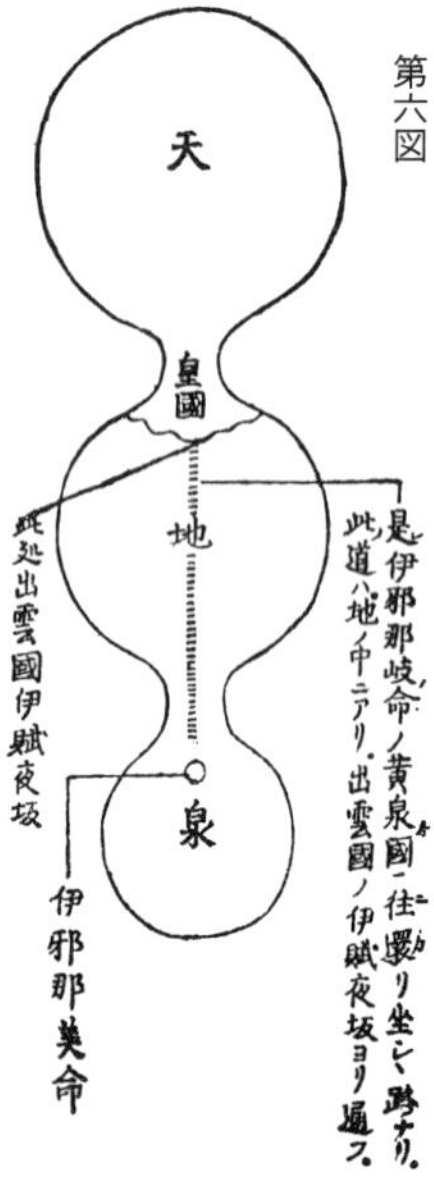

第七図

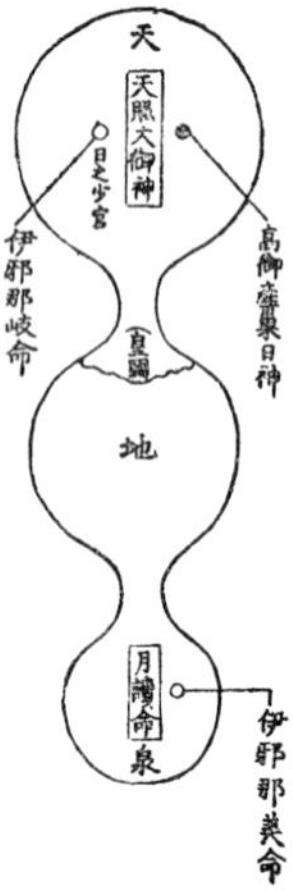

第八図

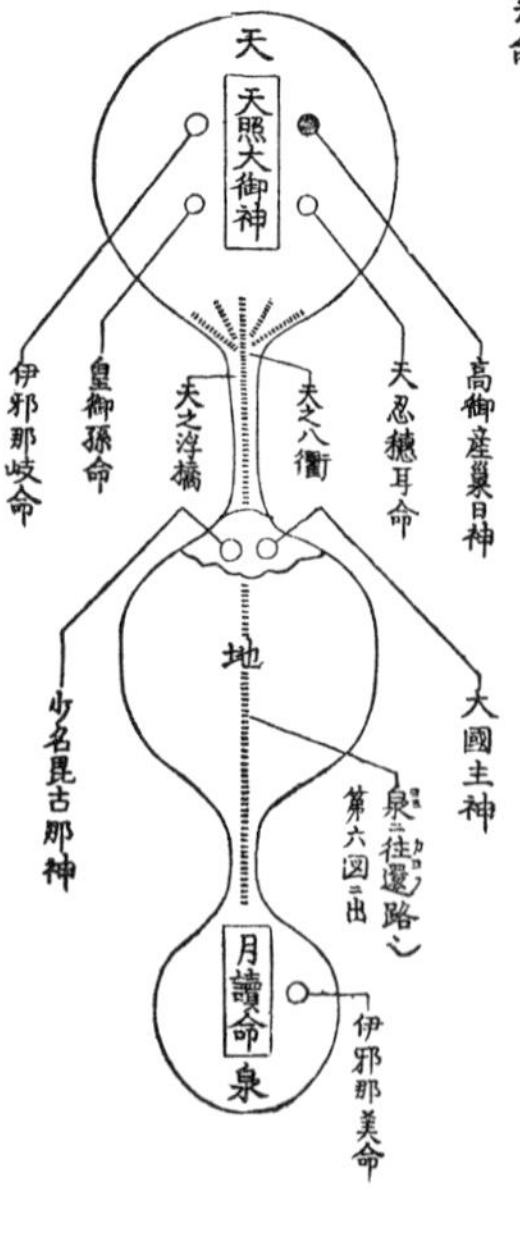

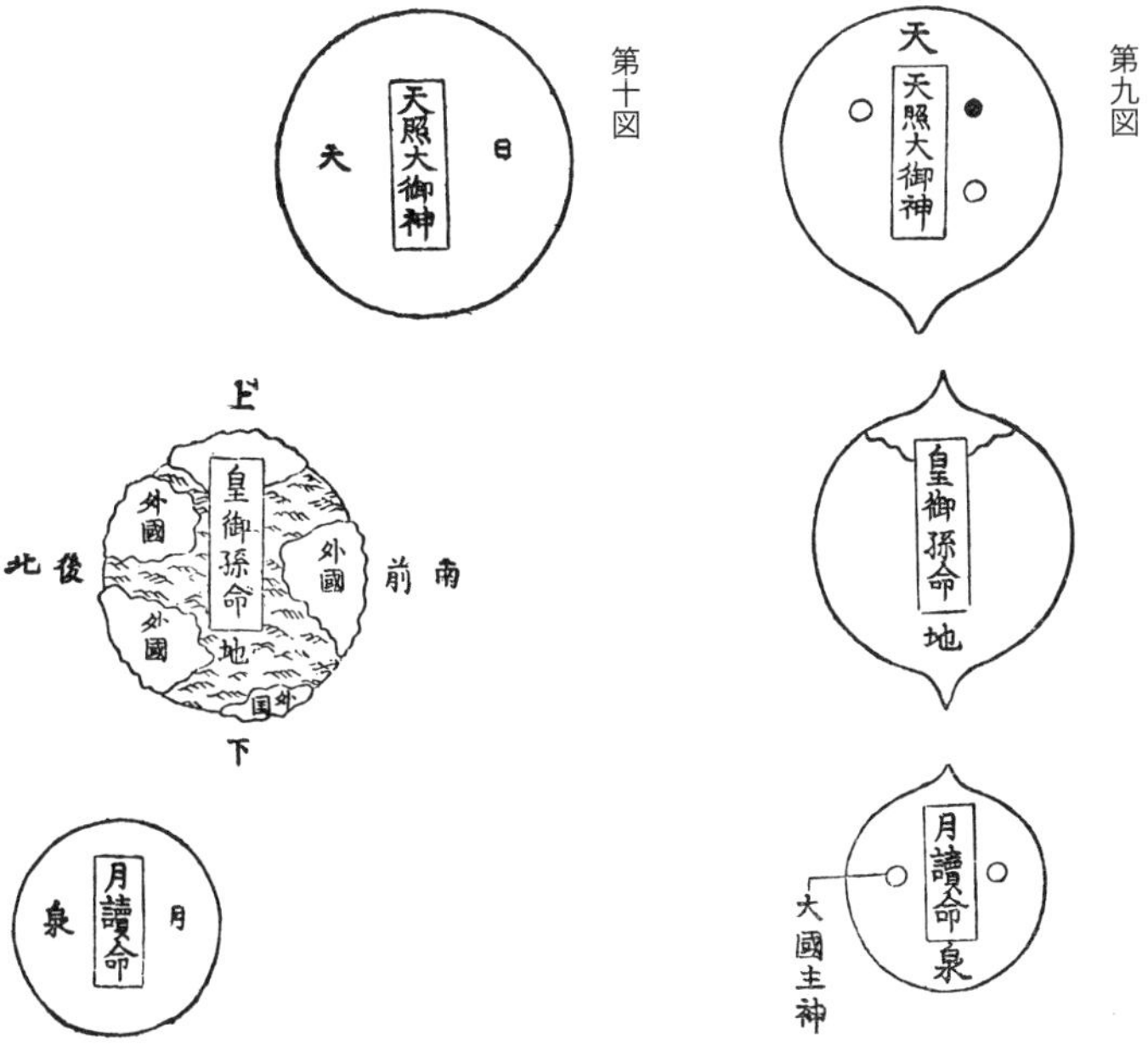

図 10-2 『三大考』の図．第五図から第十図(同前)

書は、『三大考』に則り、同じように図を使いながらも、「人の死にて、其魂の黄泉に帰《ゆ》くてふ説《こと》は、外国《とつくに》より混《まぎ》れ渡りの伝《つたえ》にて、古《いにしえ》には、跡も伝もなきこと」（『霊の真柱』岩波文庫、一五三頁）と否定し、「その冥府《かみのみかど》と云ふは、此顕国《このうつしくに》をおきて、別《こと》に一処《ひとところ》あるにもあらず、直《ただ》ちにこの顕国の内いづこにも有《あ》なれども、幽冥《ほのか》にして、現世《うつしよ》とは隔たり見えず」（同、一六六頁）と、死者の往く冥府をこの地上世界に移し替えた。即ち、ひとまず天（太陽）―地（地球）―泉（月）という垂直的な三層説を受容しながらも、その核心的なところを大きく改変し、死者の世界をこの地上に移したのである。それは、生者の世界である「顕」の世界からは見えないが、同じ領域に存在する「幽冥」の世界であり、死者の側からは生者がすべて見えるという。

『三大考』では、死者は生者の住む地上からは遠く離れる。しかし、篤胤によれば、死者は生者と同じ地上にいることになる。死者との関わりが大きな意味を持ってくる。そこからやがて、篤胤門下では神道式の葬儀である神葬祭の創建に向かうようになる。国家論は死者の問題を離れてはあり得ないのである。

2　六人部是香の場合

平田門下は多数に上り、各地で独自の思想を展開するようになった。その中で、明治の新政府に神祇官として採用されたのは、津和野藩の神道家たちであった。大国隆正の影響下に、藩主亀井茲監《これみ》を筆頭に神道家が輩出し、とりわけ福羽美静は実質的に神祇官の中核として、新しい皇室祭祀の創設を進めた。これに対して、「草莽の国学」と言われるような各地の民間の国学者・神道家により、地域に密着した神道の展開が見られた。ここでは、その一例として、平田派の中でも特異な思想を展開した六人部《むとべ》是香《よしか》(一七九八―一八六四)の場合に触れることにしたい。

幕末に多様に展開した国学・神道界は、維新後に論争の末、出雲系の大国主を重視する流れは排除され、伊勢(アマテラス)―天皇に一元化する理論が正統とされて、最終的に国家神道へとつながることになった。それによって、幕末の多様な展開はほとんどすべて抹殺されることになった。尊皇主義でありつつも大国主派に立つ是香もまた、ほとんど忘れられることになった。

是香は山城国乙訓郡(現、向日市《むこう》)向日神社の神官であったが、多数の著作を著わし、大国主派を代表する論客として活躍した。是香の特異な思想として、それぞれの土地の守護神である産須那《うぶすな》神(是香は「産土」という表記を否定する)の重視ということが挙げられる。国家中心のトップダウン型の神道に対して、地域に密着した産須那神から出発するボトムアップ型の神道を目指したと言うことができる。

しかし、それだけでなく、その著書『顕幽順考論』において、顕界と幽冥界を含む壮大な体系を築いた。それによると、この世界は、造化の三神である天之御中主神・高皇産霊神・神皇産霊神によって造られた。もともと天界を天照大神、地上を須佐之男神が統治するはずであったが、須佐之男神が予美《よみ》の国に行ったために、アマテラスの子孫である皇統が統治することになったというのである。それ故、天皇は日本のみならず、世界全体の統治者である。

しかし、それはあくまでも顕界の話であり、幽冥界は大国主神が司ることになったという。顕界に較べて幽冥界ははるかに広大な領域と関わる。それぞれの地域で人々と関わるのが産須那神であり、人の生死を支配する。人が死ぬとまず産須那神の裁きを受け、次にその地方の一の宮で評決があり、最後は大国主が決定する。いわば三審制である。生前に善行をなした人は神位界に行き、そこで役割を与えられる。悪行をなした人は凶徒界で苦しむことになる。天皇であっても、悪行をなせば凶徒界に落とされることになる。

是香の壮大な体系は、西洋の物理学・宇宙論などの科学やキリスト教をも取り入れて、新しい世界観や霊魂観を構想した。死後の裁きと神位界・凶徒界の二分化にはキリスト教の影響が見て取れる。顕界を超えた幽冥界の巨大な秩序、天皇でさえも死後の裁きを免れないこと、また、地域に根差した産須那神の重視など、近代の神道に失われてしまったさまざまな可能性に満ちている。ともすれば平田派の神道は十把一絡げのような扱いをされて済まされるが、必ずしもそのステレオタイプの中に落ち込まない個性的な神道思想をさらに見いだしていくことができるように思われる。

日本の近代は世俗化を推し進めることになるが、その中で大国主派の幽冥界の思想は押しつぶされる。しかし、それは簡単に消えるものではなく、さまざまな形で噴出する。その典型は、国家神話を超える新しい神話を形成した大本教の出口王仁三郎に見られる。それは国家にとってきわめて危険であり、徹底的な弾圧が加えられることになった。

ところで、平田派に見られるような霊魂論の再発見は、近代の合理化の動向と反するように見える。しかし、近代を合理化一辺倒で見るのは間違っている。上記のように、むしろその底には霊性的問題が抑圧されながらも胎動していた。それは日本だけのことではない。むしろ世界全体の動きであった。それを代表するのが神智学であり、それについては、ここまでもしばしば言及した。ここでそれをもう少し深く考えてみたい。

三　グローバルな霊性論——神智学をめぐって

1　「霊性」をめぐって

「霊性」という言葉は曖昧であり、一義的な定義は難しい。第八章で取り上げた鈴木大拙の場合は、はっきりとした定義がなされていた。それは、二項対立的な「知性」に対して、それを超えて二項対立が成り立たなくなる領域が「霊性」である。その定義に従うと、神と人が対立する立場は「知性」であり、神秘主義的な合一が「霊性」ということになるであろう。大拙の立場ではそれでよいかもしれないが、そうなるとユダヤ教系の超越的一神論の立場は「霊性」から排除されることになり、いささか問題があるように思われる。

「霊性」という言葉は、古くから仏教において用いられる。その場合は、「れいしょう」あるいは「りょうしょう」と読むが、道元によって批判されるなど、いささか複雑な位置づけにある語である。近代になってからは聖書の翻訳などにも用いられ、かなり広く使われるようになった。キリスト教では、聖霊(Holy Spirit)に関して用いられ、重要な用語であった。

大拙と同時代では、有名な座談会『近代の超克』(一九四二)にカトリックの哲学者吉満義彦が「近代超克の神学的根拠」という論文を提出している。ここで吉満は、「新しき知性と霊性の秩序」という節を設け、「近代におけるこの世界と自然(人間を含めて)に対する科学的知性の技術的認識支配の偉大《グランドル》と、形而上的霊性観想の乏しさと言ふか悲惨《ミゼール》との間に、近代的知性のミゼールが存するのだと考へる」(『近代の超克』冨山房百科文庫、七三頁。傍点は原著者)と論じている。ここでも、霊性は知性と対比的に用いられ、知性が科学と結びつけられるのに対して、霊性は形而上学的なレベルの問題と捉えられている。

そう考えるならば、「霊性」は科学的知性を超えたレベルで、宗教的体験によって捉えられる世界と解することができよう。「霊性」はスピリチュアリティの訳語として多く用いられ、大拙の『日本的霊性』もJapanese Spiritualityと訳される。今日、スピリチュアリティとカタカナ表記で用いられることも多く、医療の分野で積極的に宗教性を生かすスピリチュアル・ケアの方法などは広く公的に認知されている。

ところで、このスピリチュアリティという概念はまた、既成の宗教の枠を外れた新しい宗教運動でもしばしば用いられ、いささかややこしい。それはニューエイジやニューサイエンス、あるいはオカルト主義などのサブカルチャー運動とも関連する。それはある場合には、きわめていかがわしい疑似科学と結びついたり、薬物を用いた陶酔体験に走ることもある。「新・霊性運動」として一時期流行した新宗教の運動に広く見られ、今日のマインドフルネスの流行などにも連なるものである。オウム真理教もまた、そのような新宗教の一つであった。

大拙の「霊性」論は、一方ではキリスト教の霊性論に対する東洋版・日本版として受容されたとともに、他方ではこのようないわば異端的なスピリチュアルな運動に連なるものとしても受け止められた。大拙がアメリカでもてはやされたのも、このような動向と結びつくことによるものであった。

2　心霊現象と心霊学

このような異端的な霊性論の流れは一九世紀後半の欧米に遡る。この頃、急速にさまざまな心霊現象が注目されるようになった。誰もいないところで物音がするラップ音や、家具が動くなどのポルターガイスト現象が注目され、それらが死者の霊によって引き起こされるものと考えられた。そこで、そのような霊との交信の可能性が探られて、霊能者がもてはやされ、降霊会が盛んに開かれた。また、千里眼や透視術、テレパシーなどの超能力も多く披露されて信じられるようになった。

こうした超常現象への着目は、一八四八年に起こったアメリカのハイズヴィル事件に始まると言われる。ニューヨーク州の小村ハイズヴィルで、フォックス家の三姉妹の末妹ケイトが霊と交信するようになった。彼女が問いかけると、霊がラップ音で答えるようになり、やがて次姉マーガレットも交信するようになった。評判を呼んで、一八五〇年にはニューヨークに拠点を移し、さまざまな霊能力を発揮し、盛んに降霊会を開いて、人気者となった。それに刺激されて、欧米各地に霊能力者が出現し、降霊会がブームとなった。フォックス姉妹は、一八八八年にそれらの心霊現象がすべてトリックを用いたものだと告白して、大きな衝撃を与えたが、その告白もやらせではないかとも言われる。

このような超常現象の流行の大きな理由として、キリスト教の強制力が弱まったことが指摘される。死者の霊との交信は正統的なキリスト教では認められないことで、極端には異端の魔女の行為ともされた。キリスト教の権威は一八世紀の啓蒙主義の合理主義的な動向などを通して次第に揺らぎ、一九世紀にはマルクスの唯物論やニーチェの反キリスト論などが見られるようになってきた。アメリカのプロテスタントは比較的自由であり、そこではかつて認められなかった心霊現象が注目されるようになった。

それとともに、産業革命をもたらした自然科学の成果に則って、人間の心理現象をも含んだあらゆる現象を科学的に解明しようという科学主義的な発想も、一九世紀には大きな潮流となっていた。メスマー（メスメル）の動物磁気説は催眠術を使った催眠療法へと発展し、心霊現象の理論解明にも応用が期待された。また、ダーウィンの進化論は、ユダヤ・キリスト教の根本をなす天地創造説を揺るがす理論として、大きな議論を呼ぶことになったが、アルフレッド・ウォーレスのように、霊的進化を説く説も見られた。

このように、今日では疑似科学に分類されるような理論も未分化の状態であり、その中から心霊現象を解明しようという心霊学も本格化した。日本でも日本心霊学会などが創設されたが、その実態は必ずしも明らかでなかった。二〇一三年に機関紙『日本心霊』が発見されたことによって、解明が進められている（栗田英彦編『「日本心霊学会」研究――霊術団体から学術出版への道』人文書院、二〇二二）。また、東京帝国大学助教授の福来友吉が霊能者の女性の念写や透視の実験を行ったが、トリックのあることが暴露されて、退職に追い込まれた、いわゆる「千里眼事件」（一九一一）はよく知られている。それによって、心霊学は疑似科学として、アカデミズムから放逐されることになった。

因みに、日本では一八世紀半ばに三次《みよし》（広島県三次市）の稲生《いのう》家で起こった怪異現象が西洋の心霊現象と近似するところがあり、後に平田篤胤らがそれに注目するとともに、『仙境異聞』のような超常現象研究へと進んでいった。

3　神智学とグローバリズム

このような霊的超能力者の中から頭角を現わしたのがヘレナ・ペトロヴナ・ブラヴァツキー(H・P・B、一八三一―九一)であった。現在のウクライナ地方の名門の出身で、一八歳でアルメニア地方の副知事と結婚したが、家出した。ただし、生涯ブラヴァツキー夫人の名を使い続けた。その後各地を放浪したが、一八七四年にアメリカに渡り、ヘンリー・スティール・オルコット(一八三二―一九〇七)と出会い、一八七五年に神智学協会を結成し、オルコットが会長となった。一八七九年には活動の拠点をインドに移し、八二年に本部をアディヤール(チェンナイ南部)に定めた。こうしてヒンドゥー教や仏教の影響を大きく受け、一八八〇年にはセイロン(スリランカ)で、ブラヴァツキーとオルコットは仏教の在家戒を受けた。

神智学の活動は多方面にわたり、その影響の範囲も極めて大きい。にもかかわらず、これまで哲学史や宗教史において正当に扱われることがなかった。心霊学的な現象はいかがわしい迷信的魔術としてまともに扱われず、心霊学は疑似科学化していった。それに加えて、その心霊学会からもブラヴァツキーの霊能力がペテンだと断罪され、稀代の詐欺師呼ばわりされたこともあって、まともに扱う対象から除外された。

しかし今日、神智学の活動は改めて見直すべき時期となっている。その見直しは、さまざまな観点からなされうるが、ここではその重要なポイントとして、東西の思想が融合し、グローバルな真理探究の道を開いた点を挙げたい。それまでも、中国哲学がフランス啓蒙主義やライプニッツに影響を与えたり、ショーペンハウアーがウパニシャッドの影響を受けたりして、次第に東洋の哲学が西洋に浸透してきていた。けれども、それはあくまでも西洋思想の中に東洋を摂取しようというものであり、西洋の優位は当然の前提とされていた。そのことは、ヘーゲルが東洋を哲学以前としか見なかったところに顕著にうかがわれる。

心霊主義は西洋の長い伝統を承けたものであり、神智学もまた、西洋オカルティズムの系譜に位置づけることもできる。けれども、それだけに留まらず、その本拠をインドに置くことで、たとえそれがどれだけ歪んだものであっても、東西融合のシンクレティズムが大きく進展することになった。その背景には、イギリスがインドの植民地化を進め、一八五七年の大反乱を契機にインド帝国を創建して実質的支配を強めたことがある。このような強圧的な植民地化は、一方でインドの反感を買い、ナショナリズムを生み育てることになったが、他方では、インドの古典文献が西洋に伝えられ、また、人的交流も進められるようになって、インドの宗教や哲学の高度な成果が西洋にも知られるようになったことにも注目しなければならない。

こうして一九世紀後半には西洋のアカデミックなインド研究は飛躍的に高い水準に達したが、それはあくまでも文献研究という枠に収まるものであった。しかし、ブラヴァツキーらは直接インドに飛び込むことで、知識人の客観主義を超えたカオス的な場から新しいオカルト体系を立ち上げ、それを西洋にもたらすことになった。神智学は従来考えられないような形で思想・宗教の東西合一とグローバル化を達成することになったのである。このような神智学における東西関係は、三つの観点から見ることができる。

第一に、第六章で指摘したように、東が西に影響し、そこから逆に西から東へと影響するという思想・文化の相互作用のキャッチボール現象が行われていたことが挙げられる。従来の東西関係の見方は、高度な近代文化を達成した西洋が東洋を征服し、東洋側はその西洋文化を受容するという一方通行だけで考えられていた。しかし、じつはそうではなく、東洋はもっと積極的な役割を果たしていた。日本のように、一方的な受容型の近代を唯一と考えるのは誤っている。

ブラヴァツキー、オルコットらは、西洋という場に安住して東洋の思想や宗教を外からのみ受容するだけでなく、現地のインド・スリランカで直接ヒンドゥー教や仏教に接し、受容した。それと同時に、今度は彼らが受容し体系化した東西融合の思想がインド・スリランカのほうに投げ返されて、近代化に大きな役割を果たすことになった。オルコットはスリランカ仏教の近代化に尽力し、その薫陶を受けたアナガーリカ・ダルマパーラは仏教ナショナリズムの立場に立って、独立運動を先導し、また大菩提会を創設してグローバルな仏教復興を目指した。

また、オルコットを継承して神智学協会の二代目会長となったアニー・ベサント(一八四七—一九三三)は、インド自治権闘争の先頭に立ち、一九一七年には国民会議派の議長に選出された。その後、帰国したガンディーが完全独立を主張してベサントの影響力は衰えるが、バラナス・ヒンドゥー大学設立など、ベサントの果たした役割は大きい。新たに指導者となったガンディーもまた、もともと神智学から出発していた。

このように、神智学は一方で東洋の智慧を西洋にもたらすとともに、他方でインド・スリランカの宗教の近代化のみならず政治面でもナショナリズムに基づく独立運動を呼び起こす一つの原動力となった。このように、その影響は単に思想界、宗教界に限らず、政治や教育など広い実践的な分野に関わることが知られる。

第二に、神智学における東洋の受容においては、東西が別々ではなく、融合してごちゃまぜになったハイブリッドなシンクレティズムが起こっている。それは学者が知的に要素を分析して構成したものではなく、多様で創造的な要素が渦のように混在している。

この点を、具体的にA・P・シネットの『エソテリック・ブッディズム』（一八八三）によって見てみよう。エソテリック・ブッディズムは今では密教の訳語として使われるが、ここではそうではなく、まさしく神智学の最初の概論とも言うべきもので、従って、『秘教的仏教』とでも訳すことができる。同書では、仏教の言葉を使い、それと微妙に重なりながら、それとは異なる秘教的（エソテリック）な世界が展開されている。

そこでは、人間は次の七つの要素からなるものと考えられている。

1　身体（ルーパ）、2　生命原理（プラーナ、またはジーヴァ）、3　アストラル体（リンガ・シャリーラ）、4　動物的魂（カーマ・ルーパ）、5　人間的魂（マナス）、6　霊的魂（ブッディ）、7　霊（アートマン）

このうち、1―3は死とともに離散する。4は欲望の基盤となる低次の魂で、死後欲望の世界である欲界（カーマ・ローカ）に行く。5は4に引かれると堕落するが、高次の6―7と一体になると、神界（デーヴァ・チャン）に行く。ここに長い期間留まった後で、再びこの世界に輪廻して戻るというのである。こうして次第に魂は進歩し、高い次元に進んでいくとされる。心霊学で取り上げられる霊的現象はカーマ・ローカまでであり、従って神智学の本領は心霊学を超えることになる。

ここでは、それぞれの用語はサンスクリット語に対応語があり、インド哲学が深く関わっていることが知られる。輪廻の観念もインドから来ているであろう。神界もまた、インド宗教、あるいは仏教の影響がみられる。欲界は、仏教の三界(欲界・色界・無色界)が反映しているであろう。輪廻しながら人は次第に進歩していく。このような霊魂の進歩と対応して、人類もまた進化していく。このような進化・進歩の観念には、当時の進化論が反映している。

こう見てくると、シネットの仏教論が、西洋的なオカルティズム、先端的な科学である進化論、そして東洋的なヒンドゥー教や仏教などのアマルガム的な統合であることが知られる。それはシネット個人のものではなく、かなりの部分はブラヴァツキーに由来する神智学共有の人間観、世界観である。それは確かに厳密な研究者からすれば、如何にも誤解だらけの素人のパッチワークとしか見られないかもしれない。しかし、だからこそそこにはプロの研究者が臆して近寄れない大胆な発想が溢れているとも言える。それは意外にも、同時代のニーチェの超人や永劫回帰にも通ずるところがある。ニーチェが神智学を知っていたとまでは言えなくても、少なくとも同時代的な性格を強く持っている。

第三点として、神智学における東西融合は単なる融合ではなく、それを超えて人類のあらゆる宗教・思想の統合へと向かった点が挙げられる。神智学協会の目的として、一八八七年には、「人種、信条、肌の色で差別されない、人類の普遍的同朋愛の核を構成すること」と明言されていた。もっともそれにもかかわらず、第二条は、「アーリア人種その他の東洋の文学、宗教、科学の研究を促進すること」と、アーリア人種が特別視されていた。ブラヴァツキーの人類進化論によれば、アーリア人こそもっとも進んだ人種とされ、それに対してユダヤ人などが蔑視されていた。それがナチスなどに影響を与えることになる。

次のベサントの代になると、この条項が消され、それだけ人類の普遍性が表に出されることになった。ベサントの著書『古代の叡智』(一八九七)では、序章が「あらゆる宗教の根底にある統一」と題され、諸宗教はその根底において一つであることが高く掲げられるようになる。啓蒙主義における普遍主義は、西洋近代によって到達された理念こそが普遍性を持つものであり、それを知らない人たちに教え込んでいくのが啓蒙だとされた。

ところが、神智学で考えられている普遍性はそれと異なり、少なくとも理念的には西洋の優越はなくなる。ベサントによれば、神智学は特定の宗教の優越を説くものでないとともに、既成の宗教を否定するものでもない。どの宗教の信者であっても、それを捨てることなく神智学に入ることができるというのである。これは、一九世紀末になって表に出てきた新しい普遍主義ということができる。

このような普遍主義の理想は、必ずしも神智学だけに限られるものではない。とりわけアメリカでは、従来の欧州のキリスト教と異なるユニテリアンなどの動向が広がり、それは他宗教をも受け入れる余地を持つものであった。ドイツ出身のポール・ケーラス(一八五二―一九一九)は、イリノイ州ラ・サールに出版社オープンコート社を経営し、雑誌『オープンコート』『モニスト』など、東西の多くの哲学・宗教文献を出版した。プラグマティズムの創始者チャールズ・パースは『モニスト』を舞台に新しい哲学を形成したことはよく知られる。後に鈴木大拙はオープンコート社で働くことになる。

こうした動向の高まりの中で、一八九三年のシカゴの万国博覧会(コロンブス博)に伴って万国宗教会議(Parliament of the World's Religions)が開かれ、はじめて世界の諸宗教の代表者が集まった。その会議では、ヒンドゥー教のヴィヴェーカーナンダが、ヒンドゥー教こそ普遍宗教だと説いて大きな喝采を浴びた。神智学協会はその会議に力を入れて、神智学の特別部会を開催している。こうして、キリスト教のみが唯一優れた宗教だとする西洋中心主義は崩れ、一面においては様々な宗教を認める宗教多元主義が育つとともに、そうした多様性を統一する普遍的な真理を探るグローバルな真理探究が進められるようになるのである。

今はその詳細に立ち入ることはできないが、このような霊性的な普遍主義の進展は、やがてシュペングラーの『西洋の没落』(一九一八―二二)に見られるような西洋中心主義の崩壊の中で、トルストイ、ガンディー、ロマン＝ロランらの世界平和主義の運動を呼び起こすことになる。それは国際連盟から国際連合へとつながるとともに、ユネスコ憲章に見られるように、政治・経済や軍事を越えた心と文化の平和という理想につながっていくのであり、その過程でも神智学は大きな役割を果たしたと考えられる。

4　霊性論と日本

霊性の問題から、一気にグローバルな領域へと話が広がってしまったが、このような世界の動向と日本は無関係ではない。従来の日本の近代の捉え方は、西洋近代の受容という面にばかり目を向けてきた。確かに日本が西洋近代の忠実な追随者たろうとしてきたのは事実である。しかし、一九世紀末のグローバルな霊性運動と無関係かというと、そうではない。その点の一端は、第七章で論じた。

一八八九年にはオルコットがダルマパーラとともに来日して日本の仏教者たちと会談し、大きな衝撃を与えた。一八九三年のシカゴ万国宗教会議には、釈宗演(臨済宗)、土宜法龍(真言宗)らの日本の仏教者も参加して、グローバルな場の中に投げ込まれることになった。この時の釈宗演とポール・ケーラスの出会いが、後に鈴木大拙の渡米につながるのである。このようなグローバルな霊性論の受容は、それ以前(一八七六)にいち早く南条文雄らがマックス・ミューラーのもとに留学したのを端緒とする西洋のインド学の摂取と、並行しつつもいささか位相を異にする。

もっとも、日本の主流となる宗派の仏教者たちは、神智学を核とするこのようなグローバル化をそのまま受け入れているわけではない。むしろ、オルコットやダルマパーラらの仏教は南伝の上座部の仏教であり、日本の「大乗仏教」から見れば「小乗仏教」だというので、そこに一線を引いて対応は冷淡になっていく。ダルマパーラと積極的に関わったのは、田中智学(一八六一―一九三九)ら、必ずしも正統に位置づけられない仏教者であった。

ただ、その中から日本の「大乗仏教」をいかにしてグローバルな場に持ち出していくかが、大きな問題となった。それを果たそうとしたのが、鈴木大拙の英文著作『大乗仏教概論』であった。この本は仏教学の大家プサンの酷評を招き、また、岩波文庫本の注や解説で、訳者佐々木閑によってその誤りが厳しく指摘されている。確かに仏教文献学の立場から見ると、大拙の仏教解釈は無理が多いであろう。しかし、当時の霊性論的な仏教論の流れの中で見ると、大拙の意図は明瞭である。オルコットやダルマパーラの「小乗仏教」に対して、「大乗仏教」の体系を示そうとしたと考えられる。

大拙は、近年、安藤礼二らによって指摘されているように(『大拙』講談社、二〇一八)、神智学などの霊性論的な動向ときわめて密接な関係にある。米国から帰国後の最初の仕事はスウェーデンボルグの紹介であった。大拙の妻ベアトリスは熱心な神智学協会員であり、神智学の日本ロッジは長く大拙宅に置かれていた。『日本的霊性』にはじまる霊性論の下地は、早くから形成されていたのである。

今日、このような霊性論の流れを掘り起こし、それを未来へつなげていくことが、きわめて大きな課題となっている。私たちの世界は単に生きている人間だけの独善によって形成されるものではない。私たちを取り巻く生物や無生物たち（そこにはＡＩなども含まれる）、さらには死者たちをも含めた広大な世界の中で、共に生きていくことを可能とする新しい世界観が構築されなければならないのである。

結章

王権と文化
——古典文化の形成と再生

本書では、国家と宗教の問題から霊性という新たな観点へと展開した。これは日本思想が展開する基本的な枠組みに関する議論であり、その中で実際に展開する文化の諸相までは論じ切れなかった。ここで、伝統文化のあり方の一端に触れて本書のむすびとしたい。

中世以後になると、次第に新しい文化が形成され、日本の各地やまた庶民の間にも自由な創造が見られるようになる。しかし、もともと古典的な文化は京都を核として、朝廷を取り巻く貴族たちの間で形成され、それが各地に及んでいったと考えられる。それ故、それは必然的に王権を支える性質のものとなる。

王権を支える文化の重要な側面として儀礼のシステムが挙げられる。それが有職故実として確立することは、第二章に論じた。中国では礼の遵守とともに、王権の正統性を示すものとして、歴史書が大きな役割を果たした。中国では易姓革命による王朝の交替がしばしば起こったが、後の王朝は前の王朝の歴史を公式に編纂することが慣例であった。その編纂が終わると、それに用いた資料は廃棄され、歴史は一義的に定まることになる。賢帝や忠臣と悪逆者の評価は確定する。そして、それによって易姓革命による政権交代が正当化されることになる。悪逆なる帝王は天から見放されたのであり、討伐して新しい王朝が立てられなければならない。

日本はこの歴史書編纂の文化を受け入れ、『日本書紀』に始まる六国史が勅令によって編纂された。ところが、日本では王朝交代がないので、歴史書を編纂する必然的な動機を欠くことになる。こうして『日本三代実録』(九〇一)を最後に、公的な歴史書の編纂は終わった。王朝の正統性を歴史によって証明する必要はないからである。その後、王権をバックに公的な形で歴史書が編纂されるのは、徳川幕府の命による林羅山・鵞峯親子による『本朝通鑑』や水戸藩の総力を挙げた『大日本史』にまで下る。朝廷は王朝交代がないが、幕府のほうは変わっていく。そこで、その正統性が問われ、歴史が振り返られなければならなくなるのである。

古代と近世の間をつなぐ中世には王権による公式の歴史書はなくなるが、実際に歴史が大きく変動し、王権の危機が生ずると、改めて歴史が読み解かれ、王権の本来のあり方が問われることになる。慈円の『愚管抄』は承久の乱(一二二一)前後、北畠親房の『神皇正統記』は南北朝対立という、いずれも王朝の危機的な状況において書かれ、正統的な王権のあり方を探求している。このように歴史書は単に事実を書き記すというのではなく、王権のあり方を問う場面で、きわめて実践的な役割をもって記されたのである。

ところで、六国史が終わって、その後勅撰の歴史書が書かれなくなったのは、どのような時代であっただろうか。当時は延喜・天暦の治の最初の頃であり、醍醐天皇の治世下、ようやく王権がある程度安定してきた時期である。すでに王朝交替ということも考えられず、歴史書を編纂する意義は少なくなっていた。その後摂関期になると、貴族の日記類が遺されているが、それは歴史を記すという意味ではなく、有職故実の先例として後に参照するためのものであった。

こうして歴史がなくなる。ところが、その代わりに新しい勅撰書が編纂されるようになった。それが『古今和歌集』(九〇五)にはじまる和歌集で、その後『新続古今和歌集』(一四三九)に至るまで二十一代集が五〇〇年にわたって延々と編纂され続ける。歴史から和歌へという転換は、一見奇妙に見える。それは何を意味するのであろうか。『古今集』は、春夏秋冬の季節の歌を最初に置き、その後、賀歌・離別歌・羇旅歌・物名と続き、その後に恋歌が五巻分を占めている。四季の歌を最初に置くという構成は、その後も踏襲される。歴史として流れ去る時間ではなく、四季として循環する時間が基準となる。『古今和歌集』の冒頭の歌は、在原元方のものである。

　ふる年に春立ちける日よめる
年のうちに春は来にけり一年をこぞとやいはむ今年とやいはむ

正月より先に立春があるのは度々あることで、取り立てて言うほどのことでもない。それをあえて知的にひねったもので、ユーモアを湛えた予祝歌である。歌は何よりも呪的な意味を持つ。四季の循環を歌うことは、変わることのない平和な朝廷の支配の持続をもたらす。その後に来る恋の歌は、多産と豊饒を意味する。和歌は単に事実や感情を述べるだけではない。言葉は人を動かし、世界を動かす。『古今和歌集』の序は、「やまとうたは、人の心を種として、よろづの言の葉とぞなれりける」と始められる。そこでは、「力をも入れずして、天地を動かし、目に見えぬ鬼神をもあはれと思はせ、男女の仲をもやはらげ、たけき武士の心をもなぐさむるは歌なり」と、その歌の力を述べる。歌の持つ力は、言葉による王権の地固めの役割を果たす。

和歌と王権の関わりは、勅撰集が衰えていく中で、古今伝授のような形で権威づけられていく。さらに近世後期になると、和歌は国学・神道と結びつき、尊皇派によって必須の教養となる。

たのしみは妻子《めこ》むつまじくうちつどひ頭《かしら》ならべて物をくふ時

などと清貧の家庭生活を温かく歌ったことで知られる橘曙覧は、同時に、

大皇にそむける者は天地《あめつち》に入れざる罪ぞ打つて粉にせよ

と歌う激烈な尊王家でもあった。

さらに時代は下り、明治になると歌会始の形式が次第に定着する。明治天皇は歴代天皇の中でも屈指の歌人であり、膨大な和歌を残しているが、歌会始は新年の予祝行事としての意味を保っている。そこでは、一般庶民からも作品が公募され、天皇から庶民の歌までが一緒に披露されることで、君民一体の理想が示されることになった。このように、和歌と王権の結び付きは、長い歴史を通して持続している。

ちなみに、和歌が密接に王権と関わるのに対して、俳諧は主として近世の庶民の間に受け入れられ、権力との関係が薄かった。日本中の至るところに俳諧の結社が作られ、それぞれの地域の経済的に余裕のある豪商や豪農が組織の中核となった。いわば自発的に形成された文化サークルとも言うべきものであった。指導者である宗匠が諸国の弟子たちをパトロンとして巡り歩くことでネットワークを形成し、それぞれの小サークルは孤立することなく、広く結びつくことになった。このようなネットワーク作りは、もちろん中世の連歌師に由来するものであるが、それが芭蕉によって庶民文化として洗

練され、定着することになった。俳諧は孤独な文芸ではなく、小グループで連句を楽しむ集団の娯楽であった。

以上、歴史書から和歌・俳句などの短詩形文化へと、その展開を概観してみた。もちろん文化はそのようなものに限定されるわけではなく、その一端を覗いただけであるが、それだけでも王権との関わりが大きな意味を持つことが知られた。そのような文化は同時に神仏の世界とも深く関わっていた。王権と神仏という基本的な構造の中で、多様な文化が展開してきたという大きな見通しの下に、日本文化を見直していくことは、十分に可能であろう。そして、そのような日本文化の総体を、さらに広く「霊性」という観点から見ていくことも、不可能でないように思われる。

とりわけ中世以後、『源氏物語』をはじめとする平安期の文化を最高峰と見る古典文化の尊重が知識人の間で継承され、そこから、能・連歌・俳諧はじめ、美術の分野をも含めて展開される。古典は過去のものではない。常に呼び起こされ、新しい生命を与えられる。新しい文化は古典の模倣と再生の上に成り立つ。日本を代表する古典が、平和な時代の中に形成された和歌や物語であったことは、私たちが誇りとしてよいことである。そのような観点から日本の文化史を改めて問い直すことができよう。それは本書に収まりきらない次の課題である。

初出一覧

序　章　書き下ろし
第一章　原題「日本王権論序説」『ひらく』創刊号（二〇一九年五月）
第二章　原題「王権と儀礼――前近代思想の中の天皇」『ひらく』第二号（二〇一九年一二月）
第三章　原題「中世仏教への視座」『ひらく』第三号（二〇二〇年六月）
第四章　原題「「近世」という難問――「中世」でもなく「近代」でもなく」『ひらく』第八号（二〇二三年一月）
第五章　原題「大伝統から中伝統へ――明治維新をどう見るか」『ひらく』第四号（二〇二〇年一二月）
第六章　原題「コロナ・パンデミックから近代を問い直す」『ひらく』第五号（二〇二一年六月）
第七章　原題「さまよえる霊魂――近代の中の来世と霊魂」『ひらく』第六号（二〇二一年一二月）
第八章　原題「世俗／カルト／霊性――近代国家と宗教」『ひらく』第九号（二〇二三年六月）
第九章　原題「夢みる憲法――前文から読む戦後憲法」『ひらく』第七号（二〇二二年六月）
第一〇章　原題「霊性と日本文化」『ひらく』第一〇号（二〇二四年一月）
結　章　「霊性と日本文化」の一部

あとがき

本書の各章は、佐伯啓思監修の雑誌『ひらく』の創刊号(二〇一九年五月)から第Ⅰ期終刊の第一〇号(二〇二四年一月)まで掲載した拙稿を基にしている。『ひらく』は、エイアンドエフ社から年二回刊行され、混迷する時代の中で日本人のあり方を探求しようという意図のもとに、きわめて多彩な執筆陣と斬新な誌面で話題を呼んだ。その少し前から佐伯氏と親しく意見を交わし、本誌にも共感していたので、求められるままに毎号執筆することになった。ただし、連載というのではなく、日本の思想史をテーマとしつつも、毎号自由に書かせていただき、時には特集に応じてテーマを調整した場合もあった。

この間、コロナ・パンデミックで世界中が大騒ぎとなり、二〇二〇年のアメリカ大統領選挙をめぐる騒動、二〇二二年のロシアのウクライナ侵攻、同年の安倍晋三首相銃撃事件など、世界にも日本にも大きな時代の転換点となるような出来事が続き、混乱が広がった。その中で、日本の思想にどれだけの有効性があるのかが、改めて問われることになった。

私自身は、ちょうど二〇二〇年に『日本思想史』を岩波新書として刊行した時期に当たり、その中に十分書ききれなかった問題を整理し直したいと思っていたので、その発表の場として、佐伯氏のお誘いははなはだ有難いことであった。氏と何度か交わした直接の対話も極めて有益であった。

当初は念頭になかった「霊性」という問題意識が次第に大きくなっていったことについては、序章に記したとおりである。その際、守屋友江氏を研究代表者とする科学研究費補助金基盤(B)「禅から Zen へ――世界宗教会議を通じた禅のグローバル化の宗教史・文化史的研究」(二〇二〇―二四年度)(課題番号 20H01192)に研究分担者として加えて頂いたことは、大きな刺激となった。中でも吉永進一氏は、従来きわものののように見られてきた神智学や心霊学などに正面から挑んで新しい領域を切り開いていたが、癌の闘病中にもかかわらず意欲的に研究会をリードし、グローバルな霊性問題へと目を見開かせてくれた。氏が二〇二二年三月に逝去されたことは、まことに痛恨の極みであった。

私事ではあるが、二〇二〇年四月に、それまで一一年間暮らした京都を離れ、東京に戻った。それは単に居住地の移動というに留まらず、二つの「都《みやこ》」を経験することで、日本の前近代と近代の連続と断絶を、身をもって考え直すよい機会となった。

この度、雑誌掲載稿を一冊にまとめるに当たり、序章を加えただけでなく、章の順序を入れ替えるとともに、全体にわたって大幅な加筆修正を行い、一貫した筋と主張をもって読めるように心がけた。

過去の思想は決して過ぎ去った時代の遺物ではなく、今ここに呼び出され、問い直されている。過去に学ばずに、未来を産み出すことはできない。困難な時代であるからこそ、目の前の事象に右往左往することなく、しっかりと過去を省み、一歩一歩自らの思想を築き上げていかなければならない。

本書の編集は、『現代語訳 碧巌録』全三巻(二〇〇一―〇三年)以来、長年ご一緒してきた岩波書店・吉田裕氏に担当していただいた。氏には、書名をはじめ、本書の骨格に関わる貴重なアドヴァイスを頂いた。

本書完成までにお世話になった多くの方々に、ここに心からの感謝の意を表したい。

二〇二四年師走

末木文美士

末木文美士
1949年生まれ.
東京大学大学院人文科学研究科博士課程単位取得退学. 博士(文学).
専攻—仏教学, 日本思想史.
現在—東京大学名誉教授, 国際日本文化研究センター名誉教授.
著書に,『日本宗教史』(岩波新書, 2006年),『日本思想史の射程』(敬文舎, 2017年),『仏教からよむ古典文学』(角川選書, 2018年),『日本思想史』(岩波新書, 2020年),『死者と霊性の哲学 —— ポスト近代を生き抜く仏教と神智学の智慧』(朝日新書, 2022年),『禅の中世 —— 仏教史の再構築』(臨川書店, 2022年),『絶望でなく希望を —— 明日を生きるための哲学』(ぷねうま舎, 2023年),『近世思想と仏教』(法藏館, 2023年),『草木成仏の思想 —— 安然と日本人の自然観』(サンガ新社, 2024年)ほか.

霊性の日本思想——境界を越えて結びあう

2025年2月13日　第1刷発行

著　者　末木文美士《すえきふみひこ》

発行者　坂本政謙

発行所　株式会社 岩波書店
〒101-8002 東京都千代田区一ツ橋2-5-5
電話案内 03-5210-4000
https://www.iwanami.co.jp/

印刷・精興社　製本・牧製本

ISBN 978-4-00-025678-0　　Printed in Japan